LAROUSSE
Cuisine & Cie

PETITS
BUDGETS
mais
fins gourmets…

Édition originale
Cet ouvrage a été publié pour la première fois en 2003
sous le titre *101 Cheap Eats* par BBC Books,
une marque de Ebury Publishing,
un département de The Random House Group Ltd.

Copyright © Woodlands Books Ltd 2003
Photographies © BBC Good Food Magazine 2003
et BBC Vegetarian Good Food Magazine 2003

Édition française
Direction éditoriale Véronique de FINANCE-CORDONNIER
Édition Aude MANTOUX
Traduction Florence MERLIN-VULLIET
Direction artistique Emmanuel CHASPOUL assisté de Cynthia SAVAGE
Réalisation Belle Page, Boulogne
Couverture Véronique LAPORTE
Fabrication Annie BOTREL

L'éditeur remercie Camille Durette pour son aide.

© Larousse 2009, pour l'édition française

Les Éditions Larousse utilisent des papiers composés de fibres naturelles,
renouvelables, recyclables et fabriquées à partir de bois issus de forêts
qui adoptent un système d'aménagement durable. En outre, les Éditions Larousse
attendent de leurs fournisseurs de papier qu'ils s'inscrivent dans une démarche
de certification environnementale reconnue.

ISBN : 978-2-03-584129-2

PETITS BUDGETS
mais fins gourmets…

Orlando Murrin

LAROUSSE

21 rue du Montparnasse 75283 Paris Cedex 06

Sommaire

Introduction 6

À propos des recettes 8

Salades, en-cas
et repas rapides 10

Pâtes et nouilles 56

Viandes 88

Poissons 128

Plats uniques 150

Desserts 186

Index 212

Introduction

Fini de manger tous les jours la même chose, faute de temps ou d'imagination !

Comme chacun sait, l'important en cuisine est de varier ses habitudes alimentaires, ce qui n'est pas une mince affaire au quotidien ! Voici donc une sélection de plats sophistiqués peu coûteux et faciles à préparer dont votre famille et vos amis raffoleront. Inutile de vous procurer des ingrédients rares ou luxueux : quelques légumes et fruits de saison conjugués aux provisions de base que vous avez certainement sous la main vous suffiront. À chaque jour sa nouvelle merveille culinaire. Et d'un seul coupd'œil pour chaque recette, vous pourrez contrôler son nombre de calories et la quantité de lipides, de fibres ou encore de sel qu'elle contient.

Nos spécialistes ont testé chacune de ces recettes afin de s'assurer qu'elles sont bien à la portée de tous, même des cuisiniers les plus inexpérimentés. Ils se sont efforcés de limiter le coût de chaque plat sans pour autant en sacrifier le goût. N'est-elle pas alléchante, la crème glacée au coulis de pommes et de mûres caramélisées représentée ci-contre (voir la recette page 192) ?

Grâce à ce livre, vous ne serez jamais à court d'idées de plats bon marché à la fois rapides et faciles à réaliser. Car, dans la vie, en bien des circonstances, rien ne vaut la simplicité !

À propos des recettes

- Lavez tous les produits frais avant préparation.

- On trouve dans le commerce des petits œufs (de moins de 45 g), des œufs moyens (de 45 g à 55 g), des gros œufs (de 55 à 65 g) et des extra-gros (de plus de 65 g). Sauf indication contraire, les œufs utilisés pour les recettes sont de calibre moyen.

- Sauf indication contraire, les cuillerées sont rases.
  1 cuillerée à café = 0,5 cl
  1 cuillerée à soupe = 1,5 cl

- Toutes les recettes réalisées avec des légumes en conserve peuvent, bien sûr, se cuisiner avec des légumes frais, et inversement. De la même manière, il est possible d'utiliser des cubes pour les bouillons de légumes ou de volaille ou de les préparer soi-même, si vous en avez le temps.

TABLEAU INDICATIF DE CUISSON

THERMOSTAT	TEMPÉRATURE
1	30 °C
2	60 °C
3	90 °C
4	120 °C
5	150 °C
6	180 °C
7	210 °C
8	240 °C
9	270 °C
10	300 °C

Ces indications sont valables pour un four électrique traditionnel.
Pour les autres fours, reportez-vous à la notice du fabricant.

TABLEAUX DES ÉQUIVALENCES FRANCE – CANADA

POIDS

55 g	2 onces
100 g	3,5 onces
150 g	5 onces
200 g	7 onces
250 g	9 onces
300 g	11 onces
500 g	18 onces
750 g	27 onces
1 kg	36 onces

Ces équivalences permettent de calculer le poids
à quelques grammes près (en réalité, 1 once = 28 g)

CAPACITÉS

25 cl	9 onces
50 cl	17 onces
75 cl	26 onces
1 l	35 onces

Pour faciliter la mesure des capacités,
25 cl équivalent ici à 9 onces (en réalité, 23 cl = 8 onces = 1 tasse)

Voici une salade nourrissante et délicieuse, dont vous pouvez facilement doubler les quantités si des convives viennent à l'improviste !

Salade gourmande à la tomate

Pour 4 personnes
Préparation et cuisson : 30 min

- 650 g de tomates
- 2 cuill. à soupe de persil frais
- 1 gousse d'ail
- 4 oignons blancs
- 4 cuill. à soupe d'huile d'olive
- 1 cuill. à soupe de jus de citron
- 650 g de pommes de terre nouvelles
- 4 tranches fines de bacon ou de poitrine fumée
- 4 œufs durs
- Sel et poivre du moulin

POUR SERVIR
- Laitue
- Quelques tiges de céleri (facultatif)

1 Hachez finement 225 g de tomates, le persil et l'ail ; émincez les oignons. Mélangez le tout puis ajoutez l'huile et le jus de citron. Salez et poivrez. Réservez cette sauce.

2 Coupez les pommes de terre en deux et faites-les cuire de 15 à 20 minutes dans de l'eau bouillante légèrement salée. Dès qu'elles sont tendres, égouttez-les, passez-les sous l'eau froide, puis découpez-les en tranches épaisses.

3 Préchauffez le gril du four puis enfournez le bacon pour 3 ou 4 minutes, jusqu'à ce qu'il soit croustillant. Laissez-le refroidir puis émiettez-le en menus morceaux. Coupez les œufs durs et le reste des tomates en quartiers.

4 Tapissez le saladier d'un lit de laitue ; dressez les tranches de pommes de terre ainsi que les quartiers d'œufs et de tomates, et nappez le tout avec la sauce à la tomate. Rectifiez l'assaisonnement. Décorez avec les morceaux de bacon et, si vous le souhaitez, avec des tiges de céleri coupées en biseau, puis servez.

• Par portion : 362 Calories – Protéines : 14 g – Glucides : 32 g – Lipides : 21 g (dont 4 g de graisses saturées) – Fibres : 4 g – Sel : 1,05 g – Pas de sucres ajoutés.

Un bocal de dés de feta à l'huile d'olive est idéal pour cette recette.
Vous pourrez ainsi utiliser l'huile du bocal pour préparer
la sauce aux herbes.

Salade chaude aux pois chiches

Pour 4 personnes
Préparation et cuisson : 45 min

- 1 oignon rouge
- 2 courgettes
- 1 poivron rouge
- 375 g de tomates bien mûres
- 5 cuill. à soupe d'huile d'olive
- Le jus de 1/2 citron
- 3 cuill. à soupe de fines herbes ciselées (ciboulette, persil et menthe) ou de persil haché
- 800 g de pois chiches en conserve
- 100 g de dés de feta
- Sel et poivre noir du moulin

POUR SERVIR
- Pains pitas (facultatif)

1 Préchauffez le four à 220 °C (therm. 7-8). Épluchez l'oignon puis coupez-le en quartiers et coupez les courgettes en rondelles épaisses. Épépinez et découpez grossièrement le poivron. Coupez les tomates en deux. Mettez le tout dans un faitout et saupoudrez de poivre noir. Versez 2 cuillerées à soupe d'huile d'olive et mélangez. Laissez cuire pendant 30 minutes, jusqu'à ce que les légumes soient tendres. Remuez à mi-cuisson.

2 Mélangez le jus du demi-citron avec le reste de l'huile d'olive. Salez et poivrez. Incorporez les fines herbes hachées. Réservez cette sauce.

3 Laissez refroidir les légumes pendant 5 minutes puis mélangez-les avec les pois chiches que vous aurez égouttés, les dés de feta et la sauce. Remuez délicatement et servez avec des pitas, si vous le souhaitez.

• Par portion : 375 Calories – Protéines : 15 g – Glucides : 29 g – Lipides : 23 g (dont 5 g de graisses saturées) – Fibres : 8 g – Sel : 1,62 g – Pas de sucres ajoutés.

Ce plat complet vous séduira par ses couleurs contrastées et appétissantes.

Salade de pommes de terre et d'épinards

Pour 4 personnes
Préparation et cuisson : 25 min

- 650 g de pommes de terre nouvelles
- 1 cuill. à soupe d'huile
- 250 g de petites feuilles d'épinard
- 100 g de fromage à pâte ferme (fromage à raclette, tomme…)
- 1 ou 2 cuill. à soupe de ciboulette fraîche, ciselée
- 100 g de tranches ultrafines de jambon fumé
- Sel et poivre du moulin

1 Portez de l'eau salée à ébullition dans une grande casserole. Coupez en deux les pommes de terre dans le sens de la longueur et plongez-les dans l'eau bouillante. Laissez-les cuire de 12 à 15 minutes, jusqu'à ce qu'elles soient tendres.

2 Égouttez les pommes de terre et remettez-les dans la casserole. Arrosez d'huile et mélangez délicatement. Faites réchauffer à feu moyen, puis ajoutez les épinards, couvrez et secouez de temps en temps jusqu'à ce que les feuilles d'épinard soient fondues.

3 Découpez le fromage en cubes et ajoutez-le, ou émiettez-le directement dans la casserole. Salez et poivrez généreusement ; ajoutez la ciboulette ciselée. Dès que le fromage commence à fondre, dressez la préparation sur des assiettes chaudes. Découpez les tranches de jambon en lamelles et disposez-les par-dessus. Servez aussitôt.

• Par portion : 289 Calories – Protéines : 16 g – Glucides : 27 g – Lipides : 14 g (dont 6 g de graisses saturées) – Fibres : 3 g – Sel : 1,31 g – Pas de sucres ajoutés.

Cette recette est encore plus savoureuse avec des pommes de terre désirée ou romano, bien reconnaissables à leur peau lisse et rosée !

Salade aux pommes de terre et aux brocolis

Pour 4 personnes
Préparation et cuisson : 40 min

- 700 g de pommes de terre
- 350 g de brocolis en fleurettes
- 5 cuill. d'huile d'olive
- 1 oignon
- 12 tranches fines de bacon sans couenne (ou de poitrine fumée)
- 1 cuill. à soupe de vinaigre de vin blanc
- 1 cuill. à soupe de moutarde en grains
- Poivre du moulin

1   Portez de l'eau salée à ébullition dans une grande casserole. Coupez les pommes de terre en cubes et faites-les précuire dans l'eau bouillante pendant 5 minutes. Dans une autre casserole, faites cuire les brocolis pendant 3 minutes. Égouttez.

2   Faites chauffer dans la casserole 2 cuillerées à soupe d'huile. Épluchez l'oignon et détaillez-le en lamelles. Faites-le blondir avec les pommes de terre pendant 8 à 10 minutes. Ajoutez les brocolis au mélange de pommes de terre et d'oignons, et laissez sur le feu quelques instants. Mettez ensuite le tout dans un plat creux.

3   Passez le bacon sous le gril du four jusqu'à ce qu'il soit croustillant, puis épongez-le dans du papier absorbant.

4   Versez le reste d'huile d'olive, le vinaigre et la moutarde dans la casserole. Mélangez le tout sur le feu. Remettez les légumes dans celle-ci, secouez délicatement et poivrez. Disposez les tranches de bacon ou de poitrine fumée par-dessus et servez.

• Par portion : 492 Calories – Protéines : 19 g – Glucides : 34 g – Lipides : 32 g (dont 9 g de graisses saturées) – Fibres : 5 g – Sel : 2,82 g – Pas de sucres ajoutés.

Voici une salade nourrissante pour toute la famille,
à consommer chaude ou froide.

Salade de pommes de terre à la feta

Pour 4 personnes
Préparation et cuisson : 30 min

- 1 kg de pommes de terre nouvelles
- 8 tomates
- 175 g de dés de feta à l'huile, en bocal
- 1 cuill. à café d'origan séché
- 100 g d'olives noires dénoyautées
- 225 g de jambon, soit 4 tranches épaisses
- 1 poignée de persil frais
- Sel et poivre du moulin

1 Portez de l'eau à ébullition dans une grande casserole (sans sel). Coupez, si nécessaire, les pommes de terre en deux et faites-les cuire dans l'eau bouillante pendant 15 minutes, jusqu'à ce qu'elles soient tendres.

2 Coupez les tomates en morceaux. Prélevez 2 cuillerées à soupe d'huile dans le bocal de feta et faites-la chauffer dans une poêle. Ajoutez l'origan et les tomates. Faites revenir à feu moyen pendant 3 ou 4 minutes, jusqu'à ce que les tomates soient légèrement fondantes. Incorporez les olives, les dés de feta ; découpez le jambon en dés et ajoutez-le, mélangez bien l'ensemble.

3 Égouttez les pommes de terre, détaillez-les en rondelles et mettez-les dans la poêle. Rectifiez l'assaisonnement. Hachez le persil, saupoudrez-en la préparation chaude et mélangez le tout. Servez chaud ou froid.

• Par portion : 408 Calories – Protéines : 23 g – Glucides : 47 g – Lipides : 16 g (dont 7 g de graisses saturées) – Fibres : 5 g – Sel : 4,47 g – Pas de sucres ajoutés.

Préparée la veille, cette salade développera toutes ses saveurs !
Ajoutez l'avocat seulement à la dernière minute
pour éviter qu'il ne noircisse.

Salade aux haricots blancs et à l'avocat

Pour 4 personnes
Préparation et cuisson : 15 min

- 150 g de champignons de Paris
- 1/2 oignon rouge
- 8 radis
- 400 g de haricots blancs en conserve (soissons ou autre variété)
- 4 cuill. à soupe d'huile d'olive légère
- 1 cuill. à soupe de vinaigre de vin blanc ou de vinaigre de cidre
- 1 gousse d'ail
- 1 avocat
- 90 g de saucisson au poivre
- Sel et poivre du moulin

1 Émincez les champignons, épluchez le demi-oignon et coupez-le en fines lamelles. Coupez les radis en rondelles. Égouttez les haricots et mettez-les dans un saladier avec les ingrédients précédents.

2 Dans un autre récipient, mélangez l'huile d'olive, le vinaigre et l'ail écrasé. Salez et poivrez.

3 Pelez l'avocat, ôtez le noyau et détaillez la chair en gros dés. Découpez le saucisson en rondelles puis en quartiers. Ajoutez les dés d'avocat et les morceaux de saucisson dans la salade. Mélangez délicatement le tout en incorporant la sauce. Servez aussitôt.

• Par portion : 362 Calories – Protéines : 11 g – Glucides : 14 g – Lipides : 29 g (dont 6 de graisses saturées) – Fibres : 6 g – Sel : 1,24 g – Pas de sucres ajoutés.

Ces délicieuses tartines gratinées à la tomate
sont un jeu d'enfant à préparer !

Toasts à la tomate

Pour 4 personnes
Préparation et cuisson : 15 min

- 4 tranches de pain épaisses
- 120 g de pesto en bocal
- 8 tomates (environ 650 g)
- 100 g de fromage râpé
- Sel et poivre du moulin

1 Préchauffez le gril du four. Toastez les tranches de pain d'un seul côté. Enduisez l'autre côté de pesto.

2 Découpez les tomates en rondelles fines. Disposez les rondelles de tomates du côté enduit de pesto. Salez et poivrez généreusement.

3 Saupoudrez de fromage râpé et passez sous le gril du four pendant 5 minutes. Retirez du four dès que le fromage est doré et grésille. Servez immédiatement.

• Par portion : 380 Calories – Protéines : 17 g – Glucides : 25 g – Lipides : 24 g (dont 10 g de graisses saturées) – Fibres : 2 g – Sel : 1,36 g – Pas de sucres ajoutés.

Ce plat nourrissant se prépare en un tournemain.
Veillez à choisir des pommes de terre à chair farineuse
afin que le hachis soit bien compact.

Hachis au thon et au maïs

Pour 4 personnes
Préparation et cuisson : 25 min

- 750 g de pommes de terre à chair farineuse
- 1 botte de petits oignons blancs
- 185 g de thon en conserve au naturel
- 100 g de maïs doux surgelé (ou 165 g de maïs doux en conserve)
- 2 cuill. à soupe d'huile
- 2 grosses tomates
- 85 g de fromage râpé
- Sel et poivre du moulin

POUR SERVIR
- Haricots blancs cuisinés à la sauce tomate ou salade (facultatif)

1 Coupez les pommes de terre en gros morceaux. Faites-les cuire dans de l'eau bouillante salée pendant 12 à 15 minutes. Dès qu'elles sont tendres, égouttez-les, remettez-les dans la casserole et écrasez-les grossièrement. Émincez les oignons et incorporez-les, égouttez le thon et ajoutez-le avec le maïs. Salez et poivrez.

2 Faites chauffer l'huile dans une poêle à frire. Versez-y la préparation, répartissez-la uniformément dans la poêle et laissez cuire à feu moyen pendant 4 ou 5 minutes, jusqu'à ce que le dessous soit bien croustillant.

3 Préchauffez le gril du four. Coupez les tomates en rondelles, disposez-les sur la préparation et saupoudrez de fromage râpé. Faites dorer sous le gril du four. Découpez en parts triangulaires et servez avec des haricots blancs à la sauce tomate ou de la salade, si vous le souhaitez.

• Par portion : 387 Calories – Protéines : 21 g – Glucides : 39 g – Lipides : 17 g (dont 6 g de graisses saturées) – Fibres : 4 g – Sel : 0,69 g – Pas de sucres ajoutés.

Le grand classique des repas sur le pouce,
dont les enfants raffolent !

Hamburgers

Pour 4 personnes
Préparation et cuisson : 30 min

- 500 g d'agneau, de porc ou de dinde haché
- 1 cuill. à soupe de Worcestershire sauce
- 4 tranches fines de bacon ou de poitrine fumée
- 4 petits pains ronds à hamburgers
- Feuilles de laitue
- 2 tomates
- Mayonnaise
- Sel et poivre du moulin

1 Préchauffez le gril sur feu vif, ou allumez le barbecue. Salez et poivrez la viande à votre goût, sans oublier d'y incorporer la Worcestershire sauce. Façonnez 4 steaks.

2 Faites griller les steaks hachés pendant 7 ou 8 minutes de chaque côté, sur le gril ou au barbecue, jusqu'à ce qu'ils soient parfaitement cuits. Faites également griller les tranches de bacon environ 4 minutes de chaque côté. Puis épongez-les dans du papier absorbant.

3 Garnissez les petits pains en y superposant la laitue, les tomates coupées en rondelles, le steak haché bien grillé, le bacon et 1 cuillerée de mayonnaise.

• Par portion : 433 Calories – Protéines : 32 g – Glucides : 27 g – Lipides : 23 g (dont 10 g de graisses saturées) – Fibres : 1 g – Sel : 1,76 g – Pas de sucres ajoutés.

L'abricot donne à la viande hachée de porc une pointe d'acidité originale.

Steaks hachés à l'abricot

Pour 4 personnes
Préparation et cuisson : 30 min

- 4 oignons blancs
- 4 cuill. à soupe de menthe fraîche
- 2 abricots frais, bien fermes (environ 175 g)
- 500 g de porc haché
- 1 œuf battu
- 20 cl de yaourt à la grecque
- Sel et poivre du moulin

POUR SERVIR
- Quelques feuilles de salade
- 4 petits pains à hamburger

1 Émincez les oignons, ciselez la menthe et coupez les abricots en morceaux. Mélangez la viande hachée, les oignons émincés, 2 cuillerées à soupe de menthe et les abricots. Salez et poivrez et liez le tout avec l'œuf battu. Divisez en 4 portions et façonnez avec chacune un steak d'environ 10 cm de diamètre.

2 Faites griller les steaks hachés à feu moyen pendant 8 à 10 minutes de chaque côté, soit au gril soit au barbecue. Pendant ce temps, préparez une sauce avec le yaourt et le reste de la menthe ciselée. Épicez à votre goût.

3 Disposez une feuille de salade et un steak haché grillé dans chaque petit pain et nappez de 1 cuillerée de sauce au yaourt et à la menthe. Servez le reste de la sauce à part.

• Par portion : 300 Calories – Protéines : 30 g – Glucides : 5 g – Lipides : 18 g (dont 8 g de graisses saturées) – Fibres : 1 g – Sel : 0,35 g – Pas de sucres ajoutés.

Idéales pour le brunch du dimanche, ces sympathiques brochettes peuvent se préparer la veille.

Brochettes au bacon

Pour 4 personnes
Préparation et cuisson : 35 min

- 2 blancs de poireau de taille moyenne
- 4 champignons à tête plate
- 4 saucisses aux herbes
- 14 tranches fines de bacon ou de poitrine fumée
- 300 g de riz à grain long
- 50 g de beurre
- 1 cuill. à café de thym
- Le jus de 1 citron
- 20 cl de crème fraîche
- Sel et poivre du moulin

1 Coupez les poireaux en 4 tronçons. Plongez-les dans de l'eau bouillante pendant 3 ou 4 minutes, puis égouttez-les. Découpez en quartiers la tête de 3 champignons, réservez le reste. Coupez les saucisses en deux. Découpez le bacon en lamelles dans le sens de la longueur. Enveloppez chaque morceau de poireau, de champignon ou de saucisse d'une lamelle de bacon. Enfilez ces rouleaux sur des brochettes.

2 Pendant ce temps, faites cuire le riz selon les indications figurant sur le paquet.

3 Préchauffez le gril. Faites fondre la moitié du beurre dans une casserole avec un peu de thym et le jus de citron. Enduisez les brochettes de cette sauce et faites-les griller pendant 10 minutes, jusqu'à ce qu'elles soient complètement cuites.

4 Faites fondre le reste du beurre. Émincez le dernier champignon entier et les pieds des 3 autres. Ajoutez-les dans la casserole avec le reste de thym. Faites revenir jusqu'à ce que les champignons soient cuits. Ajoutez la crème fraîche, salez et poivrez. Égouttez le riz et mélangez-le avec cette sauce aux champignons et le jus de cuisson des brochettes, puis servez.

Par portion : 1 023 Calories – Protéines : 27 g – Glucides : 73 g – Lipides : 71 g (dont 35 g de graisses saturées) – Fibres : 1 g – Sel : 4,72 g – Pas de sucres ajoutés.

Une omelette bien garnie, à préparer avec délicatesse pour ne pas écraser les rondelles de pomme de terre.

Omelette aux pommes de terre, au jambon et aux petits pois

Pour 4 personnes
Préparation et cuisson : 45 min

- 650 g de pommes de terre (rosa, par exemple)
- 6 cuill. à soupe d'huile d'olive
- 1 oignon
- 140 g de jambon en tranches épaisses
- 8 œufs
- 250 g de petits pois surgelés
- Sel et poivre du moulin

1 Épluchez les pommes de terre et coupez-les en rondelles épaisses. Faites chauffer 4 cuillerées d'huile dans une grande poêle allant au four. Faites revenir les pommes de terre à feu doux pendant environ 15 minutes, jusqu'à ce qu'elles commencent à être tendres et dorées. Épluchez l'oignon, émincez-le puis ajoutez-le dans la poêle et faites revenir le tout pendant encore 5 minutes.

2 Coupez les tranches de jambon en dés. Cassez les œufs dans un grand saladier. Salez et poivrez. Battez. Ajoutez les pommes de terre, l'oignon, le jambon et les petits pois. Mélangez le tout avec délicatesse afin d'éviter de casser les pommes de terre.

3 Préchauffez le gril du four. Faites chauffer le reste de l'huile dans la poêle. Versez-y la préparation. Laissez cuire à feu doux pendant 10 minutes. Ôtez du feu quand l'omelette est encore baveuse, puis passez au gril pendant 10 à 15 minutes. Dès que l'omelette est dorée, découpez-la en parts et servez aussitôt.

- Par portion : 516 Calories – Protéines : 27 g – Glucides : 36 g – Lipides : 30 g (dont 6 g de graisses saturées) – Fibres : 6 g – Sel : 1,33 g – Pas de sucres ajoutés.

Des œufs, du bacon, du fromage et quelques oignons suffisent pour faire cette omelette à l'italienne, onctueuse et bien épaisse.

Frittata au bacon

Pour 4 personnes
Préparation et cuisson : 35 min

- 8 tranches de bacon ou d'épaule fumée sans couenne
- 1 botte de petits oignons blancs
- 8 gros œufs
- 2 cuill. à soupe de lait
- 85 g de fromage (cheddar, gruyère…)
- 1 noix de beurre
- Poivre du moulin

POUR SERVIR
- Sauce tomate
- Tranches de pain épaisses

1 Découpez le bacon. Faites-le revenir pendant 5 ou 6 minutes dans une poêle antiadhésive allant au four. Ôtez une partie de la graisse de cuisson. Émincez les oignons, ajoutez-les et faites revenir le tout pendant 5 minutes jusqu'à ce que les oignons soient translucides et le bacon bien croustillant.

2 Battez les œufs et le lait. Ajoutez du poivre. Mettez de côté quelques morceaux de bacon. Coupez le fromage en dés et incorporez-le avec les oignons et le reste du bacon au mélange d'œufs et de lait. Faites fondre le beurre dans une poêle de 23 cm de diamètre. Versez-y la préparation et faites cuire à feu doux pendant 5 à 8 minutes, sans y toucher, jusqu'à ce que l'omelette commence à prendre.

3 Préchauffez le gril du four. Répartissez sur l'omelette les morceaux de bacon réservés puis glissez la poêle sous le gril afin de faire dorer l'omelette. Découpez-la en parts et servez avec une sauce tomate et des tranches de pain épaisses.

- Par portion : 468 Calories – Protéines : 31 g – Glucides : 2 g – Lipides : 38 g (dont 16 g de graisses saturées) – Fibres : 1 g – Sel : 3,21 g – Pas de sucres ajoutés.

Pour gagner du temps, les pommes de terre peuvent cuire au four à micro-ondes pendant 20 minutes, mais les œufs, quant à eux, doivent être cuits au four.

Pommes de terre au four et œuf miroir

Pour 4 personnes
Préparation et cuisson : 1 h 30

- 4 grosses pommes de terre (environ 450 g pièce)
- 100 g de champignons
- 25 g de beurre
- 140 g de brocolis en fleurettes
- 8 œufs
- Sel et poivre du moulin

1 Préchauffez le four à 200 °C (therm. 6-7). Mettez les pommes de terre entières au four pendant 1 heure à 1 heure 15, jusqu'à ce que leur peau soit croustillante.

2 Pendant ce temps, coupez les champignons en lamelles. Faites fondre le beurre dans une poêle à frire. Faites-y revenir les brocolis et les champignons pendant 3 minutes et réservez.

3 Quand les pommes de terre sont cuites, coupez-les en deux, creusez-les avec une cuillère et mettez la majeure partie de leur chair dans un saladier. Ajoutez-y les brocolis, les champignons et leur jus de cuisson. Salez et poivrez. Remettez cette préparation dans les moitiés de pommes de terre en ménageant un puits au centre. Posez les pommes de terre sur la grille du four.

4 Cassez un œuf sur chaque moitié de pomme de terre. Remettez le tout au four pendant 15 minutes, jusqu'à ce que les œufs soient cuits.

- Par portion : 358 Calories – Protéines : 19 g – Glucides : 35 g – Lipides : 17 g (dont 6 g de graisses saturées) – Fibres : 4 g – Sel : 0,52 g – Pas de sucres ajoutés.

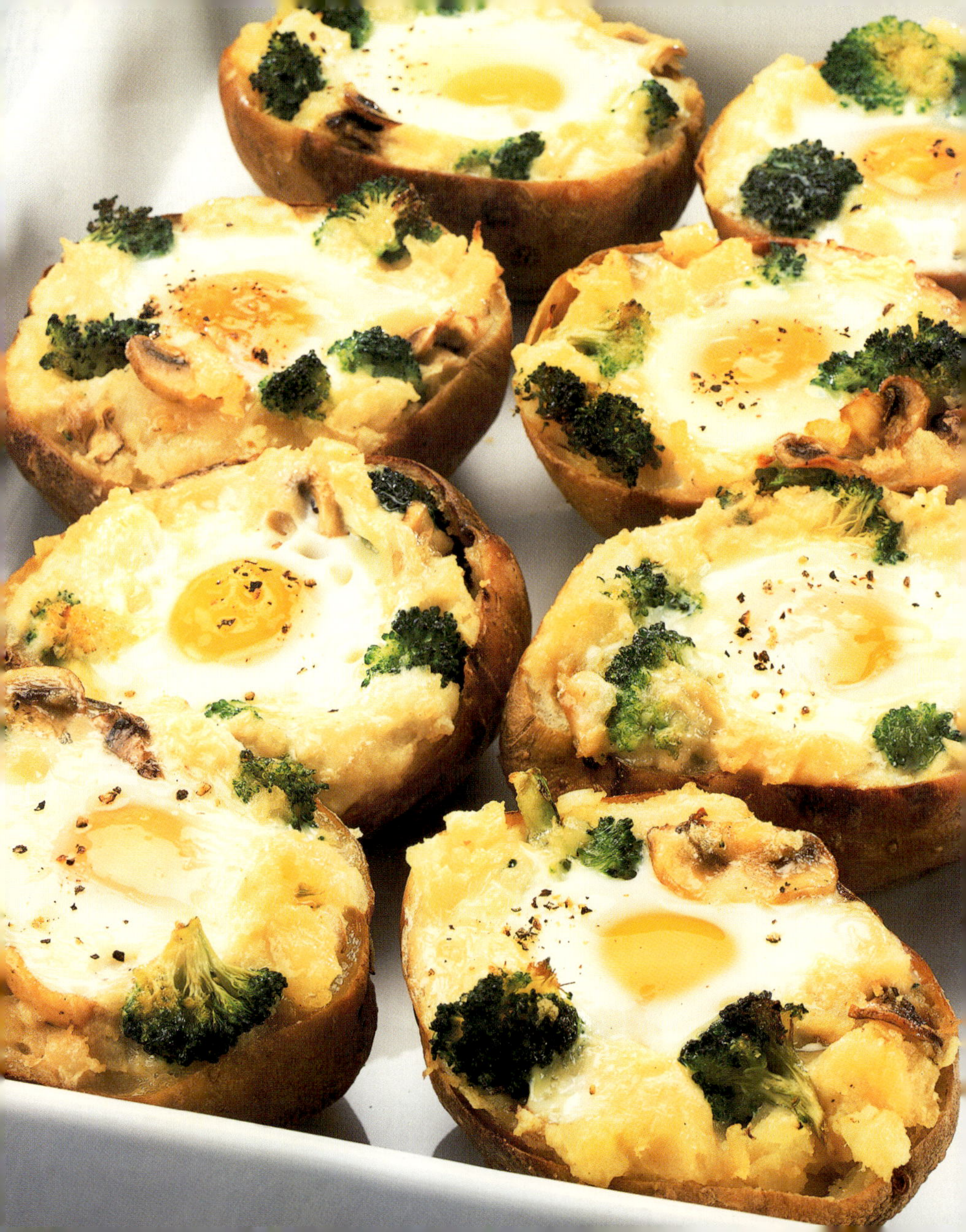

Un délice très simple à préparer ! Choisissez de belles pommes de terre à chair farineuse ; elles seront parfaites pour ce gratin.

Pommes de terre au four gratinées

Pour 4 personnes
Préparation et cuisson : 1 h 30

- 4 pommes de terre d'environ 350 g pièce, lavées et grattées
- 50 g de beurre
- 4 cuill. à soupe de lait
- 100 g de fromage râpé
- 2 œufs battus
- Tabasco
- Sel et poivre du moulin

1   Préchauffez le four à 200 °C (therm. 6-7). Frottez les pommes de terre avec un peu de sel, posez-les sur une feuille de papier sulfurisé et mettez-les au four pendant 1 heure à 1 heure 15, jusqu'à ce qu'elles soient tendres. Sortez-les du four et laissez-les refroidir jusqu'à ce que vous puissiez les manipuler sans vous brûler.

2   À l'aide d'un couteau pointu, faites une ouverture dans chaque pomme de terre et videz-les sans abîmer la peau. Mettez la chair dans un saladier et écrasez-la à la fourchette. Incorporez le beurre, le lait, 85 g de fromage râpé, les œufs battus et quelques gouttes de Tabasco. Rectifiez l'assaisonnement. Remplissez les pommes de terre avec cette préparation.

3   Saupoudrez le tout avec le fromage restant et faites gratiner au four pendant 20 minutes, jusqu'à ce que les pommes de terre soient dorées.

• Par portion : 509 Calories – Protéines : 18 g – Glucides : 61,1 g – Lipides : 23 g (dont 13,1 g de graisses saturées) – Fibres : 4,6 g – Sel : 0,89 g – Pas de sucres ajoutés.

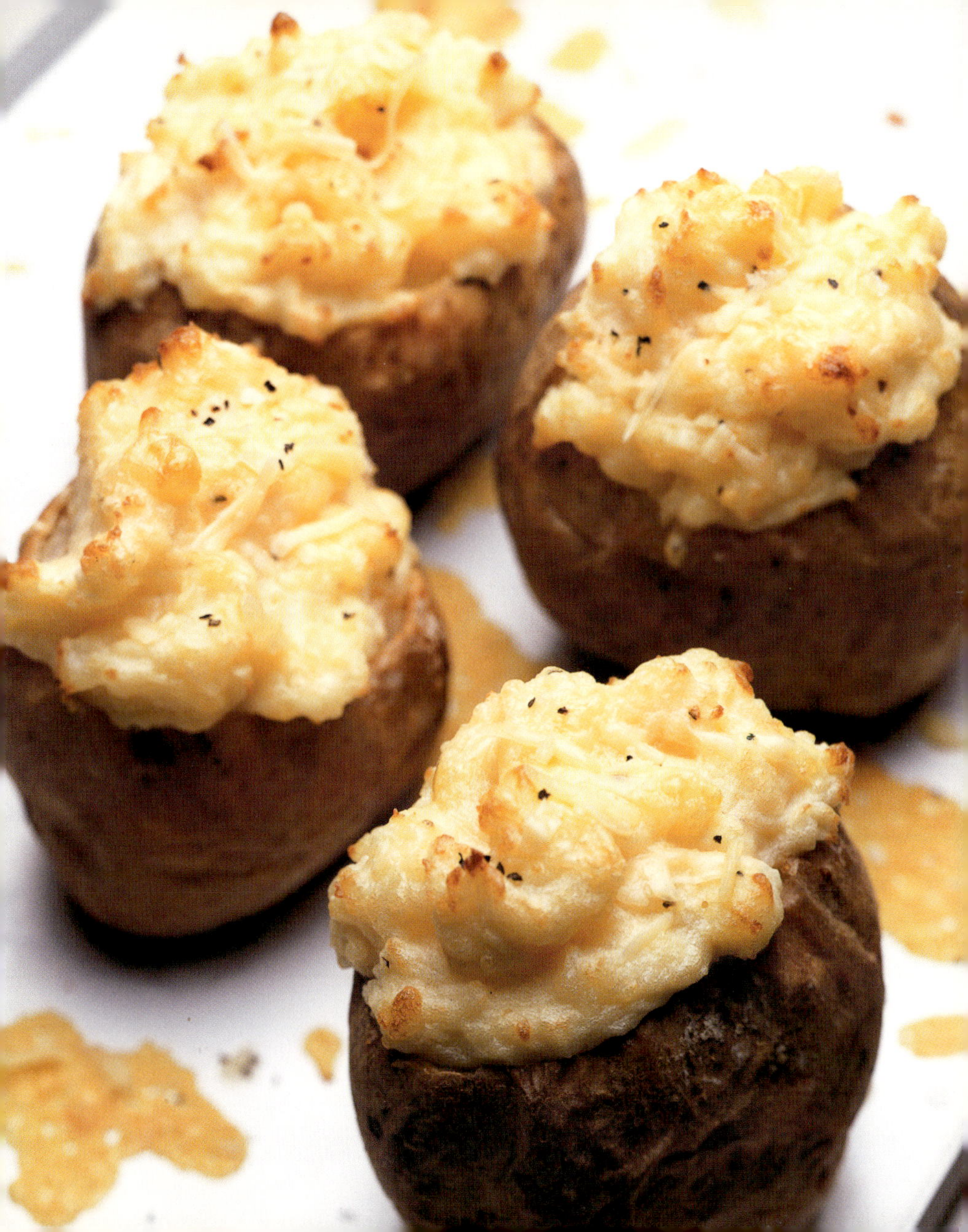

La succulente alliance de belles tomates goûteuses et d'une farce originale !

Tomates farcies au maïs

Pour 4 personnes
Préparation et cuisson : 45 min

- 4 grosses tomates
- Sucre roux
- 4 tranches fines de bacon ou de poitrine fumée
- 1 poireau
- 1/2 cuill. à soupe de romarin frais haché
- 2 cuill. à soupe d'huile d'olive
- 3 tranches de pain blanc légèrement rassis
- 85 g de maïs doux surgelé ou en conserve
- 175 g de gruyère coupé en dés
- 2 cuill. à soupe de persil frais haché
- Sel et poivre du moulin

1 Préchauffez le four à 200 °C (therm. 6-7). Découpez un chapeau au sommet des tomates et enlevez-le. Videz les tomates à l'aide d'une cuillère. Assaisonnez légèrement l'intérieur de sucre, de sel et de poivre. Posez les tomates vidées dans un plat à gratin.

2 Détaillez le bacon en petits morceaux ; ciselez finement le poireau. Faites chauffer l'huile dans une poêle à frire et faites-y revenir le bacon, le poireau et le romarin pendant 7 minutes, en remuant de temps en temps. Coupez le pain en petits cubes, et faites griller ceux-ci dans la poêle pendant 3 minutes. Salez et poivrez. Ajoutez le maïs, le gruyère et le persil haché.

3 Répartissez cette farce en 4 portions, garnissez-en les tomates, et faites les dorer au four pendant 20 minutes.

• Par portion : 321 Calories – Protéines : 15 g – Glucides : 22 g – Lipides : 20 g (dont 8 g de graisses saturées) – Fibres : 3 g – Sel : 1,46 g – Pas de sucres ajoutés.

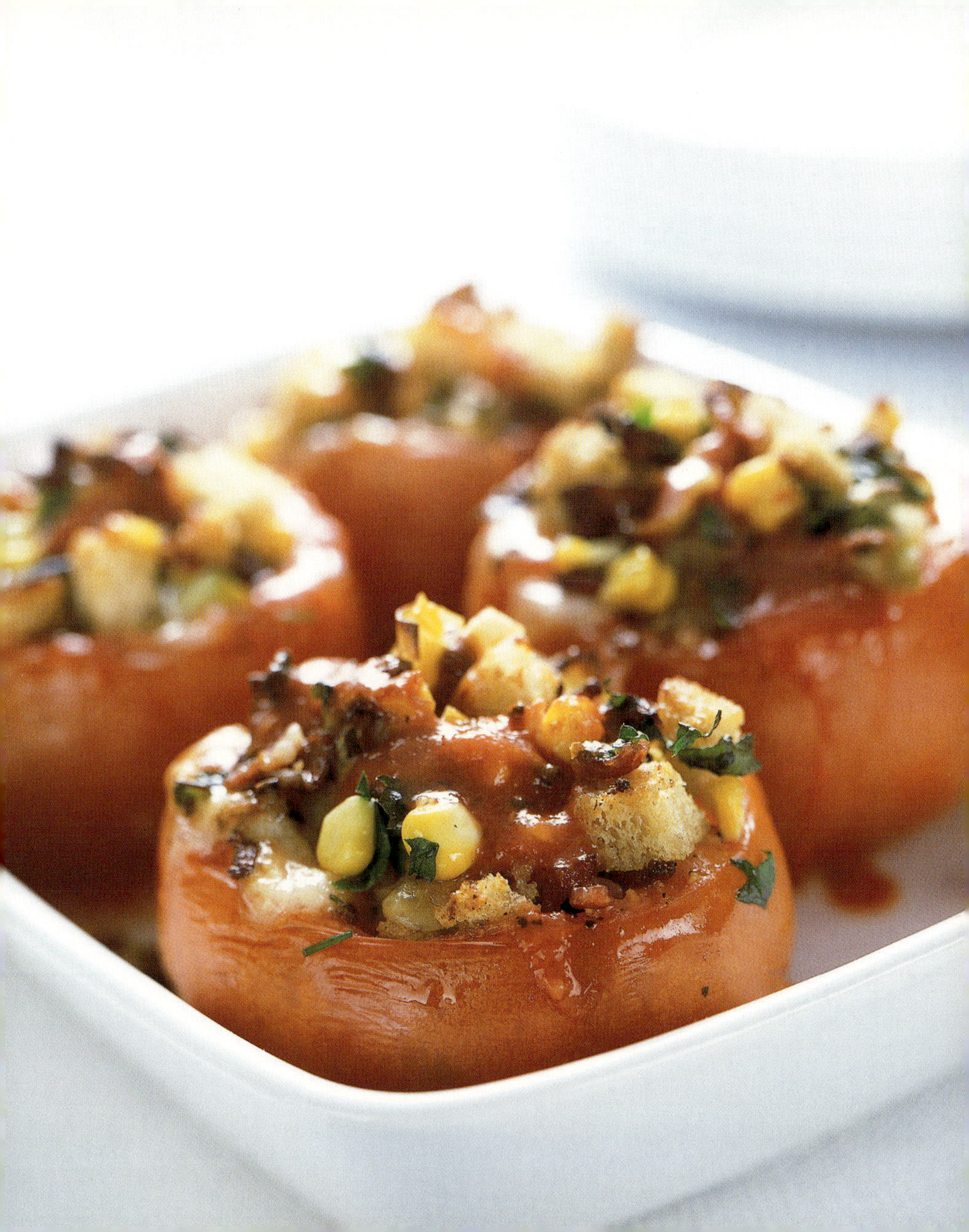

Ces chouquettes salées assemblées en couronne
sont délicieuses accompagnées de filets de haddock fumé.

Chouquettes au fromage

Pour 4 personnes
Préparation et cuisson : 50 min

- 70 g de farine
- 1 pincée de moutarde en poudre à l'anglaise
- 1 pincée de sel
- 15 cl d'eau
- 50 g de beurre
- 100 g de fromage râpé
- 2 œufs battus
- 3 cuill. à soupe de fines herbes hachées
- Sel et poivre du moulin

POUR LA SAUCE TOMATE
- 1 cuill. à soupe d'huile d'olive
- 1 gousse d'ail hachée ou pilée
- 400 g de tomates entières en conserve
- 1 cuill. à soupe de purée de tomate

POUR SERVIR
- Brocolis ou poireaux étuvés (facultatif)

1 Graissez une plaque à pâtisserie. Tamisez la farine, la moutarde en poudre et le sel sur une feuille de papier sulfurisé. Portez l'eau à ébullition, ajoutez le beurre et les ingrédients tamisés, ôtez du feu et battez jusqu'à obtenir une pâte épaisse. Incorporez 85 g de fromage râpé. Laissez reposer pendant 5 minutes.

2 Préchauffez le four à 200 °C (therm. 6-7). Incorporez progressivement les œufs battus dans la pâte, puis les fines herbes hachées. Prélevez de petites quantités de pâte, déposez-les côte à côte sur la feuille de papier sulfurisé afin de former une couronne de 20 cm de diamètre. Saupoudrez avec le fromage râpé restant. Passez au four pendant 25 à 30 minutes, jusqu'à ce que la pâte soit gonflée et croustillante.

3 Pendant ce temps, versez les ingrédients destinés à la sauce tomate dans une petite casserole. Salez et poivrez. Portez à ébullition en remuant, puis laissez mijoter pendant 10 minutes. Découpez la couronne en parts égales. Servez avec la sauce, des brocolis ou des poireaux, si vous le souhaitez.

- Par portion : 340 Calories – Protéines : 13 g – Glucides : 18 g – Lipides : 25 g (dont 13 g de graisses saturées) – Fibres : 2 g – Sel : 0,88 g – Pas de sucres ajoutés.

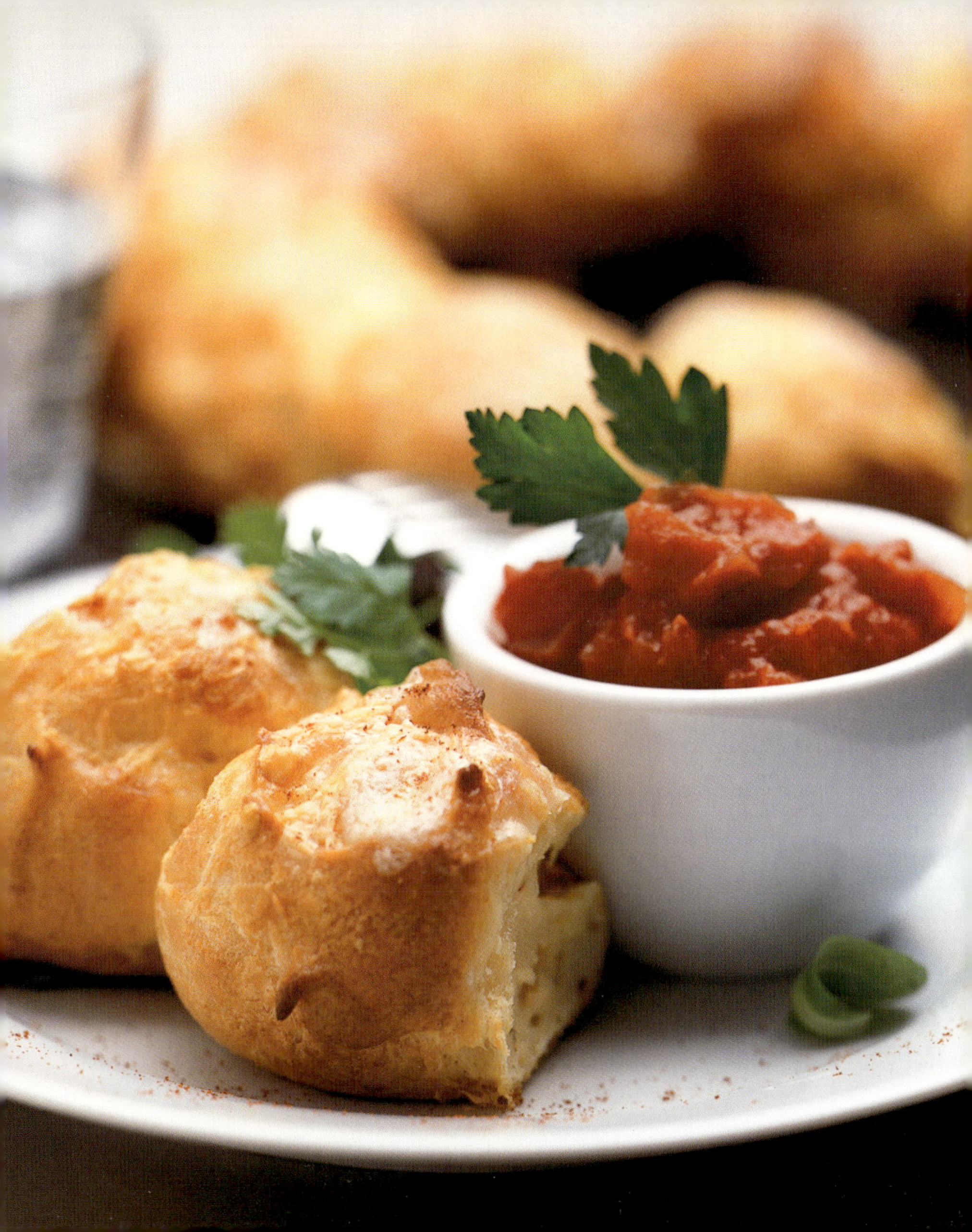

Pour cette recette d'été, choisissez un fromage frais
dont le goût ne domine pas celui des tomates.

Tarte à la tomate et au chèvre

Pour 4 personnes
Préparation et cuisson : 55 min

- 1 pomme de terre farineuse de taille moyenne
- 1 oignon
- 85 g de beurre en morceaux
- 7 branches de thym frais (ou 1 cuill. à soupe de thym séché)
- 140 g de farine
- 450 g de tomates mûres
- 1 cuill. à soupe de vinaigre de vin rouge
- 100 g de fromage de chèvre frais
- Huile d'olive
- Sel et poivre du moulin

POUR SERVIR
- Salade verte (facultatif)

1 Épluchez la pomme de terre, découpez-la et laissez-la cuire pendant 10 à 12 minutes dans de l'eau bouillante salée. Égouttez-la et écrasez-la à la fourchette. Épluchez puis ciselez finement l'oignon. Faites fondre 25 g de beurre dans une petite casserole et faites-y revenir l'oignon quelques minutes. Ajoutez les feuilles de 4 branches de thym frais (ou la moitié du thym séché).

2 Dans un saladier, mettez le reste du beurre avec la farine. Ajoutez l'oignon et son jus de cuisson, ainsi que la pomme de terre écrasée. Salez et poivrez. Mélangez jusqu'à obtenir une pâte souple. À l'aide d'un rouleau à pâtisserie, faites-en une galette épaisse de 23 cm de diamètre. Posez-la sur du papier sulfurisé.

3 Préchauffez le four à 200 °C (therm. 6-7). Coupez les tomates en rondelles épaisses, disposez-les sur la galette et versez-y quelques gouttes de vinaigre. Décorez de feuilles de thym. Salez et poivrez. Émiettez le fromage de chèvre par-dessus et humectez d'huile d'olive. Faites cuire pendant 35 à 40 minutes. Servez avec de la salade verte, si vous le souhaitez.

• Par portion : 434 Calories – Protéines : 11 g – Glucides : 39 g – Lipides : 27 g (dont 16 g de graisses saturées) – Fibres : 3 g – Sel : 0,89 g – Pas de sucres ajoutés.

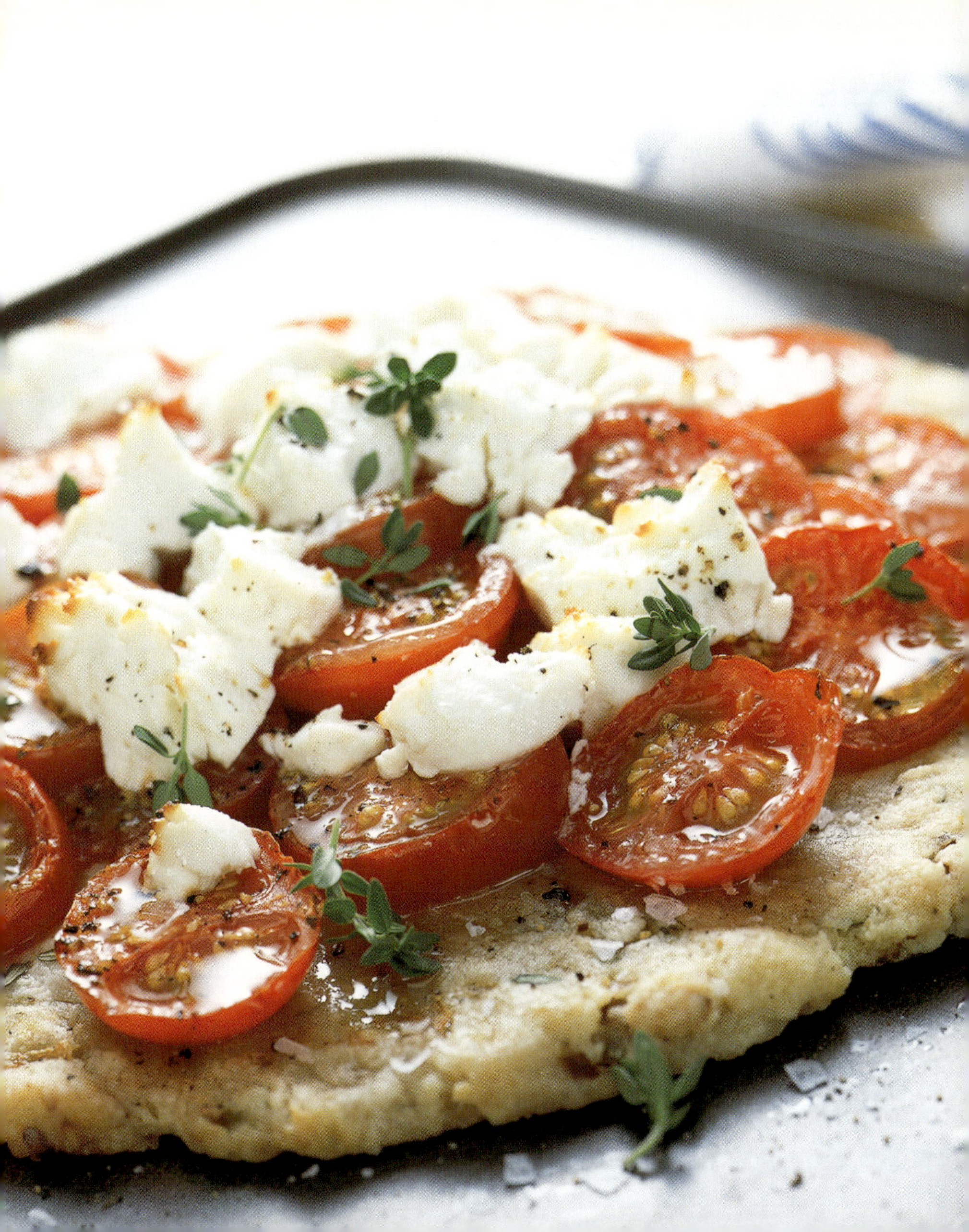

Si vous préférez, vous pouvez faire cuire les pommes de terre au four à micro-ondes pendant vingt minutes.

Pommes de terre au four aux poireaux

Pour 4 personnes
Préparation et cuisson : 1 h 15

- 4 grosses pommes de terre, à cuire au four
- 2 gros poireaux (environ 1 kg)
- 50 g de beurre
- 3 filets de maquereau fumé, sans la peau
- 2 cuill. à soupe de crème de raifort
- Le jus de 1 citron
- Sel et poivre du moulin

1 Préchauffez le four à 200 °C (therm. 6-7). Dès qu'il est chaud, faites-y cuire les pommes de terre entières pendant environ 1 h 15, jusqu'à ce qu'elles soient tendres et que leur peau soit bien croustillante.

2 Ciselez finement les poireaux. Faites fondre la moitié du beurre dans une casserole, et faites-y revenir les poireaux pendant environ 6 minutes en remuant régulièrement. Émiettez le maquereau, ajoutez-le dans la casserole avec la crème de raifort et le jus de citron. Salez et poivrez.

3 Coupez les pommes de terre en deux dans le sens de la longueur et émiettez-en légèrement la chair avec une fourchette. Disposez le mélange de poireau et de maquereau par-dessus, et coiffez le tout d'une noisette de beurre. Servez chaud.

• Par portion : 619 Calories – Protéines : 24 g – Glucides : 44 g – Lipides : 40 g (dont 13 g de graisses saturées) – Fibres : 6 g – Sel : 2,17 g – Pas de sucres ajoutés.

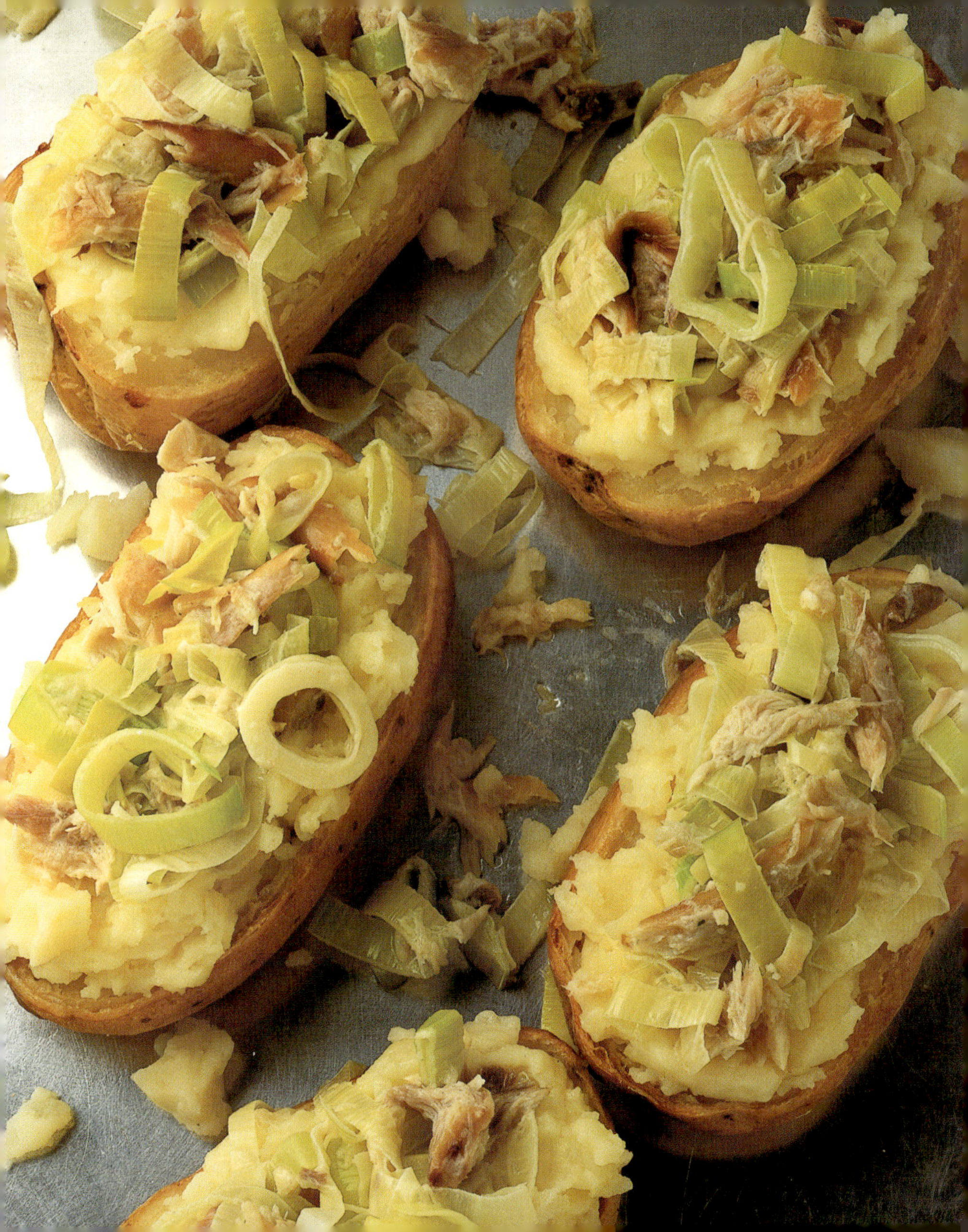

La farine pour pizza prête à l'emploi vous sera bien utile
pour préparer la pâte sans perdre de temps.

Pizza au thon

Pour 4 personnes
Préparation et cuisson : 35 min

- 290 g de farine pour pizza
- 25 cl d'eau chaude
- 2 cuill. à soupe d'huile d'olive + un peu pour la pâte
- 2 oignons
- 200 g de tomates en morceaux en conserve
- 1/2 cuill. à café d'origan séché
- 200 g de thon en conserve
- 85 g d'olives noires dénoyautées
- 50 g de fromage râpé
- Sel et poivre du moulin

POUR SERVIR
- Salade verte (facultatif)

1 Graissez un plat à tarte rectangulaire de 33 x 28 cm. Mettez la farine à pizza dans un saladier, versez l'eau et mélangez jusqu'à obtenir une pâte bien lisse. Pétrissez-la pendant 5 minutes, puis aplatissez-la avec un rouleau à pâtisserie pour lui donner la taille du moule. Étalez la pâte dans le moule et enduisez-la d'un peu d'huile d'olive.

2 Épluchez et hachez finement les oignons. Faites chauffer l'huile dans une poêle à frire, faites-y revenir les oignons jusqu'à ce qu'ils soient bien dorés et réservez.

3 Préchauffez le four à 200 °C (therm. 6-7). Répartissez les tomates sur la pâte. Saupoudrez d'origan. Salez et poivrez. Égouttez puis émiettez le thon et dispersez-le sur la pâte. Ajoutez les olives, les oignons et saupoudrez le tout de fromage râpé. Passez au four pendant 15 à 20 minutes jusqu'à ce que la pâte soit gonflée et bien dorée. Découpez des parts et servez avec une salade verte, si vous le souhaitez.

- Par portion : 633 Calories – Protéines : 28 g – Glucides : 91 g – Lipides : 18 g (dont 5 g de graisses saturées) – Fibres : 6 g – Sel : 3,52 g – Sucres ajoutés : 3 g.

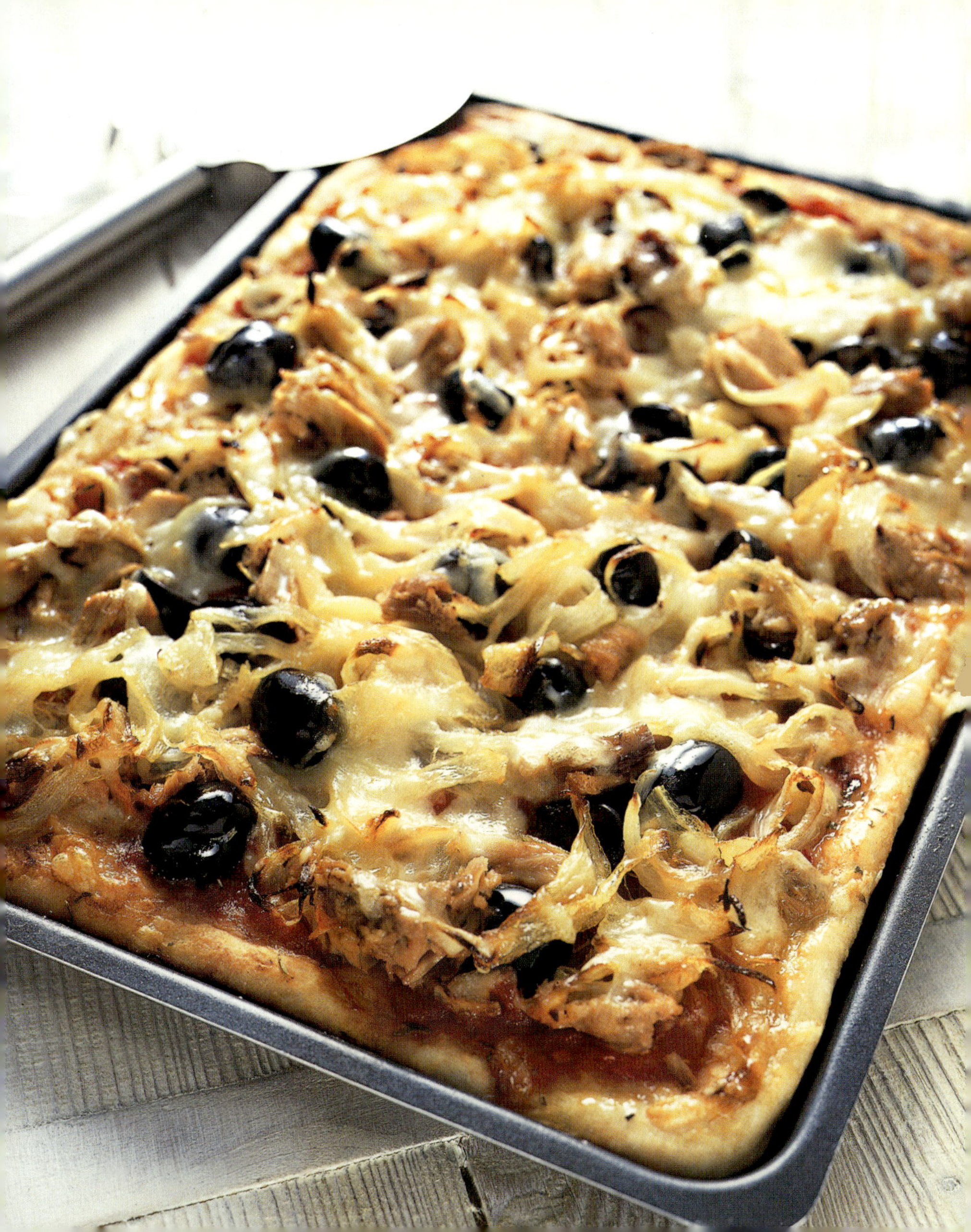

Une pâte feuilletée prête à l'emploi,
quelques ingrédients frais et c'est prêt !

Tarte aux épinards

Pour 6 personnes
Préparation et cuisson : 40 min

- 250 g d'épinards en branches surgelés
- 300 g de fromage râpé
- 2 œufs
- 15 cl de lait
- 225 g de jambon en tranches fines
- 375 g de pâte feuilletée pur beurre, prête à l'emploi
- Poivre noir du moulin

1 Passez les épinards au four à micro-ondes pendant 8 minutes pour les décongeler. Séchez-les avec soin dans du papier absorbant. Mélangez le fromage râpé, les œufs et le lait, et assaisonnez d'un tour de moulin à poivre. Coupez les tranches de jambon en deux.

2 Préchauffez le four à 200 °C (therm. 6-7). Étalez la pâte feuilletée sur un moule à tarte de 35 x 23 cm, en la laissant un peu dépasser. Répartissez dessus les épinards, puis les morceaux de jambon. Versez ensuite la préparation à base de fromage. Repliez les bords de la pâte pour former une bordure.

3 Faites cuire au four pendant 25 à 30 minutes, jusqu'à ce que la tarte soit bien dorée.

- Par portion : 414 Calories – Protéines : 18 g – Glucides : 30 g – Lipides : 26 g (dont 5 g de graisses saturées) – Fibres : 1 g – Sel : 2,21 g – Pas de sucres ajoutés.

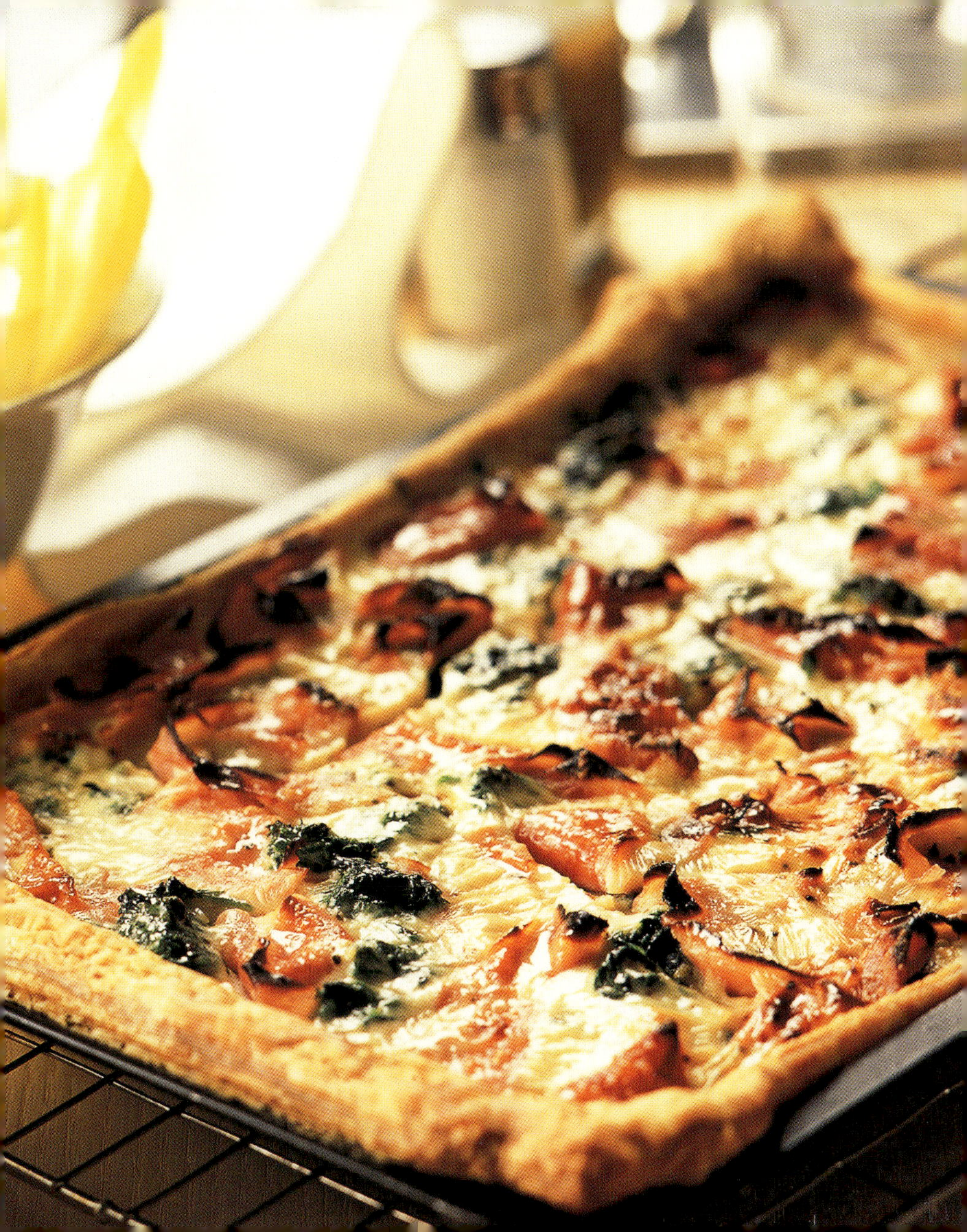

Si vous trouvez les anchois un peu trop salés, rincez-les dans du lait avant de les utiliser.

Pizza aux poivrons

Pour 6 personnes
Préparation et cuisson : 1 h 15

- 250 g de pâte brisée pur beurre, prête à l'emploi
- 450 g d'oignons
- 2 gousses d'ail
- 3 cuill. à soupe d'huile d'olive
- 850 g de tomates en morceaux en conserve
- 1 cuill. à café d'origan séché
- 25 g de poivron
- 85 g de fromage râpé
- 50 g de filets d'anchois à l'huile
- 12 olives noires

POUR SERVIR
- Salade (facultatif)

1 Étalez la pâte brisée dans un moule à tarte de 23 cm de diamètre. Gardez-la au frais pendant que vous préparez la garniture. Épluchez puis émincez les oignons et hachez l'ail. Faites chauffer l'huile dans une casserole et faites-y fondre les oignons et l'ail pendant 15 minutes. Puis laissez-les refroidir pendant 10 minutes et répartissez-les sur la pâte.

2 Préchauffez le four à 220 °C (therm. 7-8). Égouttez les tomates et étalez-les sur les oignons puis assaisonnez d'origan. Coupez le poivron en fines lamelles et disposez celles-ci sur la pâte. Saupoudrez de fromage râpé. Égouttez les filets d'anchois, découpez-les en lamelles et décorez-en la pizza. Terminez avec les olives.

3 Passez au four pendant 25 à 30 minutes, jusqu'à ce que la pâte soit cuite. Servez chaud ou froid avec de la salade, si vous le souhaitez.

- Par portion : 376 Calories – Protéines : 10 g – Glucides : 28 g – Lipides : 25 g (dont 10 g de graisses saturées) – Fibres : 4 g – Sel : 1,68 g – Pas de sucres ajoutés.

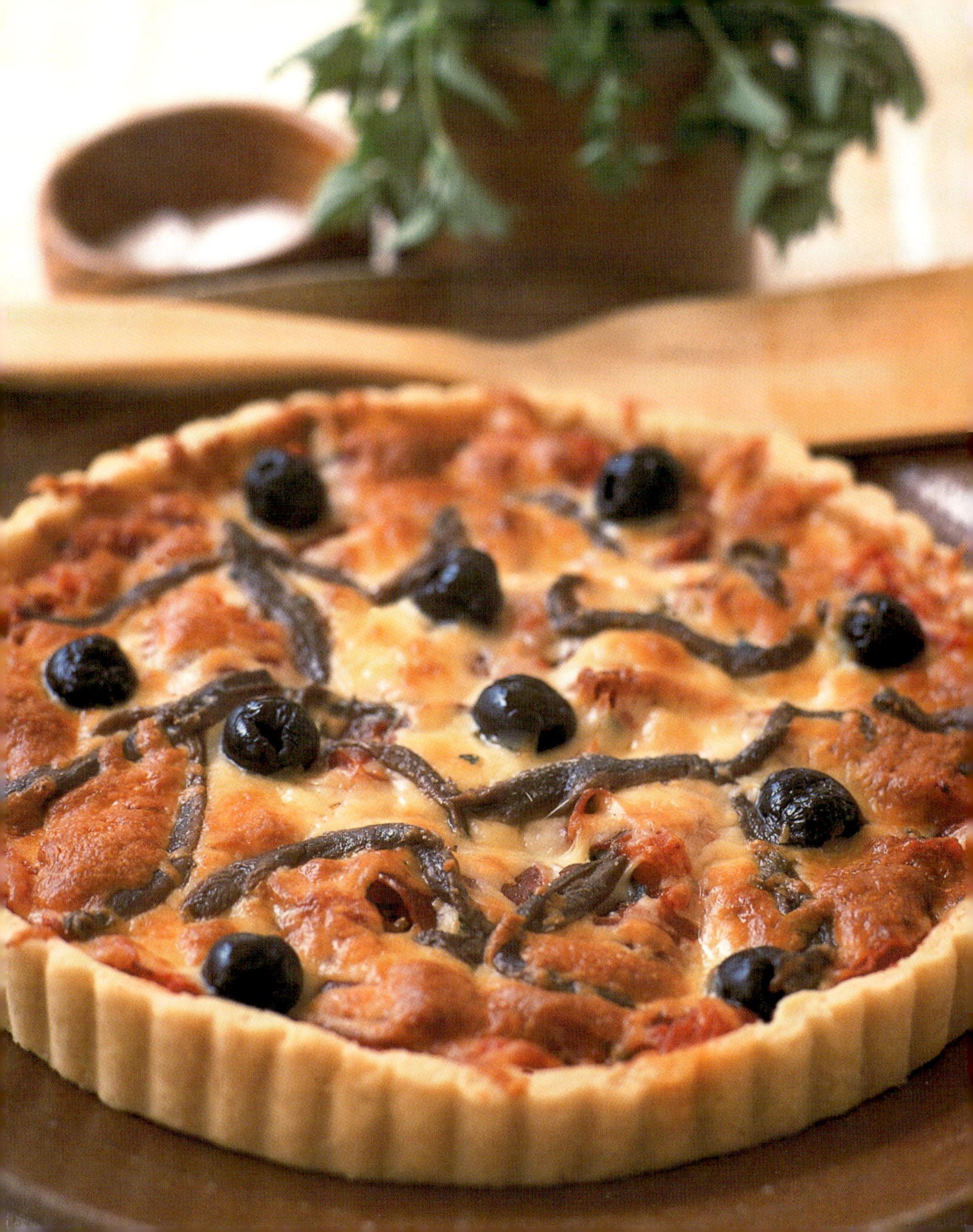

Pour changer des croquettes individuelles, vous pouvez façonner
un seul gros gâteau et le faire dorer à la poêle.

Croquettes surprise

Pour 4 personnes
Préparation et cuisson : 40 min

- 700 g de pommes de terre à chair farineuse
- 4 carottes
- 350 g de chou vert
- 50 g de fromage râpé
- 175 g de cubes de jambon
- 1 ou 2 cuill. à soupe de moutarde en grains
- 1 botte d'oignons blancs

POUR LA SAUCE
- 400 g de tomates en morceaux en conserve
- 1 cuill. à soupe de purée de tomate
- 1 cuill. à café de sucre en poudre
- Sel et poivre du moulin

- 25 g de beurre
- 2 cuill. à soupe d'huile

1 Coupez les pommes de terre en morceaux et les carottes en rondelles. Faites-les cuire dans de l'eau salée pendant 15 minutes, jusqu'à ce qu'ils soient tendres, puis ôtez-les. Ciselez le chou puis faites-le cuire dans un panier vapeur posé sur la casserole pendant 8 minutes. Égouttez soigneusement le tout puis écrasez les pommes de terre et les carottes dans la casserole.

2 Incorporez-y le chou, le fromage râpé, les dés de jambon et la moutarde. Ciselez les oignons et mettez-en la moitié dans la casserole. Avec cette préparation, façonnez 8 croquettes de 10 cm de diamètre. Laissez-les refroidir 30 minutes.

3 Préparez la sauce : mélangez dans une casserole les tomates, le reste des oignons, la purée de tomate et le sucre. Salez et poivrez à votre goût et faites mijoter pendant 10 minutes.

4 Faites chauffer la moitié du beurre et de l'huile dans une poêle. Faites griller 4 croquettes à la fois, pendant 4 minutes de chaque côté, jusqu'à ce qu'elles soient bien dorées. Gardez-les au chaud pendant que vous grillez les suivantes dans le reste de beurre et d'huile. Servez avec la sauce.

- Par portion : 423 Calories – Protéines : 21 g – Glucides : 45 g – Lipides : 19 g (dont 8 g de graisses saturées) – Fibres : 9 g – Sel : 2,03 g – Sucres ajoutés : 1 g.

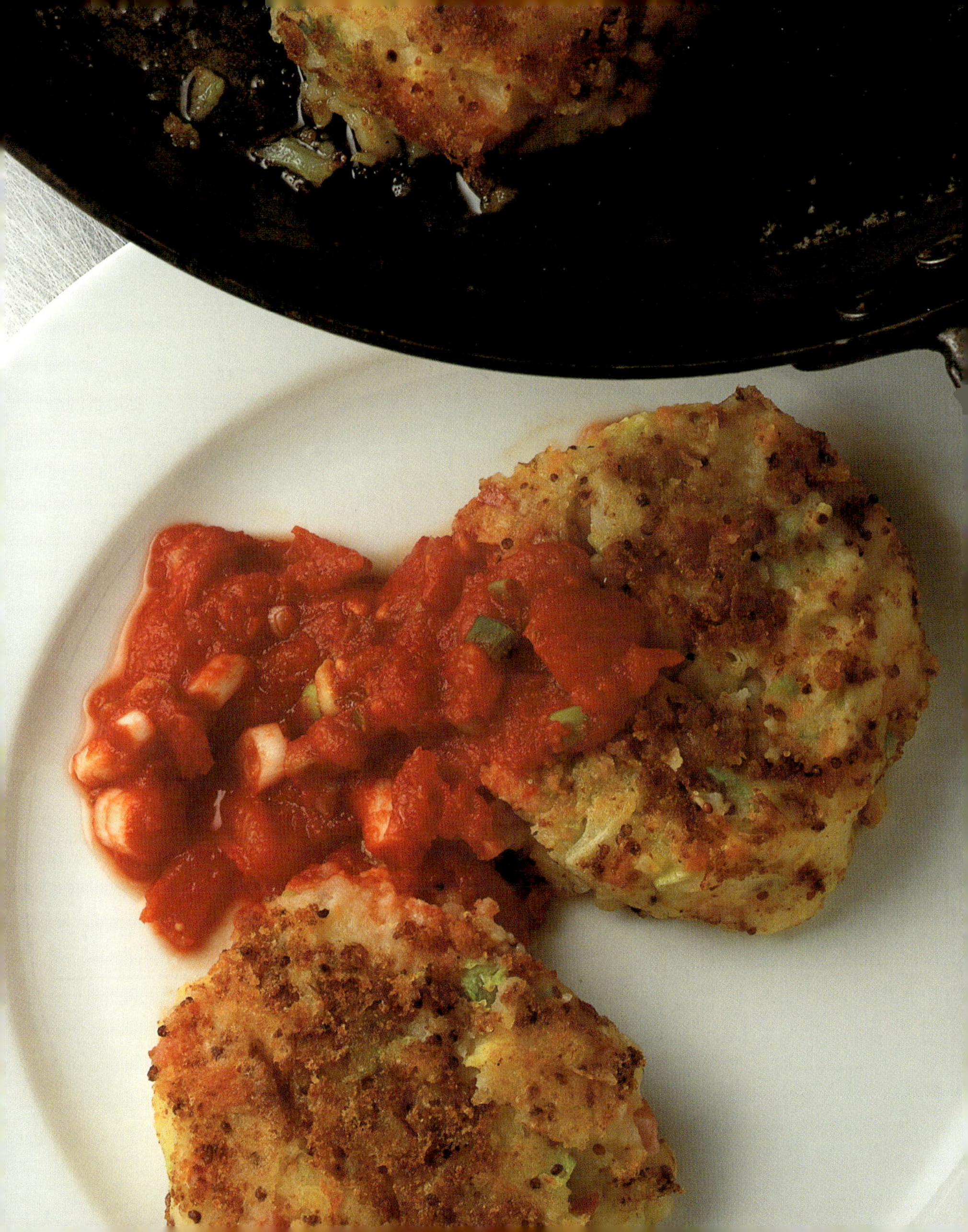

Voici une variante contemporaine du pistou provençal, à base de cresson, de noix et de citron vert. Une expérience à tenter !

Fettuccine au pistou de cresson

Pour 4 personnes
Préparation et cuisson : 15 min

- 350 g de fettuccine
- 85 g de cresson
- 100 g de noix concassées
- 50 g de parmesan râpé
- 1 gousse d'ail
- Le zeste finement râpé et le jus de 2 citrons verts
- 10 cl d'huile d'olive
- Sel et poivre du moulin

POUR SERVIR
- Pain italien
- Salade de tomates (facultatif)

1 Faites cuire les pâtes dans de l'eau légèrement salée selon les instructions figurant sur le paquet.

2 Pendant ce temps, mettez le cresson, la moitié des noix, le parmesan, l'ail, le zeste et le jus des citrons verts dans le bol d'un mixeur. Dès qu'une pâte se forme, incorporez progressivement l'huile d'olive. Salez et poivrez.

3 Égouttez les pâtes, remettez-les dans la casserole, et versez dessus la sauce. Dressez les pâtes dans des assiettes creuses. Saupoudrez avec les noix restantes et servez avec du pain italien et une salade de tomates, si vous le souhaitez.

• Par portion : 763 Calories – Protéines : 20 g – Glucides : 67 g – Lipides : 48 g (dont 8 g de graisses saturées) – Fibres : 4 g – Sel : 0,42 g – Pas de sucres ajoutés.

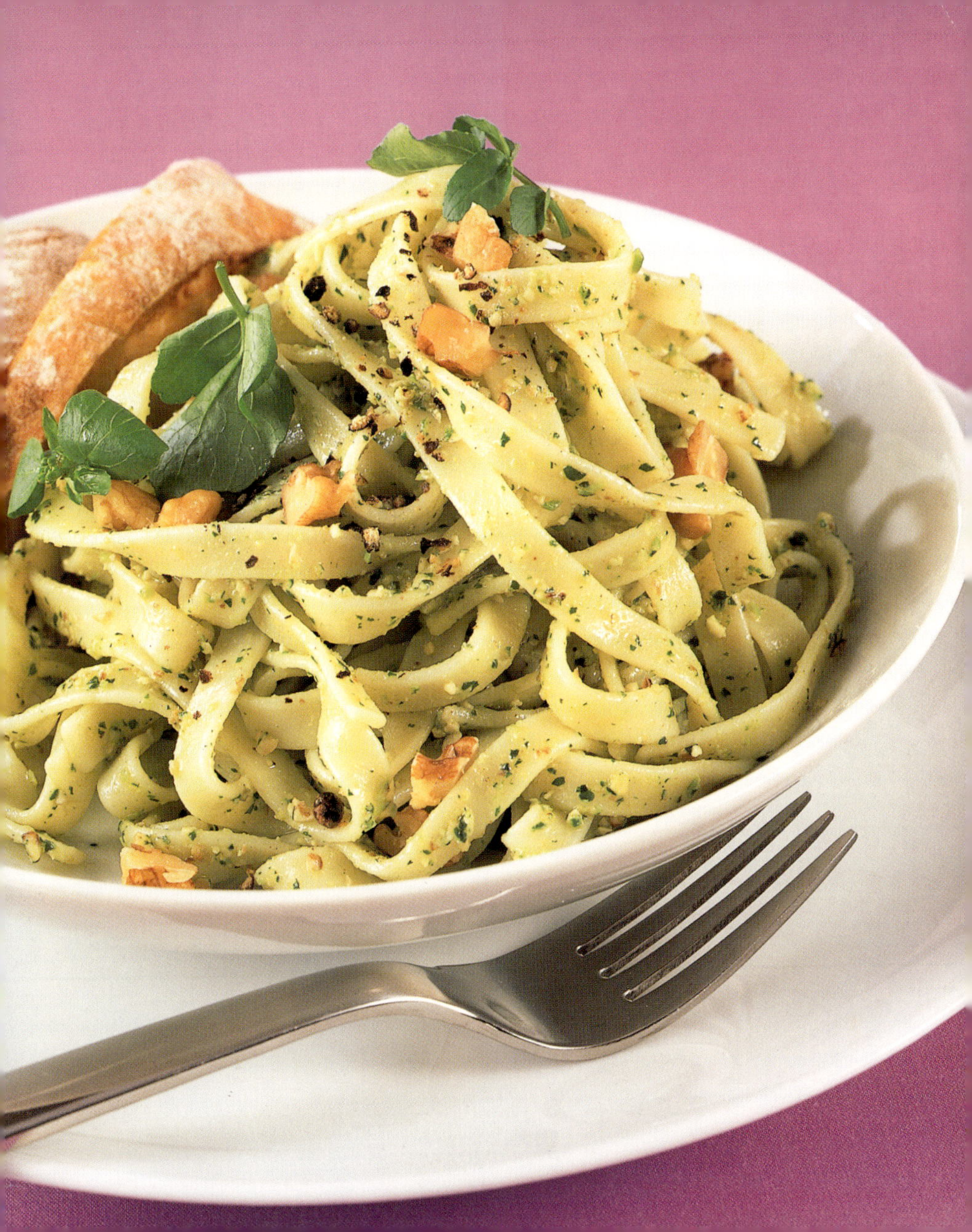

Pour varier les plaisirs, vous pouvez choisir un fromage plus corsé (un bleu d'Auvergne, par exemple) et agrémenter le tout de bacon bien croustillant.

Spaghettis aux courgettes

Pour 4 personnes
Préparation et cuisson : 35 min

- 300 g de spaghettis
- 500 g de courgettes
- 2 gousses d'ail
- 6 tomates mûres
- 140 g de brie
- 3 cuill. d'huile d'olive
- Le jus et le zeste finement râpé de 1 citron
- Sel et poivre du moulin

1 Portez de l'eau salée à ébullition dans une grande casserole et faites cuire les pâtes selon les instructions figurant sur le paquet. Coupez les courgettes en deux dans le sens de la longueur, puis en lamelles. Ciselez l'ail, coupez les tomates en gros morceaux et le brie en cubes.

2 Mettez l'huile à chauffer dans une grande poêle à frire et faites-y revenir les courgettes avec l'ail pendant 3 ou 4 minutes, jusqu'à ce que les légumes soient tendres.

3 Ajoutez le zeste de citron, les tomates et environ 3 cuillerées à soupe de l'eau de cuisson des pâtes. Poursuivez la cuisson pendant 2 ou 3 minutes, jusqu'à ce que les tomates fondent. Ôtez du feu et ajoutez les cubes de brie pour qu'ils commencent à fondre. Salez et poivrez puis aspergez de jus de citron.

4 Égouttez soigneusement les spaghettis et versez-les dans cette sauce. Mélangez bien. Dressez dans des assiettes creuses et servez.

- Par portion : 490 Calories – Protéines : 19 g – Glucides : 62 g – Lipides : 20 g (dont 7 g de graisses saturées) – Fibres : 5 g – Sel : 0,66 g – Pas de sucres ajoutés.

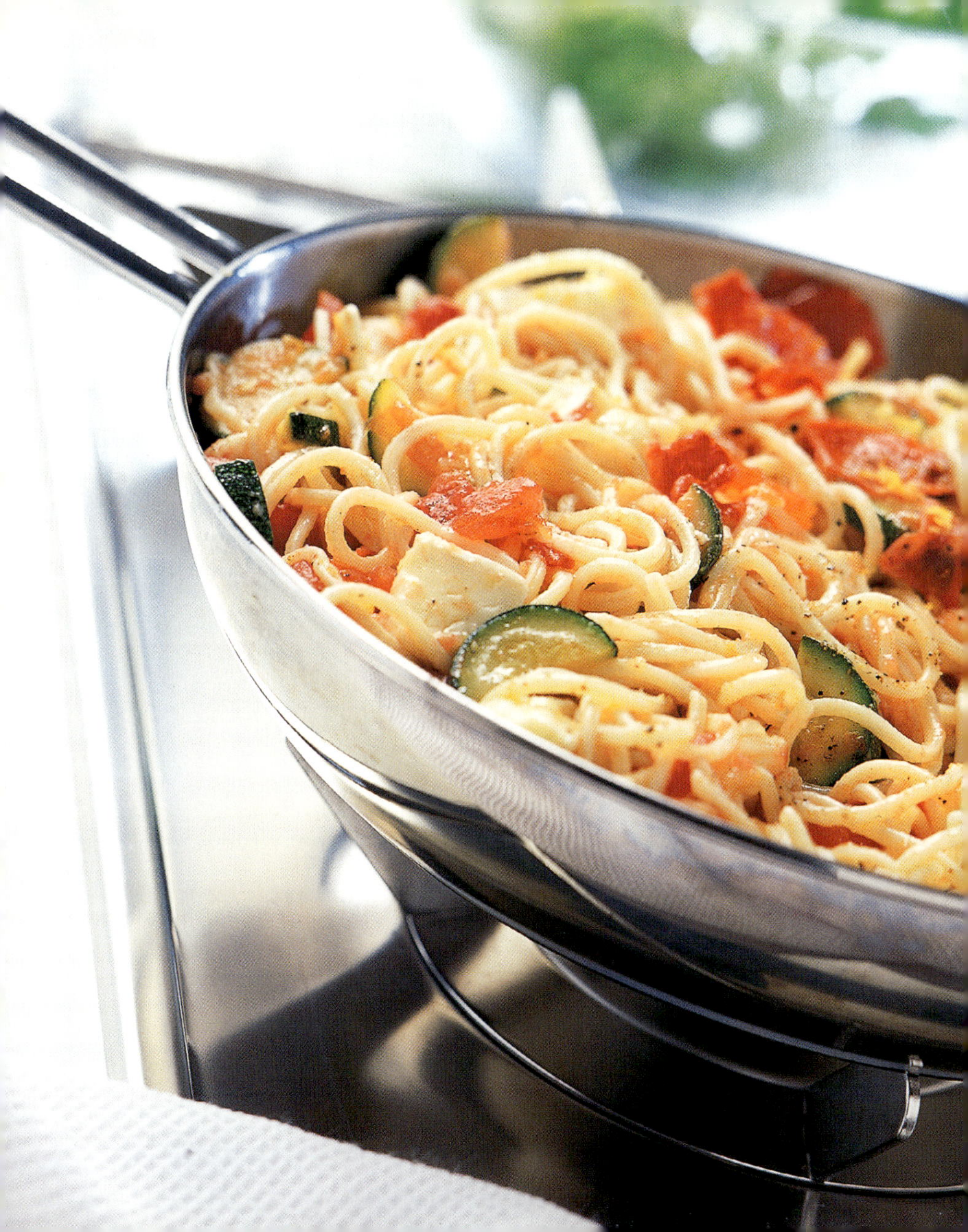

Légèrement frits, les légumes sont plus savoureux et relèvent agréablement le goût des pâtes.

Pâtes aux légumes frits

Pour 4 personnes
Préparation et cuisson : 30 min

- 2 courgettes
- 1 poivron rouge épépiné
- 2 gousses d'ail
- 3 cuill. d'huile d'olive
- 300 g de conchiglie
- 20 cl de crème fraîche allégée
- 2 cuill. à café de moutarde en grains
- 85 g de fromage râpé
- Sel et poivre du moulin

1 Préchauffez le four à 220 °C (therm. 7-8). Détaillez les courgettes et le poivron en fines lamelles. Mettez-les dans un plat allant au four. Émincez l'ail et saupoudrez-le sur les légumes.

2 Humectez le tout d'huile d'olive. Salez et poivrez. Mélangez afin que tous les légumes soient bien enduits d'huile. Enfournez et laissez cuire de 15 à 20 minutes, jusqu'à ce que les légumes soient tendres et commencent à dorer.

3 Portez de l'eau salée à ébullition dans une grande casserole. Plongez-y les pâtes et laissez-les cuire pendant 10 à 12 minutes. Égouttez-les puis incorporez les légumes grillés, la crème fraîche, la moutarde et le fromage râpé. Servez immédiatement.

• Par portion : 490 Calories – Protéines : 19 g – Glucides : 62 g – Lipides : 20 g (dont 9 g de graisses saturées) – Fibres : 4 g – Sel : 0,58 g – Pas de sucres ajoutés.

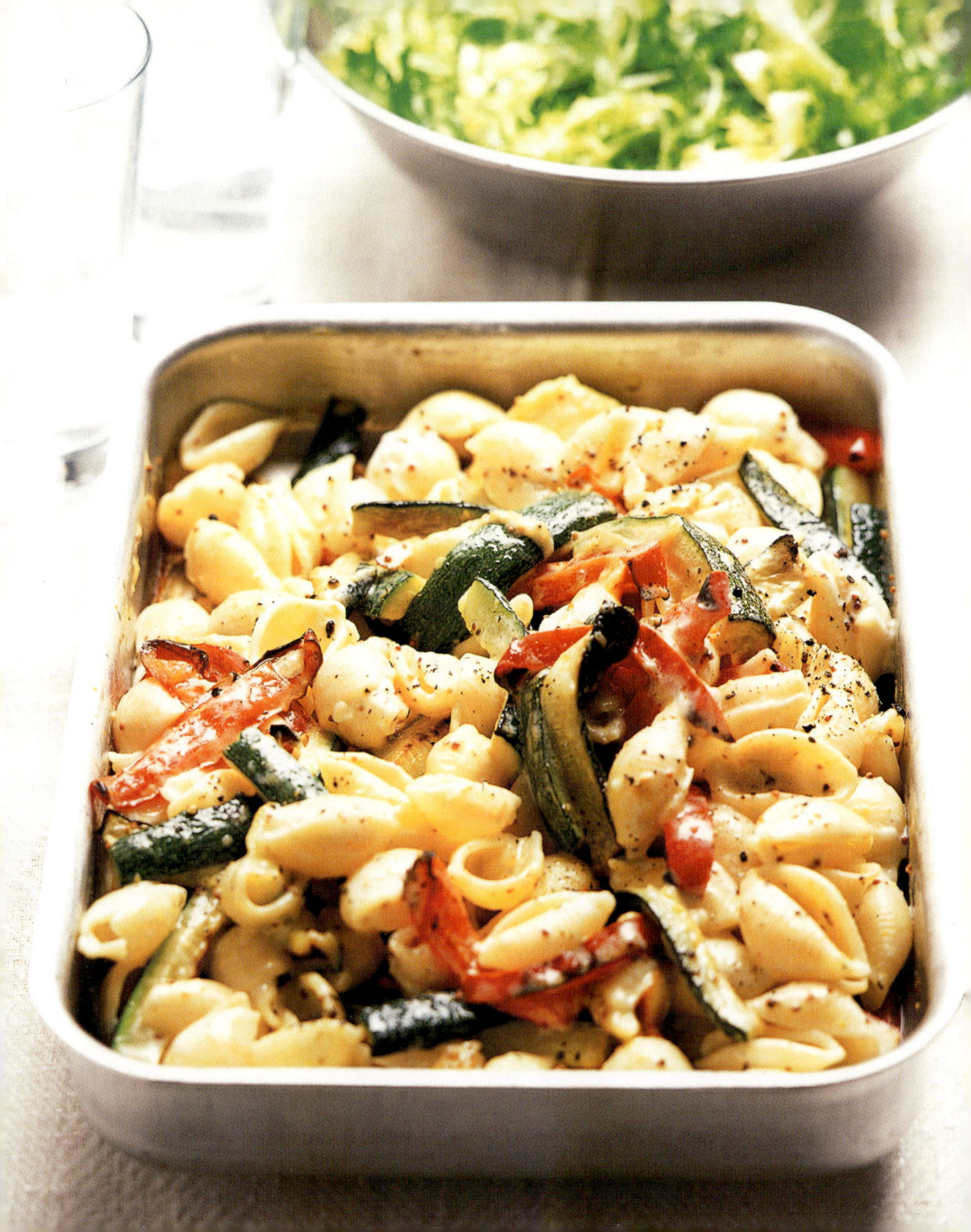

Voici un plat savoureux et très rapide à préparer,
idéal pour un soir de semaine.

Spaghettis aux champignons

Pour 4 personnes
Préparation et cuisson : 20 min

- 350 g de spaghettis
- 1 gousse d'ail
- 175 g de champignons
- 2 cuill. à soupe d'huile d'olive
- 1 tasse de petits pois surgelés
- 200 g de thon au naturel, en conserve
- 20 cl de crème fraîche allégée
- 2 cuill. à soupe de jus de citron
- Sel et poivre du moulin

1 Faites cuire les spaghettis pendant 10 à 12 minutes dans une grande casserole d'eau bouillante salée.

2 Pendant la cuisson, hachez l'ail et détaillez les champignons en rondelles. Faites chauffer l'huile dans une casserole et faites-y revenir l'ail et les champignons à feu vif pendant environ 3 minutes, jusqu'à ce qu'ils commencent à ramollir. Ajoutez les petits pois et poursuivez la cuisson pendant environ 2 minutes tout en remuant. Égouttez puis émiettez le thon dans la casserole, ajoutez la crème fraîche et le jus de citron. Salez et poivrez puis laissez encore un instant sur le feu.

3 Égouttez les spaghettis et remettez-les dans la casserole. Versez-y la préparation et mélangez bien le tout. Dressez dans des assiettes chaudes et donnez un tour de moulin à poivre au moment de servir.

- Par portion : 516 Calories – Protéines : 26 g – Glucides : 73 g – Lipides : 16 g (dont 6 g de graisses saturées) – Fibres : 6 g – Sel : 0,72 g – Pas de sucres ajoutés.

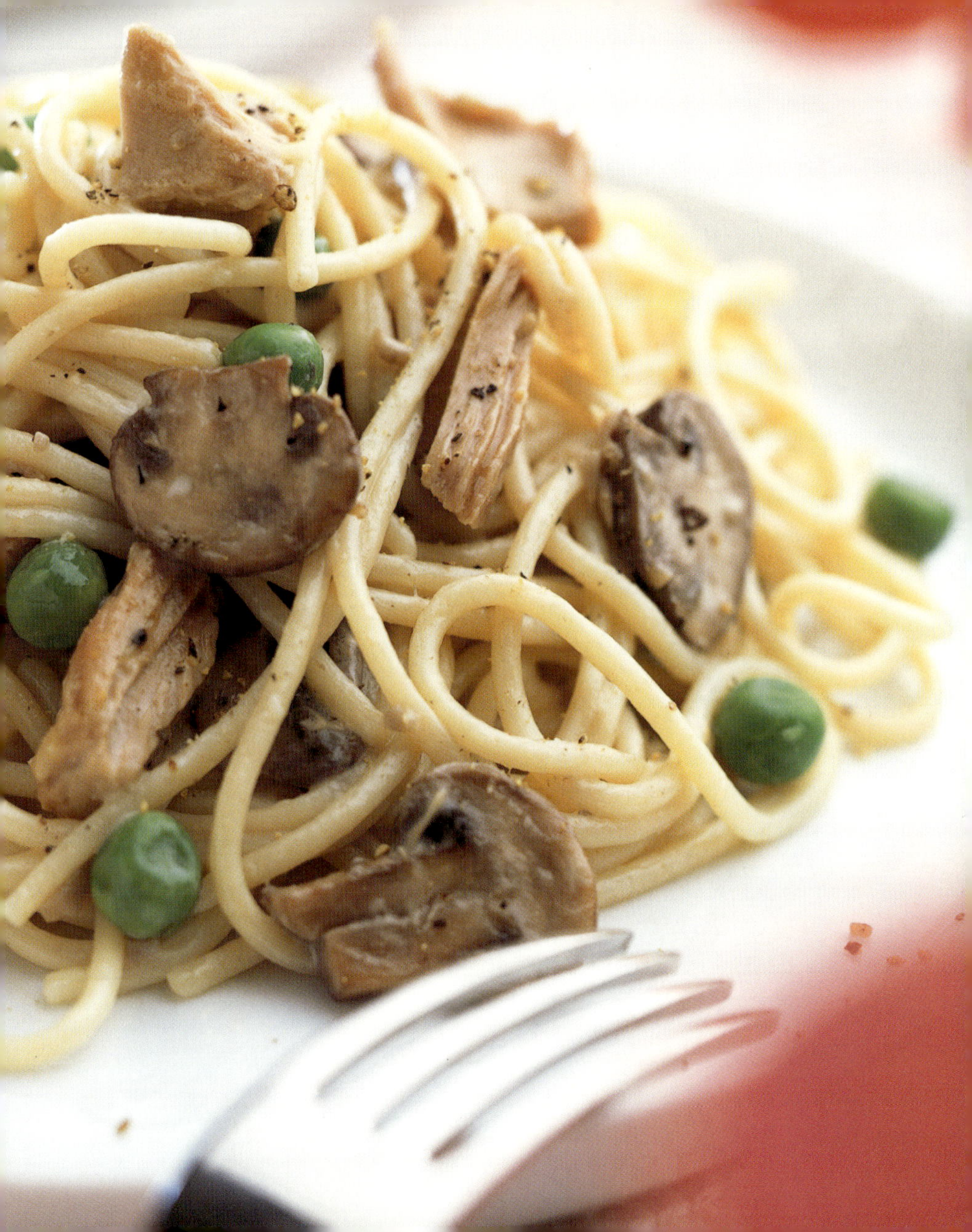

Pour gagner du temps, choisissez des champignons de Paris déjà émincés et du saumon fumé détaillé en lamelles.
Optez pour des pâtes fraîches : elles cuiront plus vite.

Tagliatelles au saumon fumé

Pour 4 personnes
Préparation et cuisson : 20 min

- 1 cuill. à soupe d'huile végétale
- 250 g de champignons de Paris
- 375 g de tagliatelles, fraîches de préférence
- 125 g de saumon fumé
- 3 cuill. à soupe de persil frais haché
- 20 cl de crème fraîche allégée
- Le jus de 1/2 citron
- Sel et poivre du moulin

POUR SERVIR
- Salade (facultatif)

1   Faites chauffer l'huile dans une poêle à frire. Coupez les champignons en quartiers et faites-les revenir pendant 8 minutes jusqu'à ce qu'ils soient dorés.

2   Pendant ce temps, portez de l'eau salée à ébullition dans une grande casserole. Plongez-y les pâtes et faites-les cuire selon les instructions figurant sur le paquet.

3   Détaillez le saumon en petits morceaux. Mélangez-les avec le persil, la crème fraîche, le jus de citron et les champignons. Salez et poivrez. Égouttez les pâtes et incorporez aussitôt la préparation. Servez accompagné de salade, si vous le souhaitez.

• Par portion : 484 Calories – Protéines : 22 g – Glucides : 72 g – Lipides : 14 g (dont 6 g de graisses saturées) – Fibres : 4 g – Sel : 1,64 g – Pas de sucres ajoutés.

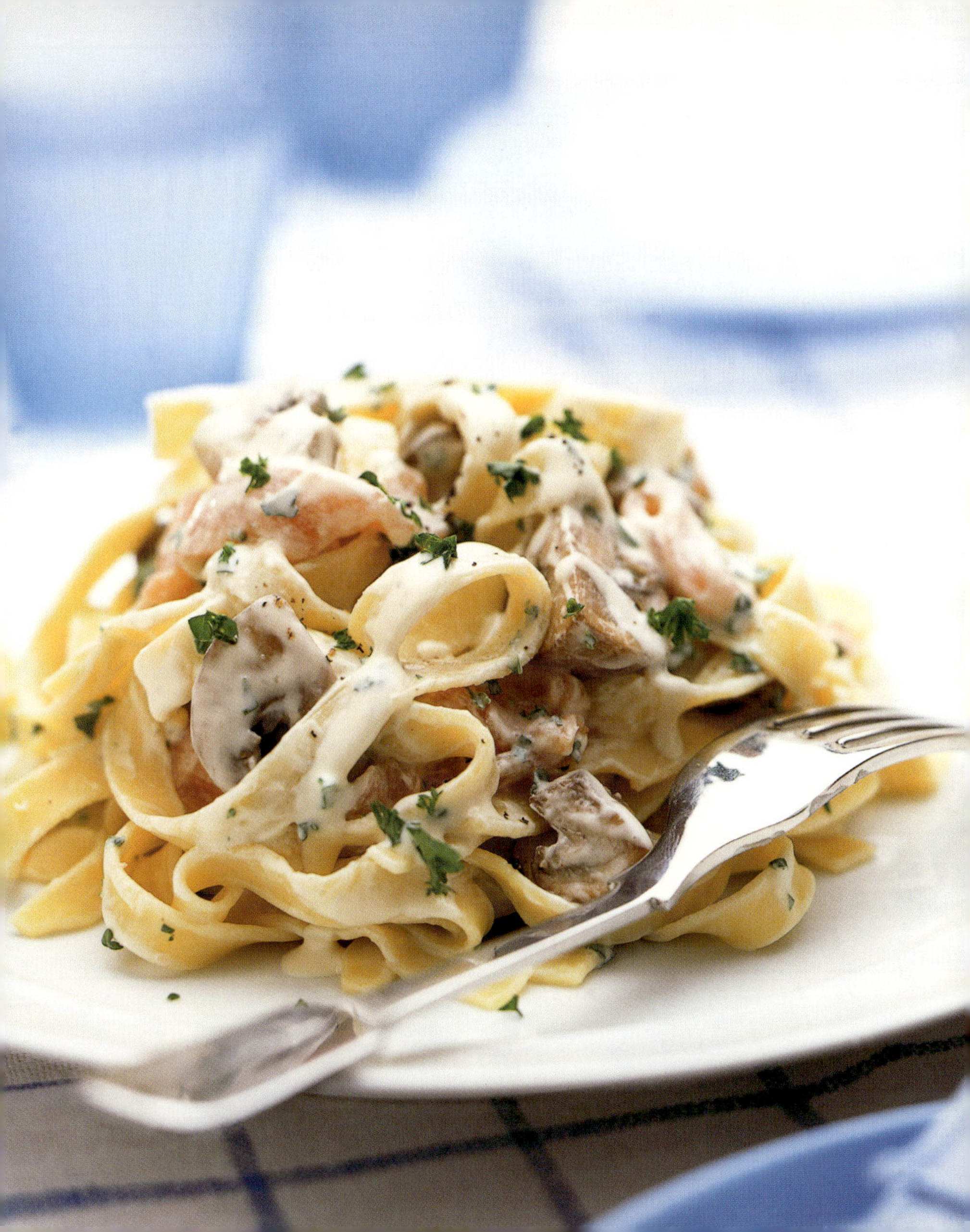

Ajoutez quelques olives noires dénoyautées ou des câpres
juste avant de servir : c'est encore meilleur !

Pâtes au thon et aux deux fromages

Pour 4 personnes
Préparation et cuisson : 20 min

- 300 g de penne
- 350 g de brocolis en fleurettes
- 250 g de fromage blanc frais à la ciboulette
- 140 g de fromage râpé
- 200 g de thon au naturel, en conserve
- Sel et poivre du moulin

1 Faites cuire les pâtes dans de l'eau bouillante salée pendant 10 à 12 minutes. Ajoutez les brocolis dans la casserole 3 ou 4 minutes avant la fin de la cuisson.

2 Égouttez les pâtes et les brocolis puis remettez-les dans la casserole encore chaude. Ajoutez le fromage blanc et le fromage râpé. Mélangez jusqu'à ce qu'ils soient bien fondus.

3 Coupez le thon en morceaux en évitant de trop l'émietter puis ajoutez-le à la préparation. Salez et poivrez. Servez aussitôt.

- Par portion : 533 Calories – Protéines : 40 g – Glucides : 60 g – Lipides : 17 g (dont 9 g de graisses saturées) – Fibres : 5 g – Sel : 1,54 g – Pas de sucres ajoutés.

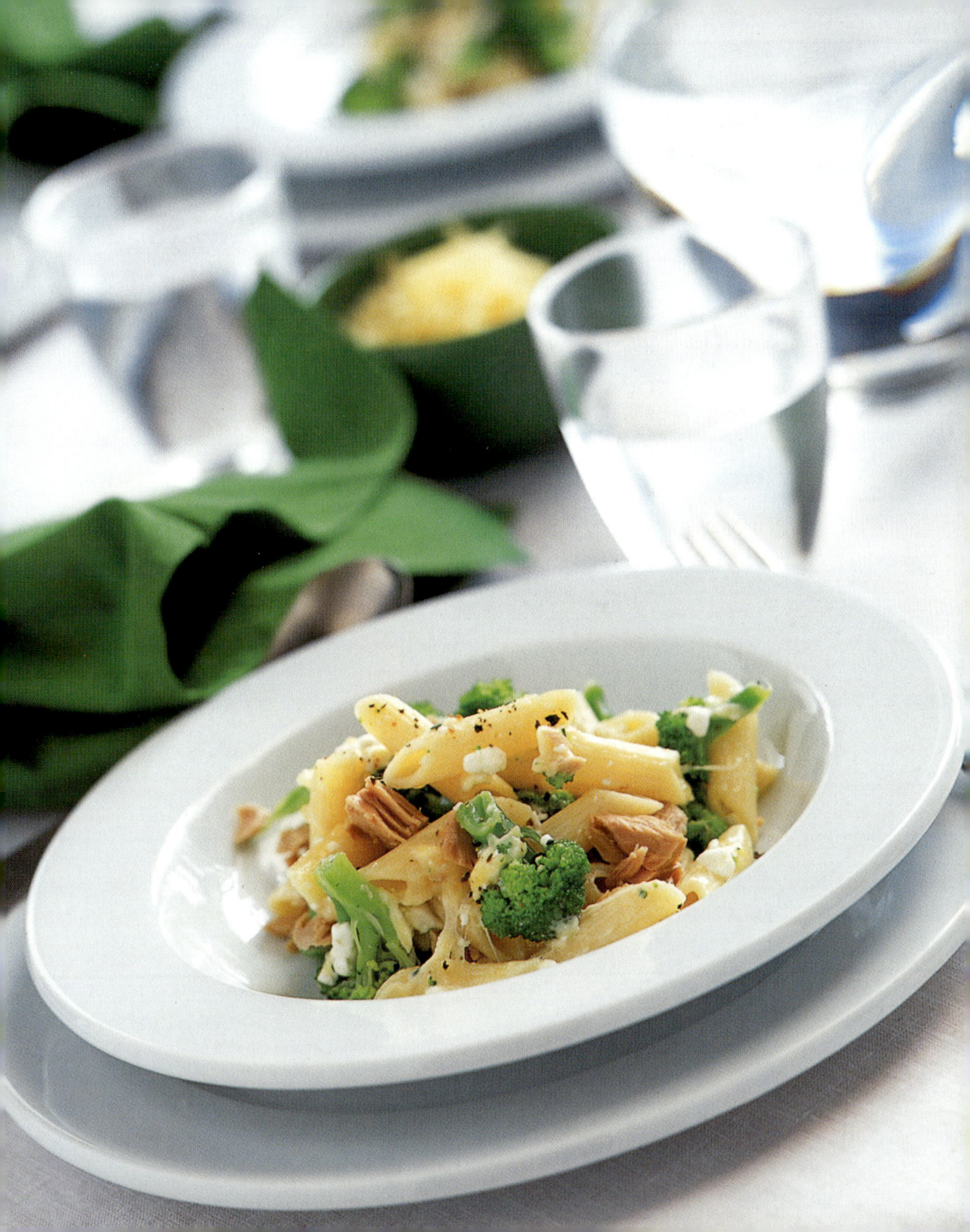

Une fois qu'elles auront légèrement rissolé au four, les tomates seront plus sucrées et plus savoureuses.

Pâtes à la tomate et au saumon

Pour 4 personnes
Préparation et cuisson : 40 min

- 2 oignons
- 1 gousse d'ail
- 2 cuill. à soupe d'origan frais ou 1 cuill. à soupe d'origan séché
- 900 g de petites tomates bien mûres
- 2 cuill. d'huile d'olive
- 350 g de spaghettis
- 450 g de filet de saumon sans peau ni arêtes
- Sel et poivre du moulin

POUR SERVIR
- Pain à l'ail

1 Préchauffez le four à 200 °C (therm. 6-7). Épluchez puis émincez les oignons et hachez finement l'ail. Si vous disposez d'origan frais, ne gardez que les feuilles et mettez 1 cuillerée à soupe d'origan dans un plat allant au four. Ajoutez les tomates, les oignons et l'ail. Versez l'huile, salez et poivrez, puis mélangez le tout. Laissez mijoter au four pendant 30 minutes en remuant de temps en temps, jusqu'à ce que les tomates soient tendres.

2 Faites cuire les spaghettis dans de l'eau bouillante salée pendant 10 à 12 minutes, en les remuant occasionnellement. Pendant ce temps, coupez le saumon en cubes. Ajoutez-les au reste de la préparation dans le four, environ 5 minutes avant la fin de la cuisson.

3 Égouttez les pâtes. Mélangez-les avec la préparation aux tomates et au saumon. Saupoudrez le tout avec le reste d'origan frais et servez bien chaud accompagné de pain à l'ail.

• Par portion : 615 Calories – Protéines : 36 g – Glucides : 77 g – Lipides : 20 g (dont 4 g de graisses saturées) – Fibres : 6 g – Sel : 0,19 g – Pas de sucres ajoutés.

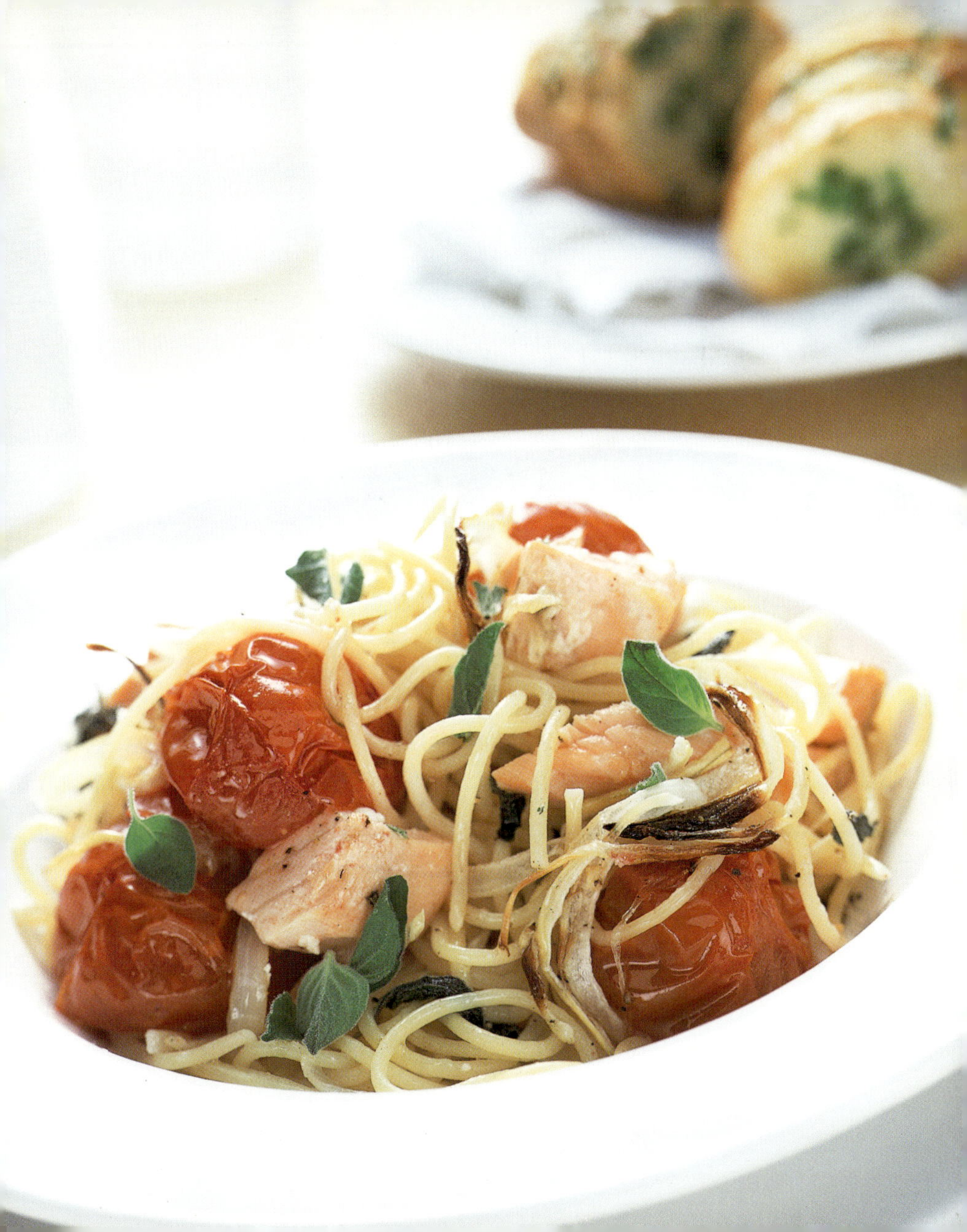

Frais ou à diluer, les bouillons sont parfois très salés.
Pensez donc à goûter la sauce avant de l'assaisonner.

Rigatoni au poulet

Pour 4 personnes
Préparation et cuisson : 35 min

- 350 g de rigatoni
- 225 g de petits pois frais ou surgelés
- 1 poivron rouge
- 4 blancs de poulet sans la peau
- 1 oignon
- 1 gousse d'ail
- 1 cuill. à soupe d'huile végétale
- 1 noisette de beurre
- 20 cl de bouillon de poule
- 4 cuill. à soupe de menthe fraîche + quelques feuilles pour la garniture
- 1 cuill. à soupe de moutarde en grains
- 20 cl de crème fraîche
- Sel et poivre du moulin

1 Mettez les pâtes à cuire dans de l'eau bouillante salée pendant 10 à 12 minutes. Ajoutez les petits pois 3 minutes avant la fin de la cuisson.

2 Épépinez et coupez le poivron en lamelles. Détaillez les blancs de poulet en cubes de 2,5 cm de côté. Épluchez l'oignon puis hachez-le finement avec l'ail. Mettez l'huile et le beurre à chauffer dans une grande poêle à frire. Faites-y revenir le poivron pendant 5 minutes, jusqu'à ce qu'il commence à griller. Réservez-le dans une assiette. Dans la même poêle, faites revenir les dés de poulet et l'oignon à feu vif pendant 8 minutes, jusqu'à ce que le poulet soit doré. Ajoutez l'ail 1 minute avant la fin de la cuisson.

3 Versez le bouillon dans la poêle et faites-le réduire de moitié en laissant le tout mijoter pendant encore 3 minutes. Ciselez la menthe, mettez-la dans la poêle avec le poivron réservé, la moutarde et la crème fraîche. Poivrez, mais ne salez que si c'est nécessaire. Égouttez les pâtes, mélangez-les avec la préparation et servez.

- Par portion : 718 Calories – Protéines : 51 g – Glucides : 80 g – Lipides : 23,8 g (dont 11,8 g de graisses saturées) – Fibres : 6,3 g – Sel : 0,72 g – Pas de sucres ajoutés.

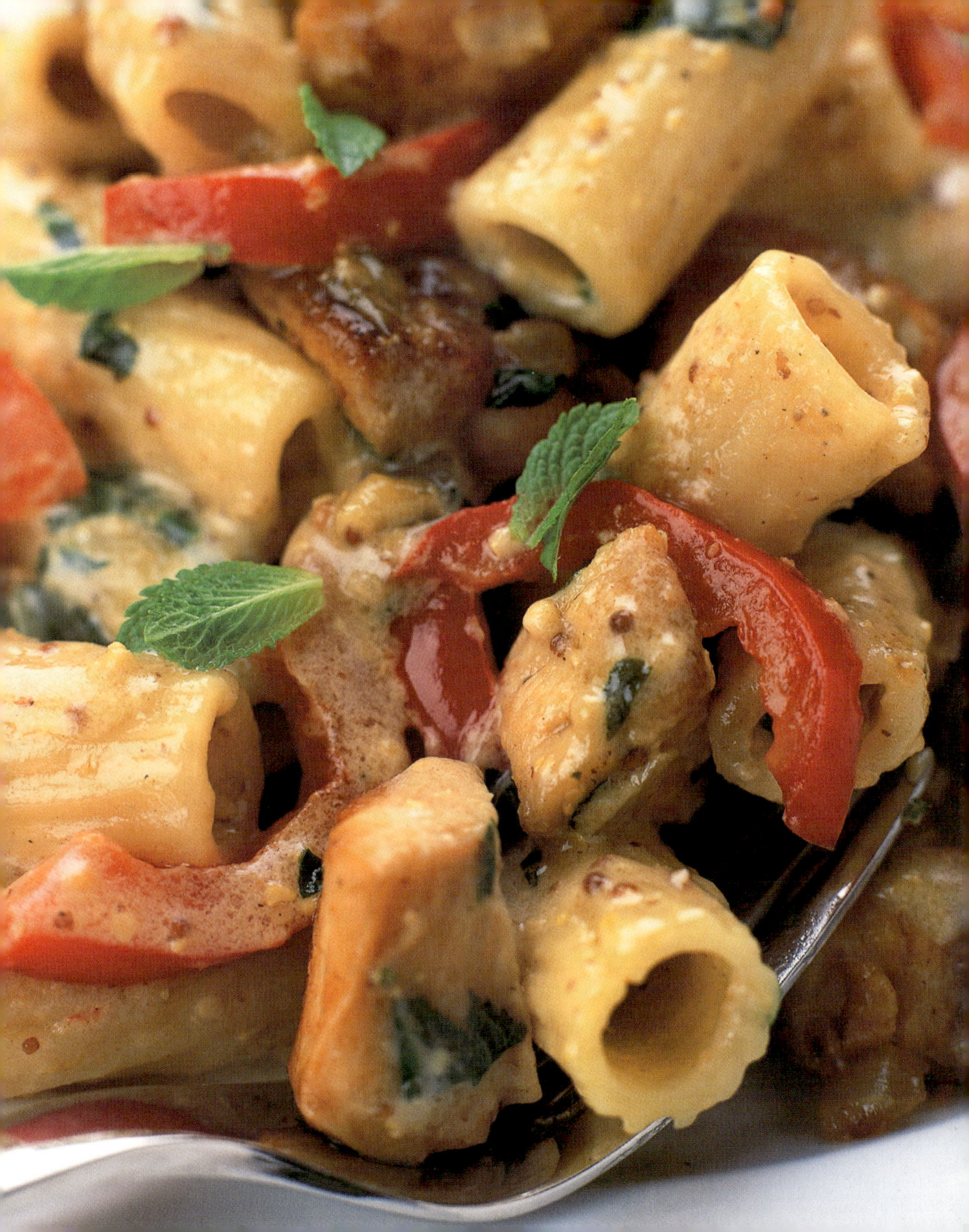

N'hésitez pas à décliner ce gratin en changeant la viande ou les légumes, mais gardez la sauce au fromage pour lier le tout.

Gratin de pâtes aux épinards

Pour 4 personnes
Préparation et cuisson : 50 min

- 350 g de penne
- 175 g d'épinards en branches surgelés
- 4 cuisses de poulet désossées, sans la peau
- 1 gousse d'ail
- 1 cuill. à soupe d'huile
- 42,5 cl de lait demi-écrémé
- 25 g de farine
- 25 g de beurre
- 140 g de fromage râpé
- Noix de muscade
- Sel et poivre du moulin

1 Faites cuire les pâtes pendant 10 minutes dans de l'eau bouillante salée, puis ajoutez les épinards et laissez le tout sur le feu pendant encore 3 ou 4 minutes. Égouttez soigneusement. Pendant ce temps, émincez le poulet et hachez l'ail. Faites chauffer l'huile dans une grande poêle ou un wok, puis faites-y revenir le poulet et l'ail pendant 3 ou 4 minutes, jusqu'à ce que la viande soit grillée et bien cuite. Ôtez de la poêle et réservez.

2 Versez le lait dans la même poêle, ajoutez-y la farine en pluie, le beurre et mélangez vigoureusement à feu moyen jusqu'à ce vous obteniez une sauce épaisse et lisse. Incorporez environ 85 g de fromage râpé et ajoutez du sel, du poivre et de la noix de muscade fraîchement râpée.

3 Préchauffez le gril du four à température maximale. Mettez le poulet dans la sauce, ajoutez les pâtes et les épinards, et mélangez le tout. Transvasez la préparation dans un plat à gratin, saupoudrez avec le reste de fromage râpé et passez sous le gril quelques minutes jusqu'à ce que le tout soit bien doré.

- Par portion : 705 Calories – Protéines : 44 g – Glucides : 78 g – Lipides : 27 g (dont 13 g de graisses saturées) – Fibres : 4 g – Sel : 1,11 g – Pas de sucres ajoutés.

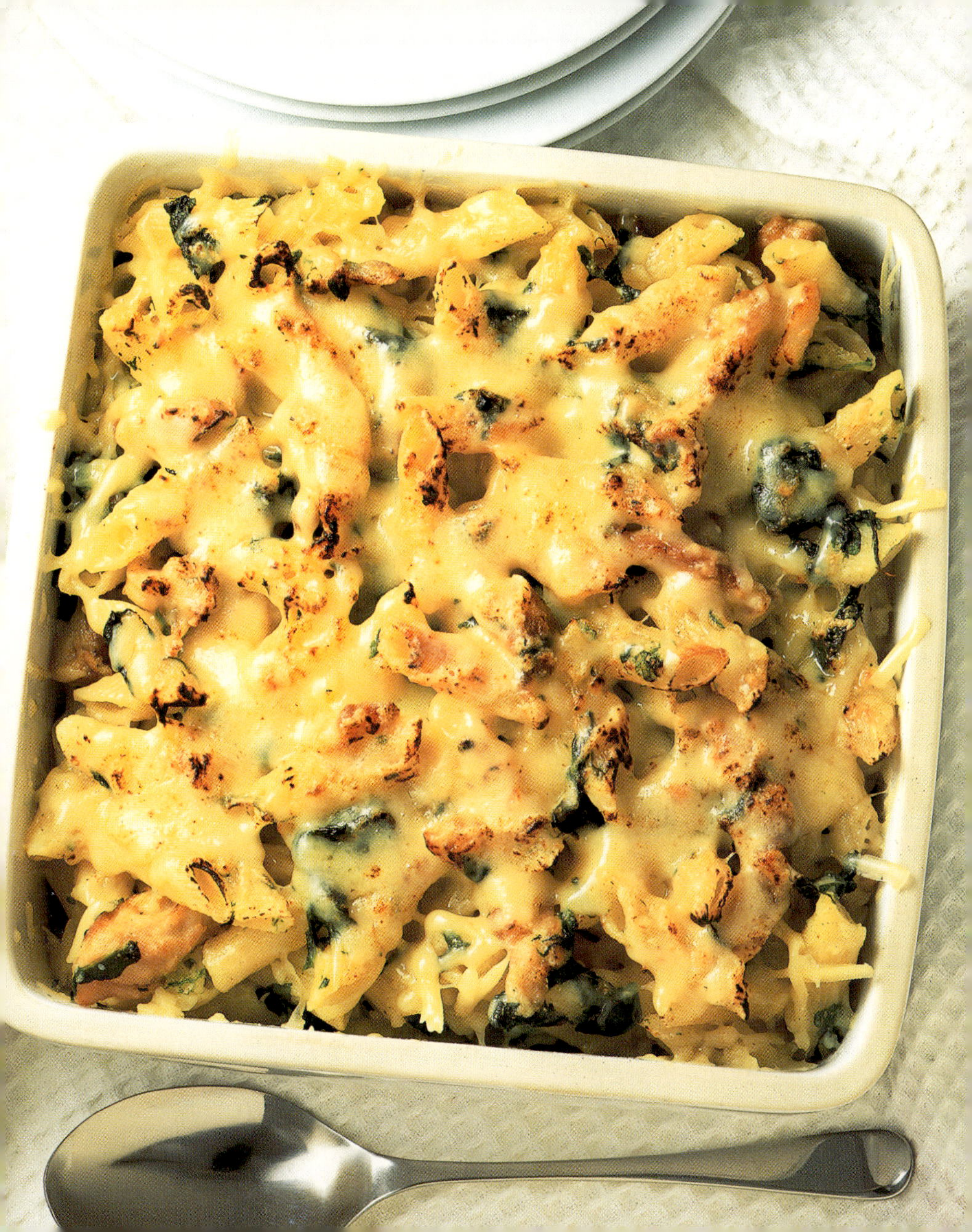

Du fromage frais à l'ail et aux fines herbes et un soupçon de lait suffisent pour créer instantanément une délicieuse sauce parfumée, prête à l'emploi. Quel gain de temps !

Pâtes aux petits pois et au bacon

Pour 4 personnes
Préparation et cuisson : 20 min

- 350 g de penne
- 1 gros poivron rouge
- 350 g de petits pois surgelés
- 8 tranches fines de bacon ou de poitrine fumée, sans couenne
- 150 g de fromage frais à l'ail et aux fines herbes
- 30 cl de lait
- Poivre du moulin

1 Faites cuire les pâtes selon les instructions figurant sur le paquet. Épépinez et coupez le poivron en morceaux. Environ 5 minutes avant la fin de la cuisson des pâtes, versez les petits pois surgelés et les morceaux de poivron dans l'eau de cuisson. Portez à ébullition.

2 Pendant ce temps, préchauffez un gril sur feu vif. Passez-y le bacon jusqu'à ce qu'il soit bien croustillant, puis émiettez-le.

3 Mettez le fromage frais et le lait dans une grande casserole. Réchauffez le tout en remuant jusqu'à obtenir une sauce onctueuse. Égouttez les pâtes et les légumes, puis incorporez la sauce et le bacon. Pour relever le plat, donnez un tour de moulin à poivre avant de servir.

• Par portion : 686 Calories – Protéines : 26 g – Glucides : 81 g – Lipides : 31 g (dont 16 g de graisses saturées) – Fibres : 8 g – Sel : 1,71 g – Pas de sucres ajoutés.

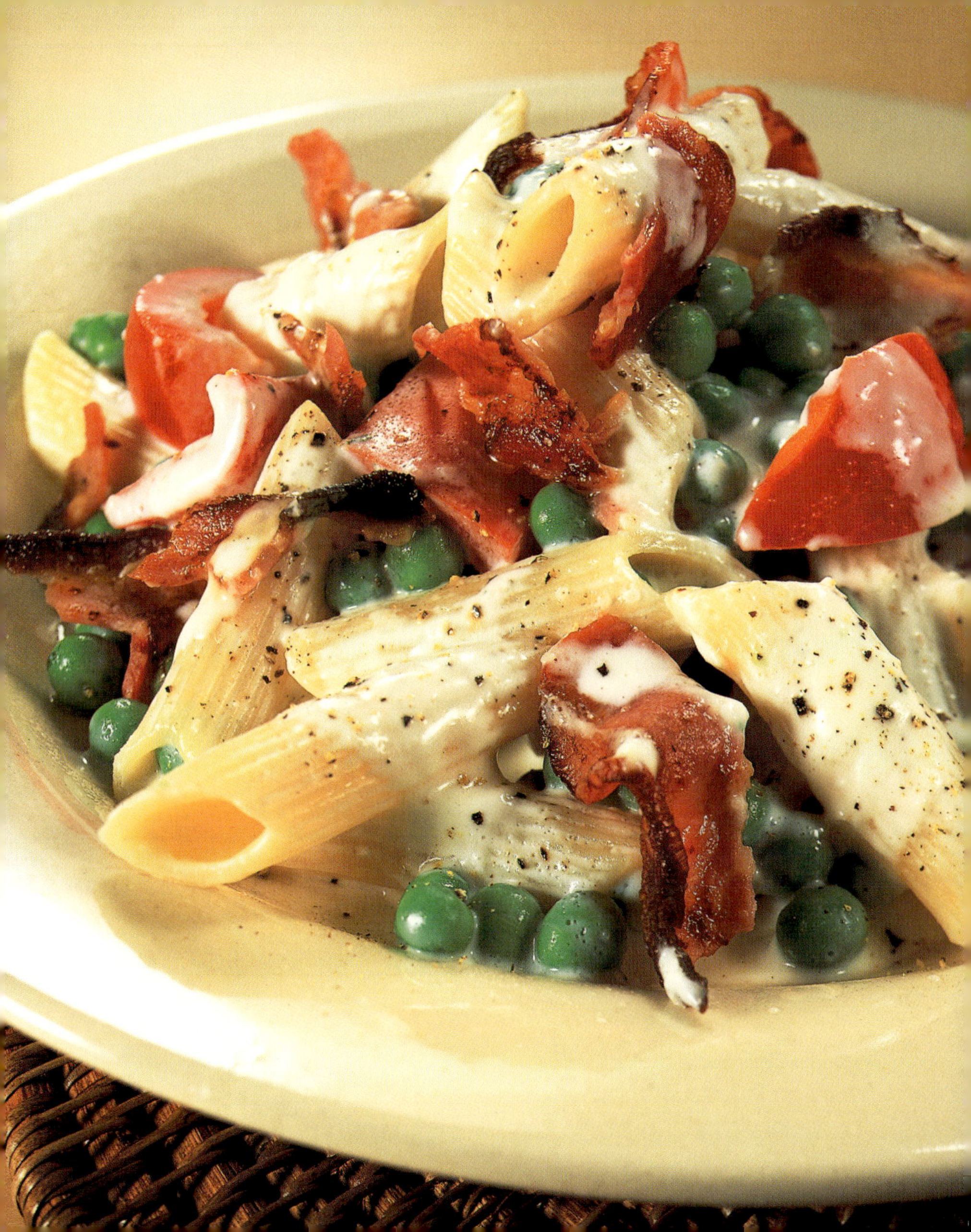

Voici un plat complet et nourrissant, vite fait, bien fait !

Pâtes aux petits pois et au jambon

Pour 4 personnes
Préparation et cuisson : 15 min

- 300 g de spaghettis
- 175 g de petits pois surgelés
- 25 g de beurre
- 1 gros poireau
- 4 œufs
- 150 g de jambon en tranches épaisses
- 85 g de fromage râpé
- Sel et poivre du moulin

1 Portez de l'eau salée à ébullition dans une grande casserole. Plongez-y les spaghettis et laissez-les cuire pendant 10 à 12 minutes. Ajoutez les petits pois 3 minutes avant la fin de la cuisson.

2 Pendant ce temps, faites chauffer le beurre dans une petite casserole. Lavez le poireau, coupez-le en rondelles et faites-les fondre à feu moyen dans la casserole pendant 3 minutes.

3 Battez les œufs dans un saladier. Salez et poivrez. Coupez le jambon en dés. Égouttez les pâtes et remettez-les immédiatement dans leur casserole. Ajoutez le poireau, les œufs, les dés de jambon et la moitié du fromage râpé. Mélangez bien. Rectifiez l'assaisonnement et saupoudrez avec le reste du fromage râpé.

- Par portion : 553 Calories – Protéines : 32 g – Glucides : 61 g – Lipides : 22 g (dont 10 g de graisses saturées) – Fibres : 6 g – Sel : 1,67 g – Pas de sucres ajoutés.

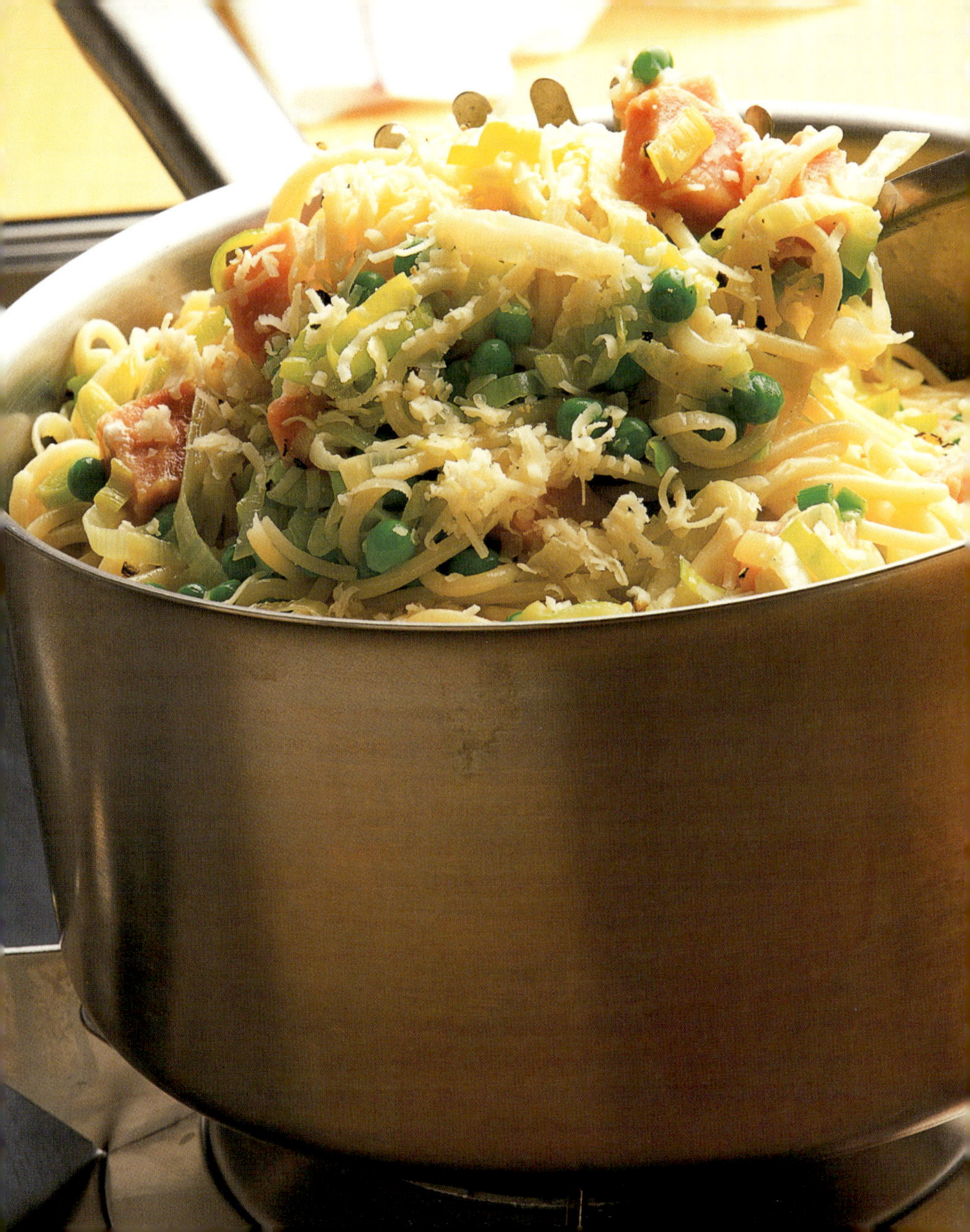

Bacon, fines herbes et saucisses de Toulouse :
une savoureuse alliance !

Spaghettis à la saucisse de Toulouse

Pour 4 personnes
Préparation et cuisson : 45 min

- 1 oignon
- 1 cuill. à soupe d'huile d'olive
- 450 g de saucisses de Toulouse ou de saucisses aux herbes
- 400 g de tomates concassées en conserve
- 1 feuille de laurier
- 1 pincée de sucre en poudre
- 350 g de spaghettis
- 2 courgettes
- 50 g de fromage râpé (parmesan ou gruyère)
- Sel et poivre du moulin

1 Épluchez puis hachez l'oignon. Faites chauffer l'huile dans une casserole et faites-y revenir l'oignon pendant 8 minutes jusqu'à ce qu'il soit bien doré, en le remuant de temps en temps. Ôtez la peau des saucisses. Faites rissoler la chair à saucisse dans la casserole pendant 10 minutes, après l'avoir écrasée avec une spatule.

2 Ajoutez les tomates, la feuille de laurier et le sucre. Salez et poivrez. Portez à ébullition puis couvrez et laissez mijoter pendant 15 minutes jusqu'à ce que le tout soit bien cuit.

3 Pendant ce temps, faites cuire les spaghettis dans de l'eau bouillante salée pendant 10 à 12 minutes. Détaillez les courgettes en bâtonnets de 5 cm de long. Ajoutez-les aux pâtes 5 minutes avant la fin de la cuisson. Égouttez le tout puis incorporez-y la préparation aux saucisses et la moitié du fromage râpé. Saupoudrez le plat du reste de fromage râpé et servez chaud.

• Par portion : 690 Calories – Protéines : 33 g – Glucides : 78 g – Lipides : 30 g (dont 11 g de graisses saturées) – Fibres : 4 g – Sel : 2,92 g – Sucres ajoutés : 1 g.

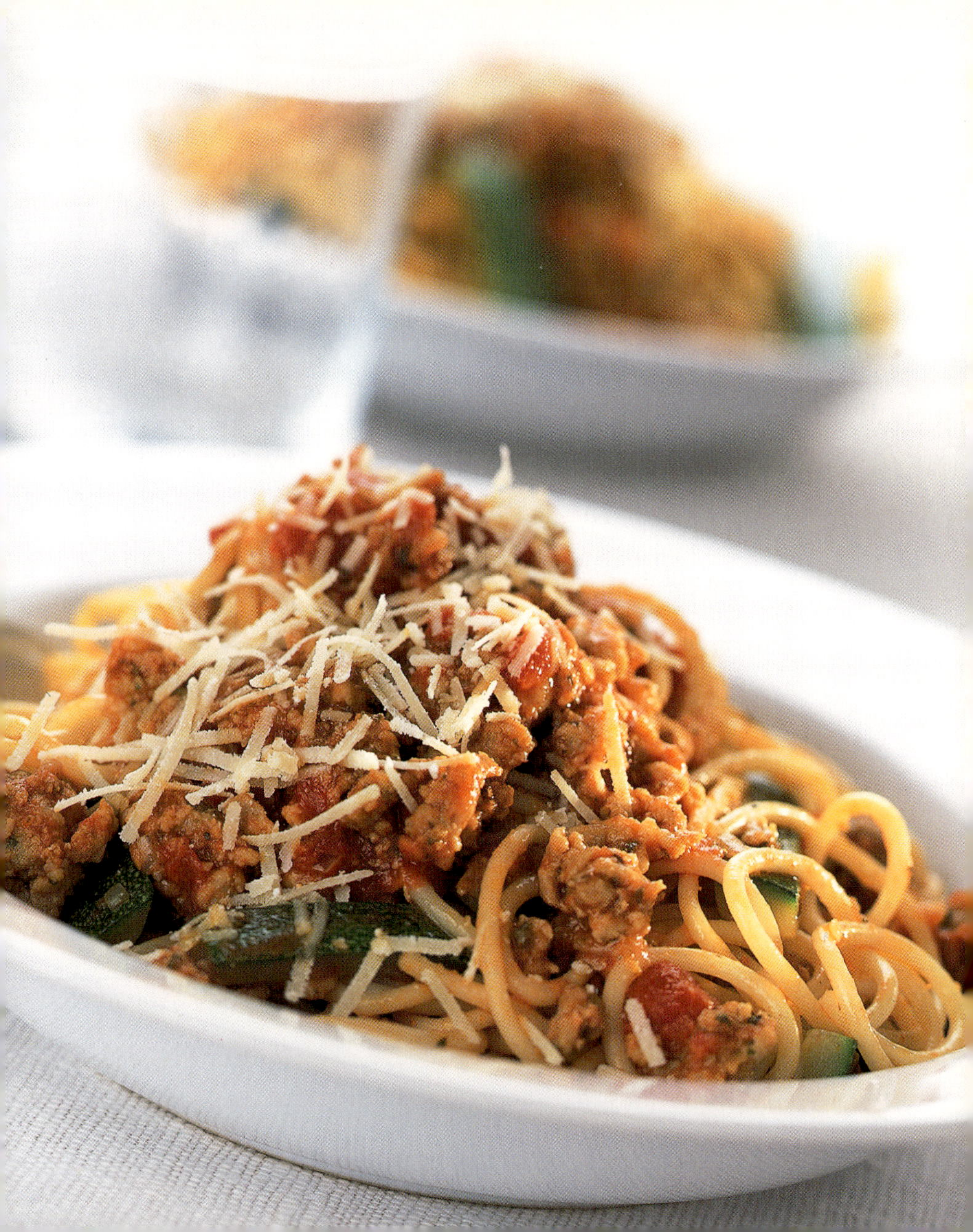

Pour varier les plaisirs à peu de frais,
procurez-vous des saucisses pimentées, par exemple.

Pâtes aux saucisses épicées

Pour 4 personnes
Préparation et cuisson : 35 min

- 2 cuill. à soupe d'huile d'olive
- 6 saucisses de qualité supérieure
- 1 oignon
- 1 gousse d'ail
- 400 g de tomates concassées en conserve
- 1 cuill. à café d'origan séché
- 350 g de pâtes (penne ou rigatoni)
- 1 cuill. à soupe de pesto rosso en bocal (à base de tomates)
- Sel et poivre du moulin

1 Faites chauffer l'huile dans une poêle à frire et faites-y revenir les saucisses à feu vif pendant 8 minutes jusqu'à ce qu'elles soient bien grillées. Ôtez-les de la poêle et coupez-les en rondelles de 2,5 cm d'épaisseur.

2 Épluchez l'oignon puis hachez-le avec l'ail. Faites-les revenir pendant 5 minutes dans la poêle. Ajoutez les tomates, les morceaux de saucisse et l'origan, et rectifiez l'assaisonnement. Couvrez et laissez mijoter à feu doux pendant 10 minutes. Faites cuire les pâtes pendant 10 à 12 minutes dans de l'eau bouillante salée.

3 Dès que la sauce a épaissi, ajoutez-y le pesto. Égouttez les pâtes, remettez-les dans leur casserole et incorporez la préparation à base de saucisse. Servez immédiatement.

- Par portion : 652 Calories – Protéines : 27 g – Glucides : 77 g – Lipides : 29 g (dont 8 g de graisses saturées) – Fibres : 4 g – Sel : 2,17 g – Pas de sucres ajoutés.

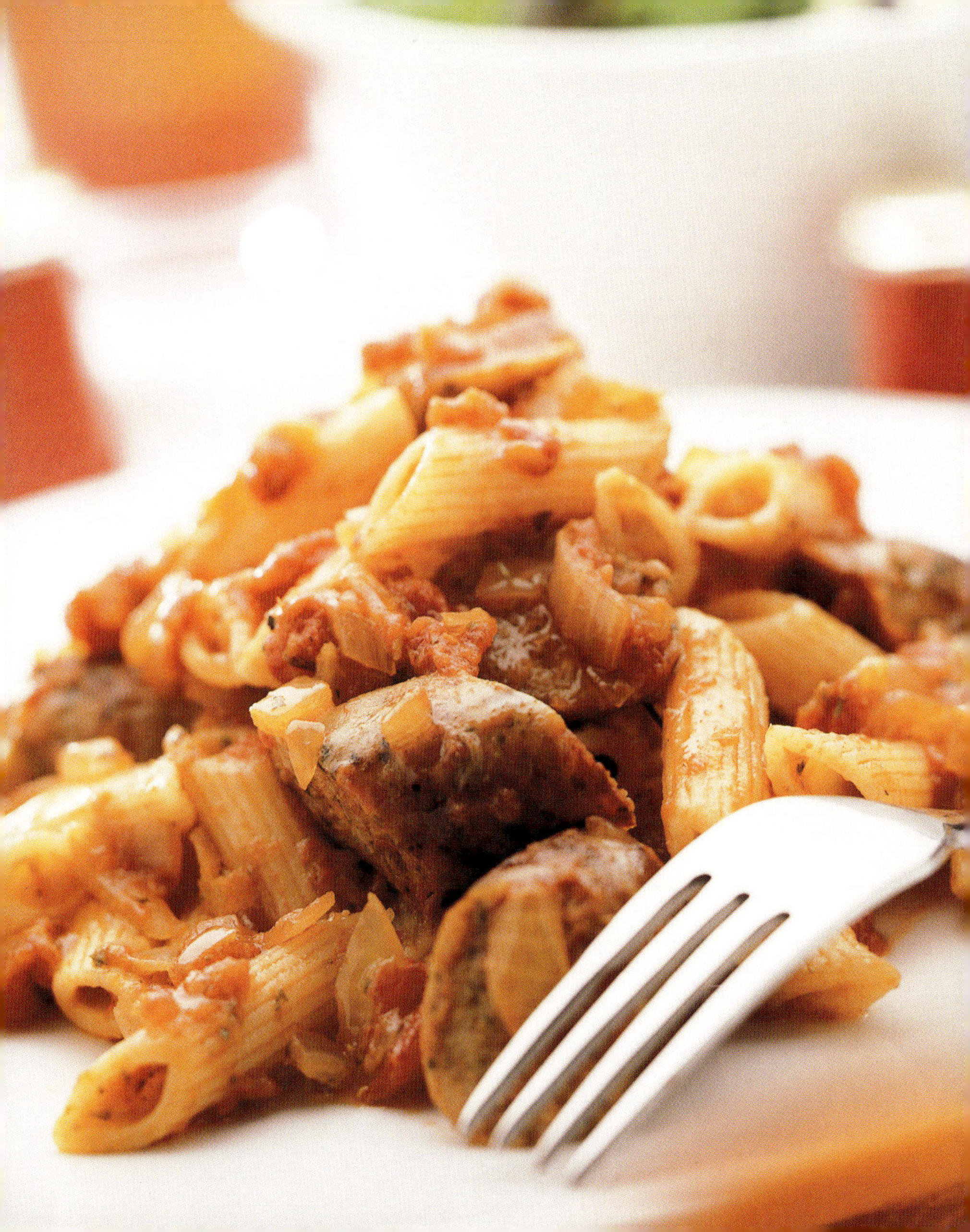

N'hésitez pas à doubler les proportions de cette recette
et à mettre le surplus en réserve au congélateur pour plus tard.

Spaghettis et boulettes de viande

Pour 4 personnes
Préparation et cuisson : 1 h 10

- 2 gros oignons
- 10 g de feuilles de basilic et de persil frais
- 2 gousses d'ail
- 500 g de porc haché
- 1 œuf battu
- 25 g de chapelure fraîche
- 2 cuill. à soupe d'huile
- 1 kg de tomates bien mûres
- 2 cuill. à soupe de purée de tomate
- 1/2 cuill. à café de sucre en poudre
- 42,5 cl d'eau
- 5 g d'origan frais
- 1 cuill. à soupe de moutarde de Dijon
- 350 g de spaghettis
- Sel et poivre du moulin

1 Épluchez les oignons puis détaillez-les. Émincez le basilic, le persil et pilez l'ail. Mélangez les herbes et l'ail avec la viande hachée, l'œuf, la chapelure et ajoutez la moitié des oignons. Salez et poivrez. Façonnez 20 boulettes de viande. Faites chauffer l'huile dans une grande poêle à frire. Faites revenir les boulettes de viande pendant 4 ou 5 minutes en les retournant fréquemment. Dès qu'elles sont bien grillées, ôtez-les de la poêle et réservez.

2 Faites revenir le reste des oignons. Coupez les tomates en morceaux et ajoutez-les dans la poêle avec la purée de tomate, le sucre, l'eau et la moitié de l'origan. Laissez mijoter pendant 5 minutes. Passez cette sauce au mixeur jusqu'à ce qu'elle soit bien onctueuse et versez-la de nouveau dans la poêle.

3 Ajoutez la moutarde et les boulettes de viande. Laissez mijoter pendant 25 minutes, puis rectifiez l'assaisonnement. Pendant ce temps, faites cuire les spaghettis et égouttez-les. Mettez-les dans des assiettes creuses, disposez les boulettes de viande dessus, nappez avec la sauce tomate, et décorez avec le reste des feuilles d'origan.

• Par portion : 689 Calories – Protéines : 41 g – Glucides : 88 g – Lipides : 22 g (dont 6 g de graisses saturées) – Fibres : 7 g – Sel : 0,77 g – Sucres ajoutés : 1 g.

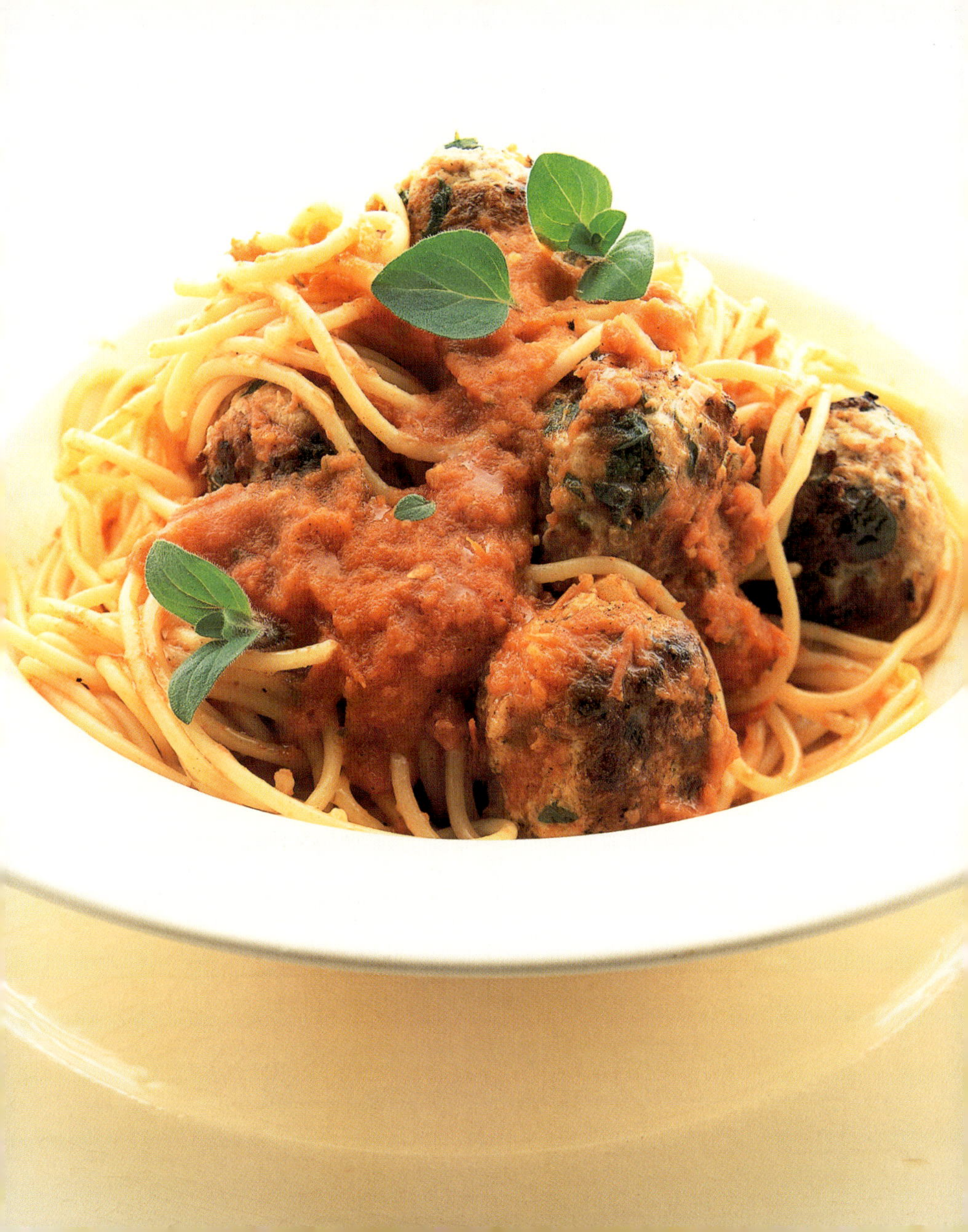

Le croquant des cacahuètes relève agréablement
ce plat simple et savoureux.

Escalopes de porc, nouilles aux cacahuètes

Pour 4 personnes
Préparation et cuisson : 25 min

- 250 g de nouilles aux œufs
- 2 cuill. à soupe d'huile d'olive + un peu pour le gril
- 4 escalopes de porc
- 50 g de cacahuètes salées
- 1 gousse d'ail
- 1 botte de petits oignons blancs
- 2 cuill. à soupe de sauce soja foncée
- 100 g de germes de haricot
- Sel et poivre du moulin

1 Faites cuire les nouilles selon les instructions figurant sur le paquet. Pendant ce temps, faites chauffer un gril sur feu vif. Graissez-le légèrement avec un peu d'huile. Salez et poivrez les escalopes, et faites les griller pendant 2 ou 3 minutes de chaque côté, jusqu'à ce qu'elles soient parfaitement cuites. Gardez-les au chaud.

2 Mettez les cacahuètes dans un sac et pilez-les avec un rouleau à pâtisserie. Égouttez les pâtes.

3 Hachez l'ail et émincez les oignons. Mélangez l'huile d'olive, la sauce soja et l'ail. Incorporez cette sauce aux nouilles, puis ajoutez les oignons, les germes de haricot et les cacahuètes concassées. Saupoudrez d'un peu de poivre noir. Dressez les pâtes et servez.

- Par portion : 581 Calories – Protéines : 45 g – Glucides : 49 g – Lipides : 24 g (dont 4 g de graisses saturées) – Fibres : 2 g – Sel : 2,02 g – Pas de sucres ajoutés.

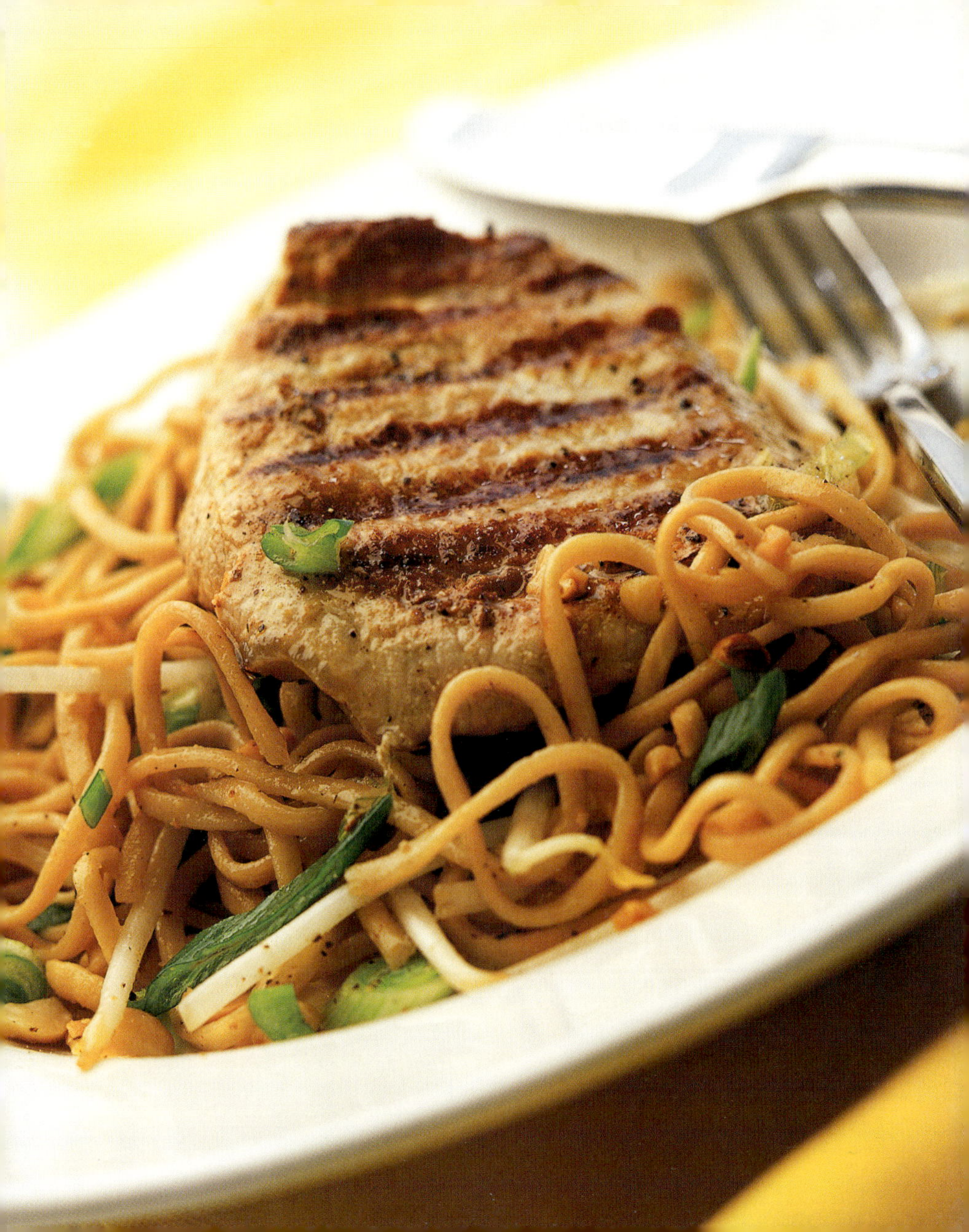

Pour une version végétarienne, remplacez simplement la viande par des champignons noirs.

Nouilles au porc et au gingembre

Pour 4 personnes
Préparation et cuisson : 25 min

- 450 g de filet de porc
- 2 cuill. à soupe d'huile de tournesol
- 1 morceau de 2,5 cm de gingembre frais
- 2 gousses d'ail
- 250 g de chou frisé
- 30 cl de bouillon de poule ou de légumes
- 1 cuill. à soupe de sauce soja
- 100 g de petits pois surgelés
- 300 g de nouilles
- 2 cuill. à soupe de coriandre fraîche ciselée

1 Émincez le porc en lamelles de 1 cm de large. Préchauffez l'huile à feu vif dans un wok et faites-y saisir le porc pendant 3 ou 4 minutes. Râpez le gingembre et hachez finement l'ail. Ajoutez-les dans le wok et faites rissoler le tout pendant encore 1 ou 2 minutes.

2 Émincez le chou, ajoutez-le et faites-le revenir avec les autres ingrédients, en mélangeant bien. Versez le bouillon et la sauce soja.

3 Ajoutez les petits pois et les nouilles, mélangez le tout et laissez mijoter pendant 5 minutes, jusqu'à ce que le chou soit cuit mais encore croquant. Saupoudrez de coriandre et servez.

- Par portion : 337 Calories – Protéines : 31 g – Glucides : 28 g – Lipides : 12 g (dont 2 g de graisses saturées) – Fibres : 4 g – Sel : 1,84 g – Pas de sucres ajoutés.

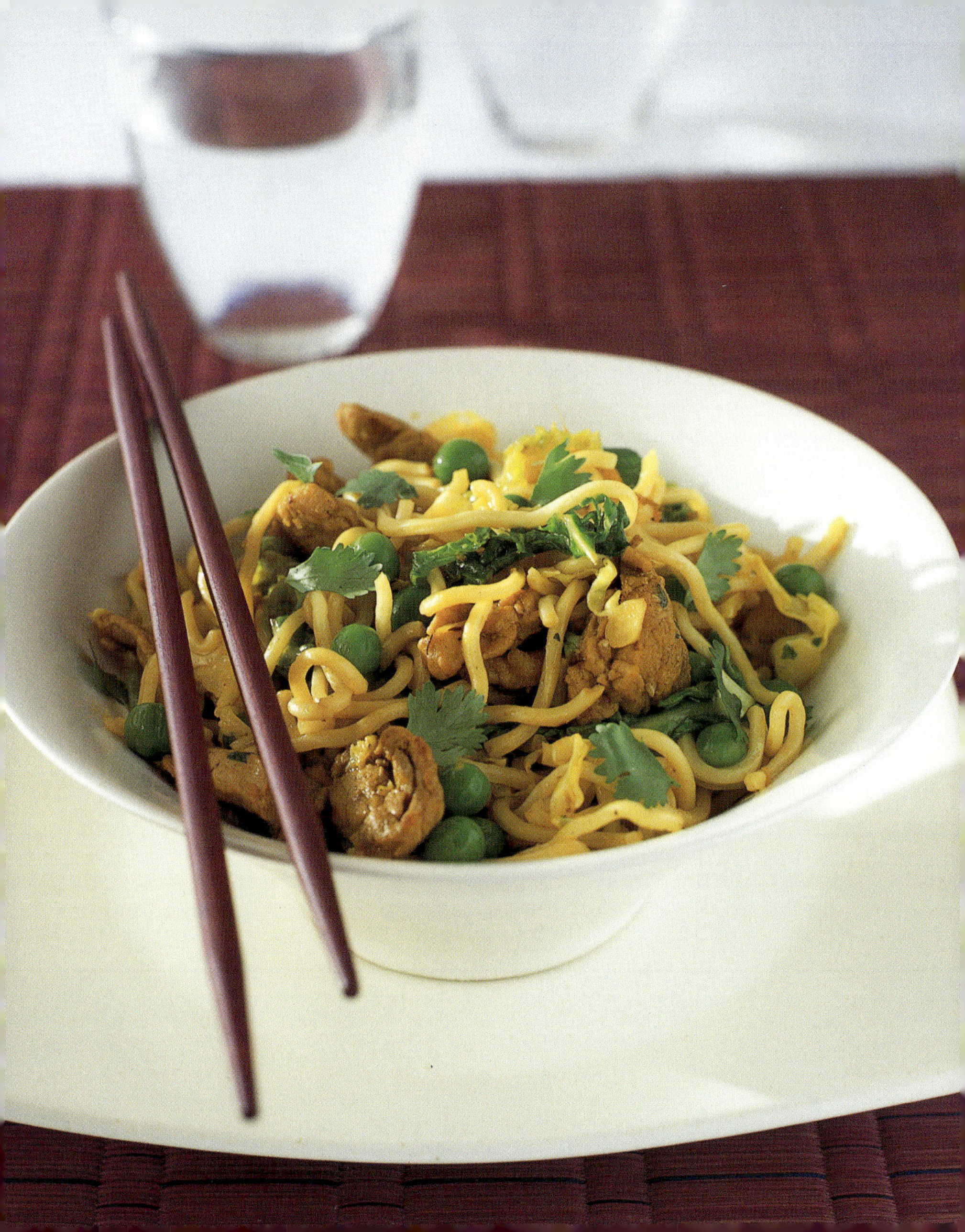

Pour parfumer le plat, réservez un peu de marinade
pour l'ajouter à la cuisson.

Poulet à la sauce pimentée

Pour 4 personnes (ou davantage)
Préparation et cuisson : 30 min
(+ de 10 min à 12 h de marinade)

- 2 petits piments rouges
- 1 poivron rouge
- 3 cuill. à soupe de vinaigre de vin rouge
- 4 cuill. à soupe d'huile d'olive
- 4 blancs de poulet avec la peau
- Sel et poivre du moulin

POUR SERVIR
- Feuilles de salade

1   Coupez en deux et épépinez les piments et le poivron. Hachez les piments finement et le poivron plus grossièrement. Mettez-les dans un mixeur, ajoutez le vinaigre et l'huile, salez et poivrez et mixez brièvement, en laissant des morceaux.

2   Entaillez la peau des blancs de poulet. Disposez-les dans un plat à gratin peu profond et enduisez-les de tous côtés avec les trois quarts de la marinade. Laissez mariner pendant au moins 10 minutes, ou si possible toute une nuit au réfrigérateur. Réservez le reste de la marinade.

3   Faites chauffer une poêle épaisse ou un gril sur feu vif, posez-y les morceaux de poulet et laissez-les griller pendant 5 ou 6 minutes de chaque côté. Servez sur un lit de salade et nappez avec le reste de marinade.

• Par portion : 393 Calories – Protéines : 27 g – Glucides : 3 g – Lipides : 30 g (dont 7 g de graisses saturées) – Fibres : 1 g – Sel : 0,26 g – Pas de sucres ajoutés.

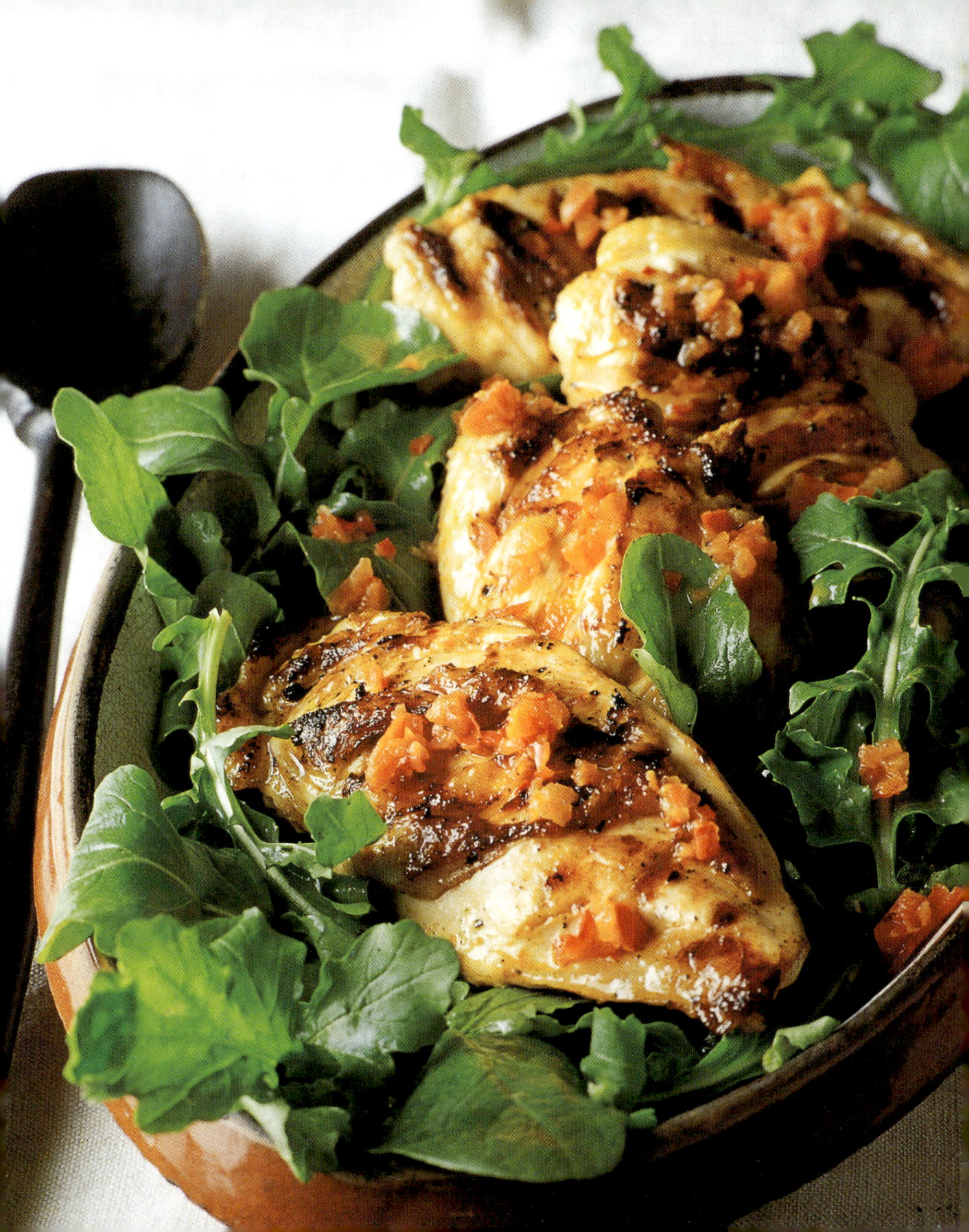

Voici un repas complet et équilibré qui allie viande, féculents et crudités, tout en restant très gourmand.

Salade au poulet grillé

Pour 4 personnes
Préparation et cuisson : 50 min

- 450 g de pommes de terre nouvelles
- 4 blancs de poulet sans la peau
- 1 poignée de ciboulette fraîche
- 5 cuill. à soupe d'huile d'olive
- Le jus de 1 citron
- 4 cuill. à soupe de crème aigre (ou de crème fraîche additionnée de quelques gouttes de citron)
- 1 laitue romaine
- 250 g de tomates cerises
- Sel et poivre du moulin

1 Coupez les pommes de terre en deux et faites-les cuire dans de l'eau bouillante salée pendant 10 à 12 minutes, jusqu'à ce qu'elles soient tendres. Pendant ce temps, mettez les blancs de poulet entre 2 feuilles de film alimentaire et aplatissez-les avec un rouleau à pâtisserie, salez et poivrez. Ciselez la ciboulette et mélangez-la dans un grand saladier avec l'huile d'olive et le jus de citron. Enduisez le poulet d'un tiers de cette sauce.

2 Faites chauffer une grande poêle à frire ou un gril sur feu vif. Faites-y griller les morceaux de poulet pendant 6 à 8 minutes de chaque côté. Réservez. Incorporez la crème aigre à la sauce, mélangez vigoureusement et rectifiez l'assaisonnement.

3 Égouttez les pommes de terre. Laissez-les refroidir un instant, puis arrosez-les avec un tiers de la sauce crémée. Ciselez la laitue, coupez les tomates en deux et assaisonnez-les avec un autre tiers de la sauce. Dressez la salade et les pommes de terre dans chaque assiette, posez un blanc de poulet par-dessus et nappez-le avec le reste de sauce.

• Par portion : 412 Calories – Protéines : 37 g – Glucides : 22 g – Lipides : 20 g (dont 5 g de graisses saturées) – Fibres : 2 g – Sel : 0,29 g – Pas de sucres ajoutés.

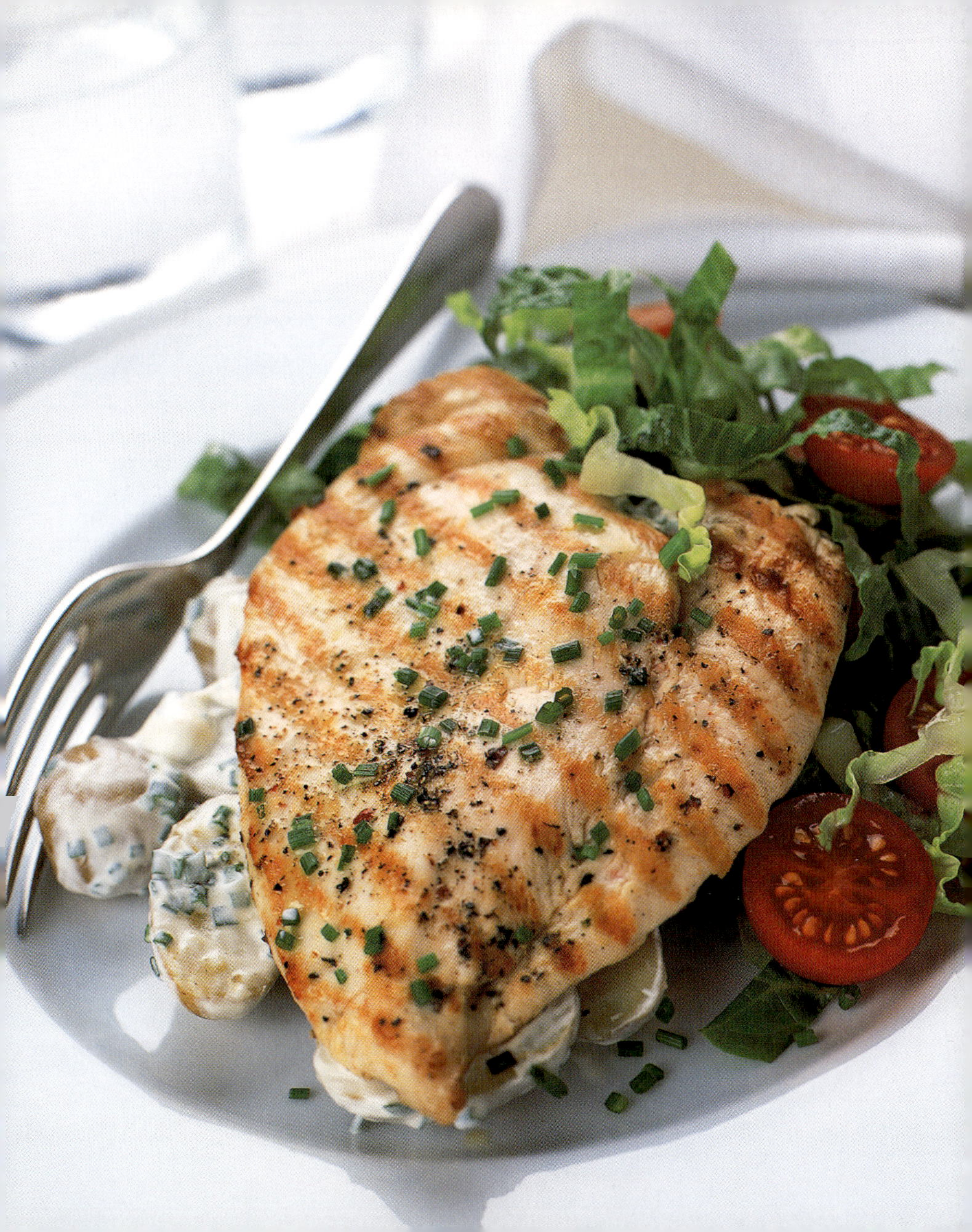

Rien ne vous empêche de remplacer le bouillon de poule par du vin blanc sec ou du cidre.

Poulet aux haricots blancs

Pour 4 personnes
Préparation et cuisson : 35 min

- 2 cuill. à soupe d'huile d'olive
- 4 blancs de poulet avec la peau
- 1/2 cuill. à café de paprika
- 1 petit oignon
- 100 g de bacon ou de poitrine fumée
- 230 g de tomates concassées en conserve
- 400 g de haricots blancs en conserve, égouttés
- 15 cl de bouillon de poule
- Un peu de jus de citron
- 2 cuill. à soupe de persil frais
- Sel et poivre du moulin

1 Faites chauffer l'huile dans une grande poêle à frire. Salez et poivrez le poulet et saupoudrez-le de paprika. Faites-le griller du côté de la peau pendant 8 à 10 minutes, jusqu'à ce que la peau soit croustillante et bien dorée. Retournez les morceaux et laissez-les cuire pendant encore 5 ou 6 minutes. Réservez au chaud.

2 Épluchez l'oignon et ciselez-le finement de même que le bacon. Faites revenir ces ingrédients dans la poêle pendant 5 minutes, en remuant bien, jusqu'à ce que l'oignon soit translucide et le bacon bien croustillant.

3 Ajoutez les tomates et les haricots et arrosez le tout avec le bouillon. Portez à ébullition, puis réduisez le feu et laissez mijoter pendant 2 ou 3 minutes. Salez et poivrez. Arrosez d'un filet de jus de jus de citron. Saupoudrez de persil finement ciselé et servez aussitôt.

- Par portion : 455 Calories – Protéines : 38 g – Glucides : 15 g – Lipides : 27 g (dont 7 g de graisses saturées) – Fibres : 5 g – Sel : 1,52 g – Sucres ajoutés : 2 g.

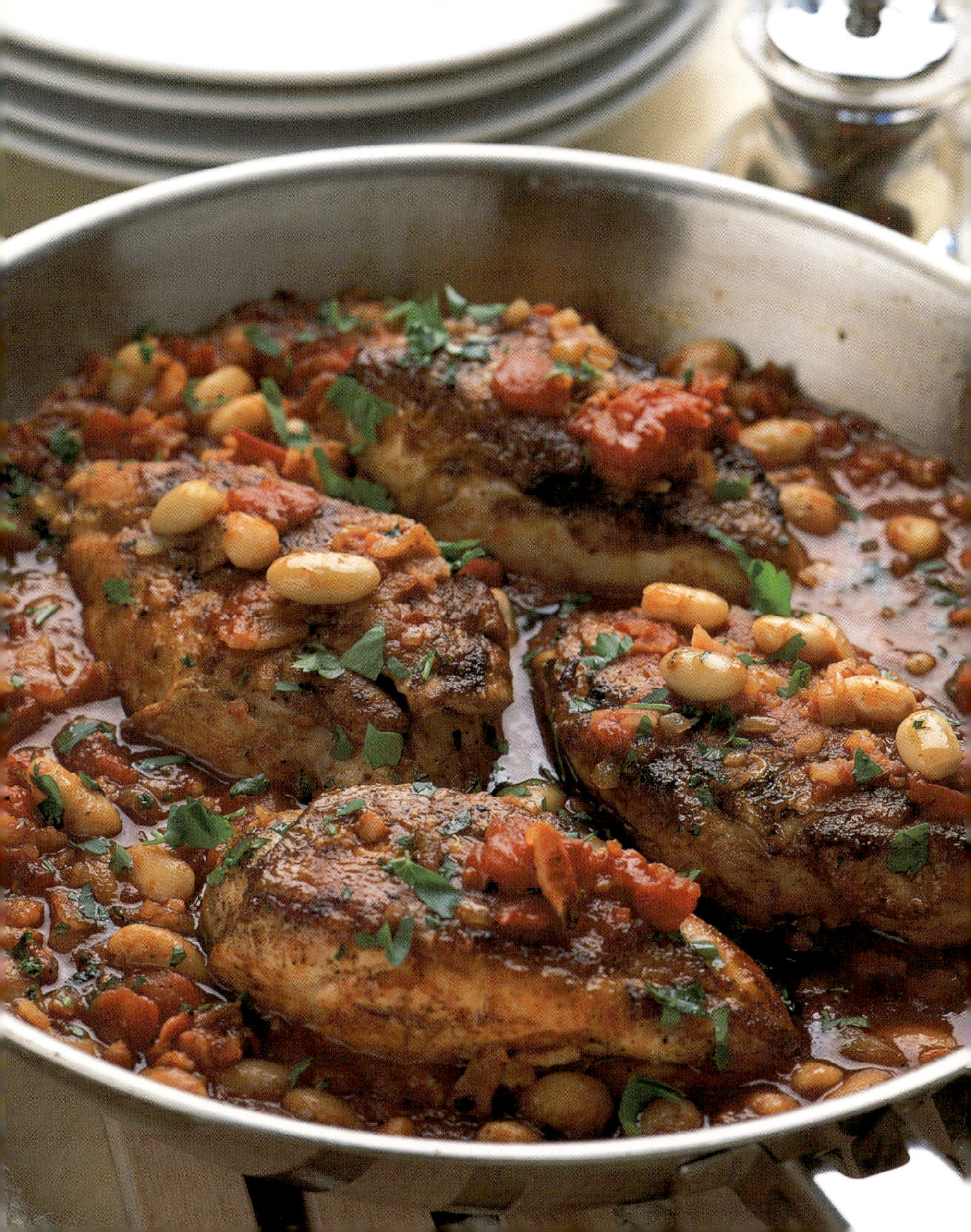

Rien ne vaut de l'estragon frais, mais, à défaut, de l'estragon haché surgelé fera l'affaire.

Pommes de terre dauphinoises au poulet

Pour 4 personnes (ou davantage)
Préparation et cuisson : 55 min

- 25 g de beurre
+ un peu pour graisser le plat
- 900 g de pommes de terre à chair farineuse
- 1 cuill. à soupe d'huile
- 1 petit oignon
- 450 g de blancs de poulet sans la peau
- 1 cuill. à soupe d'estragon frais
- 20 cl de crème fraîche
- 175 g de gruyère râpé
- Sel et poivre du moulin

POUR SERVIR
- Salade verte (facultatif)

1 Préchauffez le four à 200 °C (therm. 6-7). Beurrez un plat à gratin. Découpez les pommes de terre en fines rondelles et faites-les cuire dans l'eau bouillante salée pendant 10 minutes, jusqu'à ce qu'elles soient tendres. Égouttez-les soigneusement.

2 Faites chauffer l'huile et le beurre dans une poêle. Épluchez puis ciselez l'oignon et faites-le revenir pendant 5 minutes. Émincez le poulet en lamelles de 1 cm de large, ajoutez-les dans la poêle et faites-les griller à feu vif. Réduisez le feu, ajoutez l'estragon haché et la moitié de la crème fraîche. Salez et poivrez généreusement.

3 Étalez la moitié des pommes de terre dans le plat. Recouvrez-les avec le poulet puis le reste des pommes de terre. Répartissez le reste de crème fraîche sur le dessus et saupoudrez le tout de gruyère râpé. Gratinez au four pendant 20 à 25 minutes. Servez accompagné d'une salade verte, si vous le souhaitez.

• Par portion : 700 Calories – Protéines : 46 g – Glucides : 42 g – Lipides : 40 g (dont 21 g de graisses saturées) – Fibres : 3 g – Sel : 1,2 g – Pas de sucres ajoutés.

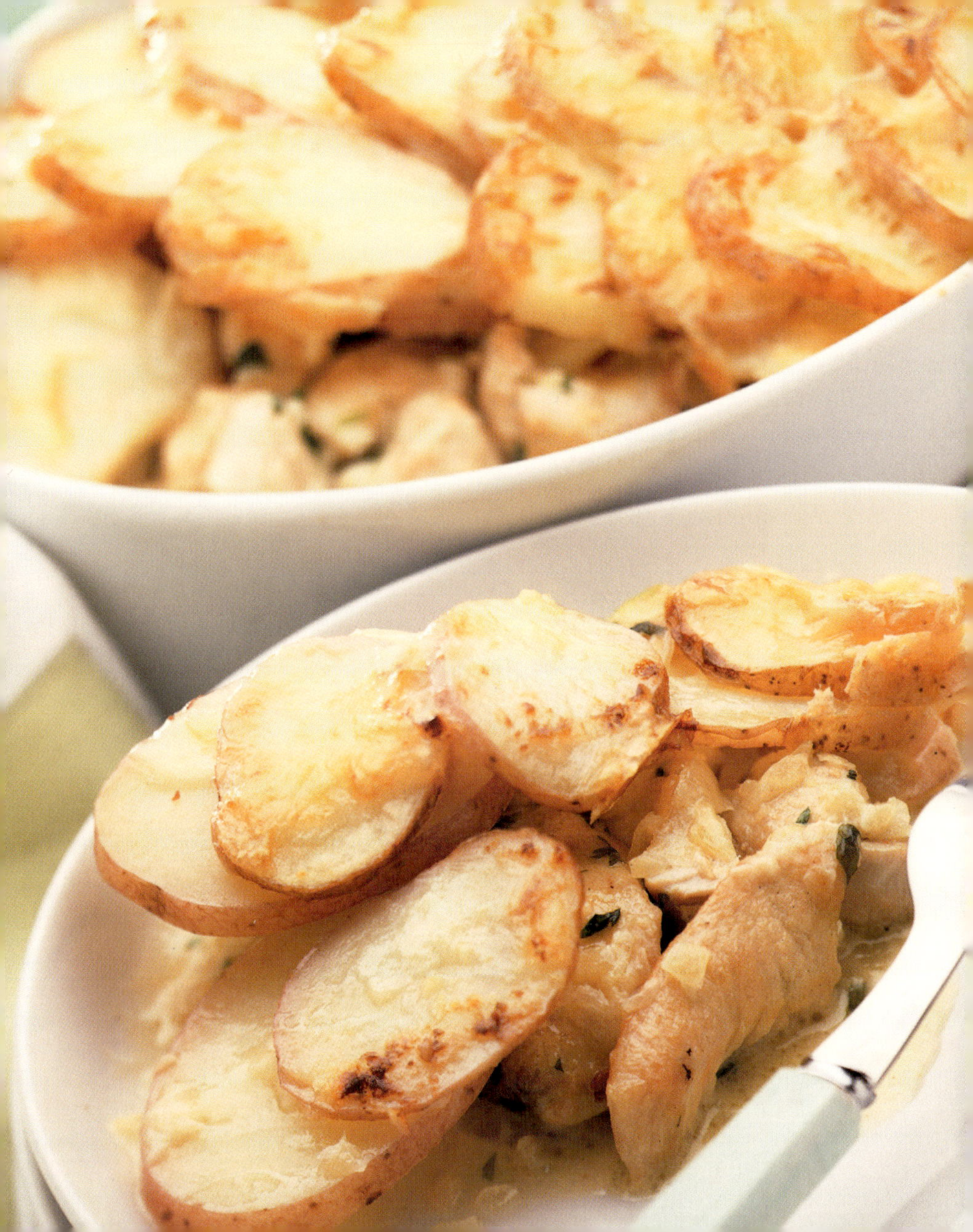

Voilà un gratin original à base de dinde. Le jus de cuisson est parfumé au pesto, ce qui donne au plat une petite touche méditerranéenne.

Gratin à la viande

Pour 4 personnes
Préparation et cuisson : 1 h 15

- 2 oignons
- 2 carottes
- 1 branche de céleri
- 500 g de dinde hachée (ou autre viande)
- 100 g de bacon (ou de poitrine fumée)
- 2 cuill. à café de farine
- 28 cl de bouillon de poule ou de bœuf, prêt à l'emploi
- 15 cl de vin rouge
- 700 g de pommes de terre
- 1 noisette de beurre
- 4 cuill. à soupe de pesto rosso en bocal (à base de tomates)
- 25 g de parmesan râpé
- Sel et poivre du moulin

1 Préchauffez le four à 200 °C (therm. 6-7). Épluchez les oignons et coupez-les en rondelles de même que les carottes et le céleri. Faites cuire la dinde hachée à feu doux dans une poêle, en la remuant bien, jusqu'à obtenir du jus. Hachez le bacon et ajoutez-le avec les légumes dans la poêle. Laissez sur le feu pendant 15 minutes jusqu'à ce que le tout soit bien grillé. Saupoudrez de farine et faites cuire pendant encore 1 minute en remuant bien. Versez le bouillon et le vin et laissez mijoter à couvert pendant 30 minutes en remuant de temps en temps.

2 Pendant ce temps, épluchez et coupez les pommes de terre en morceaux puis plongez-les dans de l'eau bouillante pendant 10 minutes. Égouttez-les et remettez-les dans la casserole. Ajoutez le beurre. Salez et poivrez. Réservez.

3 Incorporez le pesto dans la poêle ; salez et poivrez. Versez le tout dans un plat à gratin. Étalez les pommes de terre sur la préparation, saupoudrez de parmesan râpé et laissez gratiner au four pendant 30 minutes, jusqu'à ce que la croûte soit bien dorée. Servez immédiatement.

• Par portion : 518 Calories – Protéines : 42 g – Glucides : 40 g – Lipides : 19 g (dont 6 g de graisses saturées) – Fibres : 4 g – Sel : 2,25 g – Pas de sucres ajoutés.

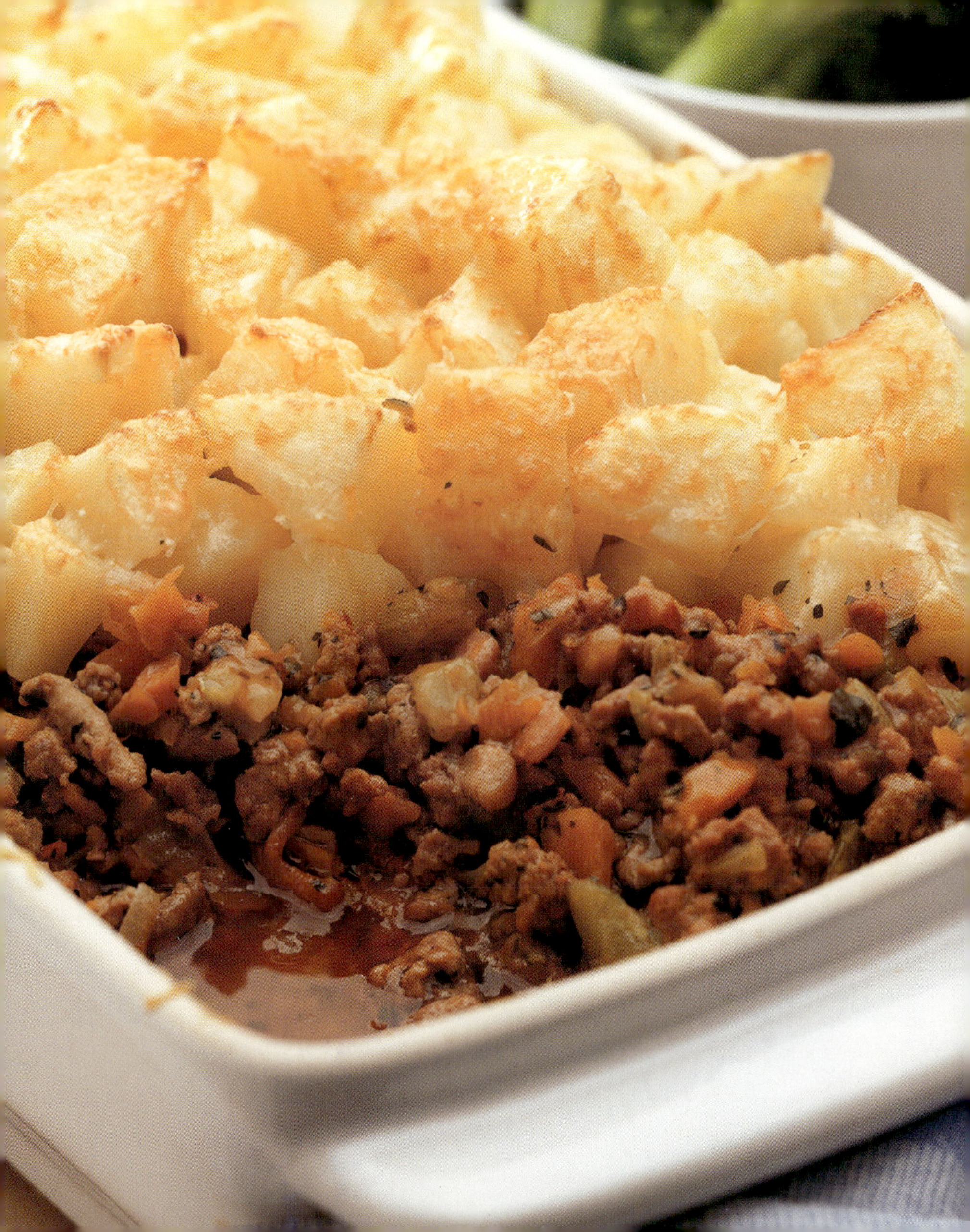

Dans ce plat, les oignons caramélisés
se marient parfaitement au poulet grillé.

Poulet aux oignons caramélisés

Pour 4 personnes
Préparation et cuisson : 1 h

- 3 oignons
- 1 cuill. à soupe d'huile d'olive
- 25 g de beurre
- 2 gousses d'ail
- 2 cuill. à soupe de farine
- 8 cuisses de poulet sans la peau
- 30 cl de jus de pomme sans sucres ajoutés
- 1 cuill. à soupe de purée de tomate
- Sel et poivre du moulin

POUR SERVIR
- Purée de pomme de terre ou riz (facultatif)

1 Épluchez puis émincez finement les oignons. Faites chauffer l'huile et le beurre dans une grande poêle. Faites-y revenir les oignons en remuant régulièrement, puis laissez-les fondre à feu doux pendant environ 15 minutes jusqu'à ce qu'ils aient pris une belle teinte brun foncé. Pendant ce temps, hachez l'ail et ajoutez-le 5 minutes avant la fin de la cuisson. Réservez.

2 Salez et poivrez la farine. Enduisez les morceaux de poulet d'une fine couche de cette farine assaisonnée, puis faites-les griller à la poêle pendant 5 minutes de chaque côté.

3 Versez dans la poêle le jus de pomme et la purée de tomate. Mélangez en grattant bien le fond de la poêle. Ajoutez le mélange d'ail et oignons, couvrez et laissez cuire pendant 20 à 25 minutes, jusqu'à ce que la sauce ait épaissi et que le poulet soit parfaitement cuit. Servez avec de la purée de pommes de terre ou du riz, si vous le souhaitez.

- Par portion : 369 Calories – Protéines : 40 g – Glucides : 24 g – Lipides : 13 g (dont 6 g de graisses saturées) – Fibres : 2 g – Sel : 0,57 g – Pas de sucres ajoutés.

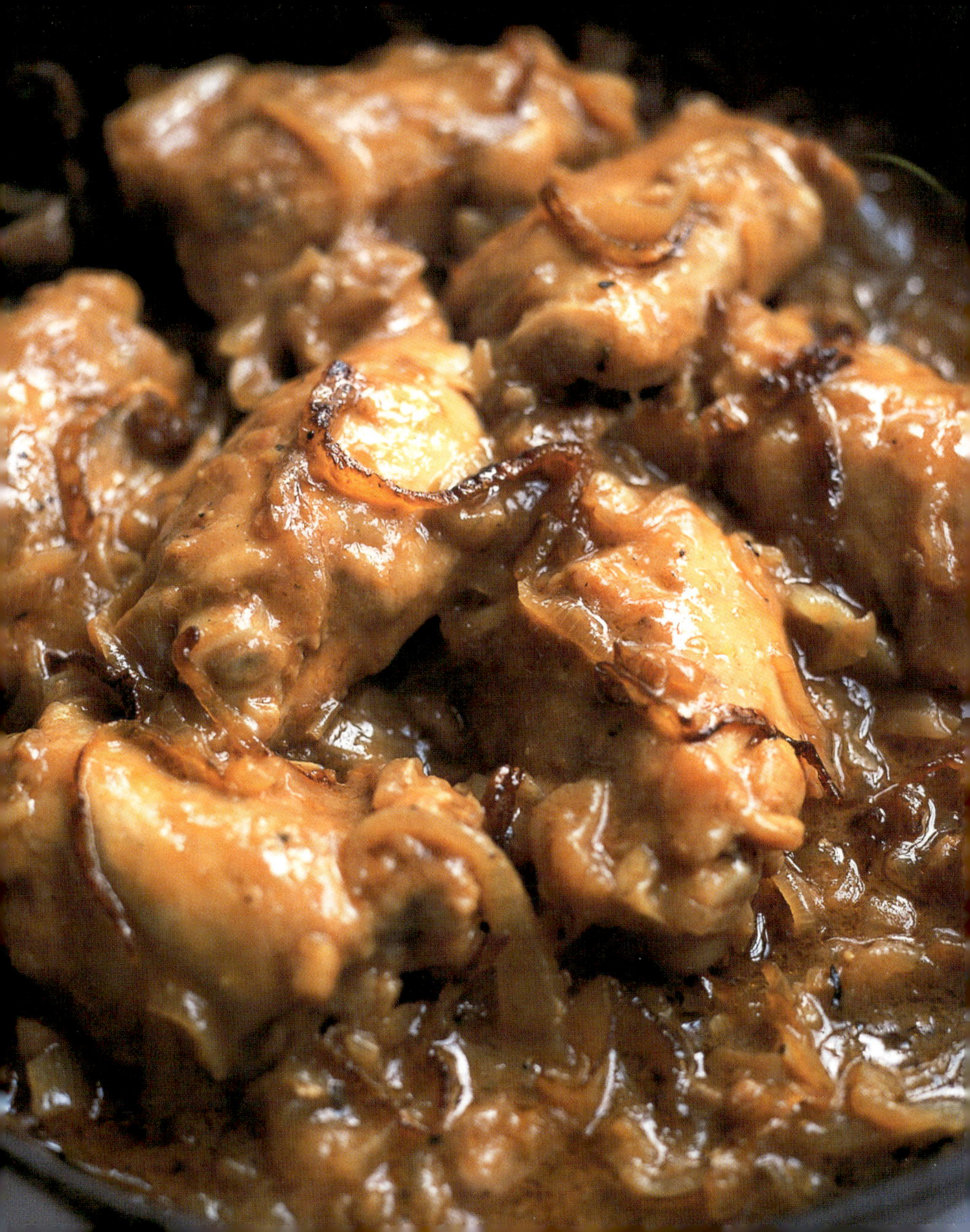

À table, invitez tout le monde à composer soi-même sa tortilla. Convivialité assurée !

Tortillas aux haricots rouges

Pour 4 personnes
Préparation et cuisson : 1 h 10

- 500 g d'agneau ou de bœuf haché
- 1 oignon
- 1 cuill. à café de chili en poudre
- 1 cuill. à café de cumin en poudre
- 400 g de pulpe de tomate en conserve
- 200 g de haricots rouges en conserve
- 8 tortillas à la farine
- Sel et poivre du moulin

POUR SERVIR
- Feuilles de laitue iceberg
- Gruyère râpé
- Crème fraîche
- Le jus de 1 citron

1 Faites cuire la viande hachée à feu doux dans une poêle. Pendant ce temps, épluchez et émincez l'oignon puis faites-le revenir dans la poêle à feu plus vif pendant 7 minutes, en remuant de temps en temps. Incorporez le chili et le cumin et faites cuire le tout pendant 1 minute encore, en remuant. Ajoutez la pulpe de tomate et les haricots rouges et portez à ébullition.

2 Remettez à feu doux, couvrez et laissez mijoter pendant 30 minutes, jusqu'à ce que la viande soit tendre. Rectifiez l'assaisonnement.

3 Faites réchauffer les tortillas pendant 45 secondes à température maximale au four à micro-ondes. Ou enveloppez-les dans une feuille d'aluminium, et laissez-les pendant 5 minutes dans un four à gaz préchauffé à 190 °C (therm. 6-7).

4 Garnissez chaque tortilla de laitue émincée et d'une bonne cuillerée de la préparation. Saupoudrez de gruyère râpé et coiffez le tout d'une cuillerée de crème fraîche arrosée d'un filet de jus de citron. Repliez la tortilla. Consommez aussitôt.

• Par portion : 719 Calories – Protéines : 41 g – Glucides : 69 g – Lipides : 33 g (dont 18 g de graisses saturées) – Fibres : 6 g – Sel : 1,84 g – Pas de sucres ajoutés.

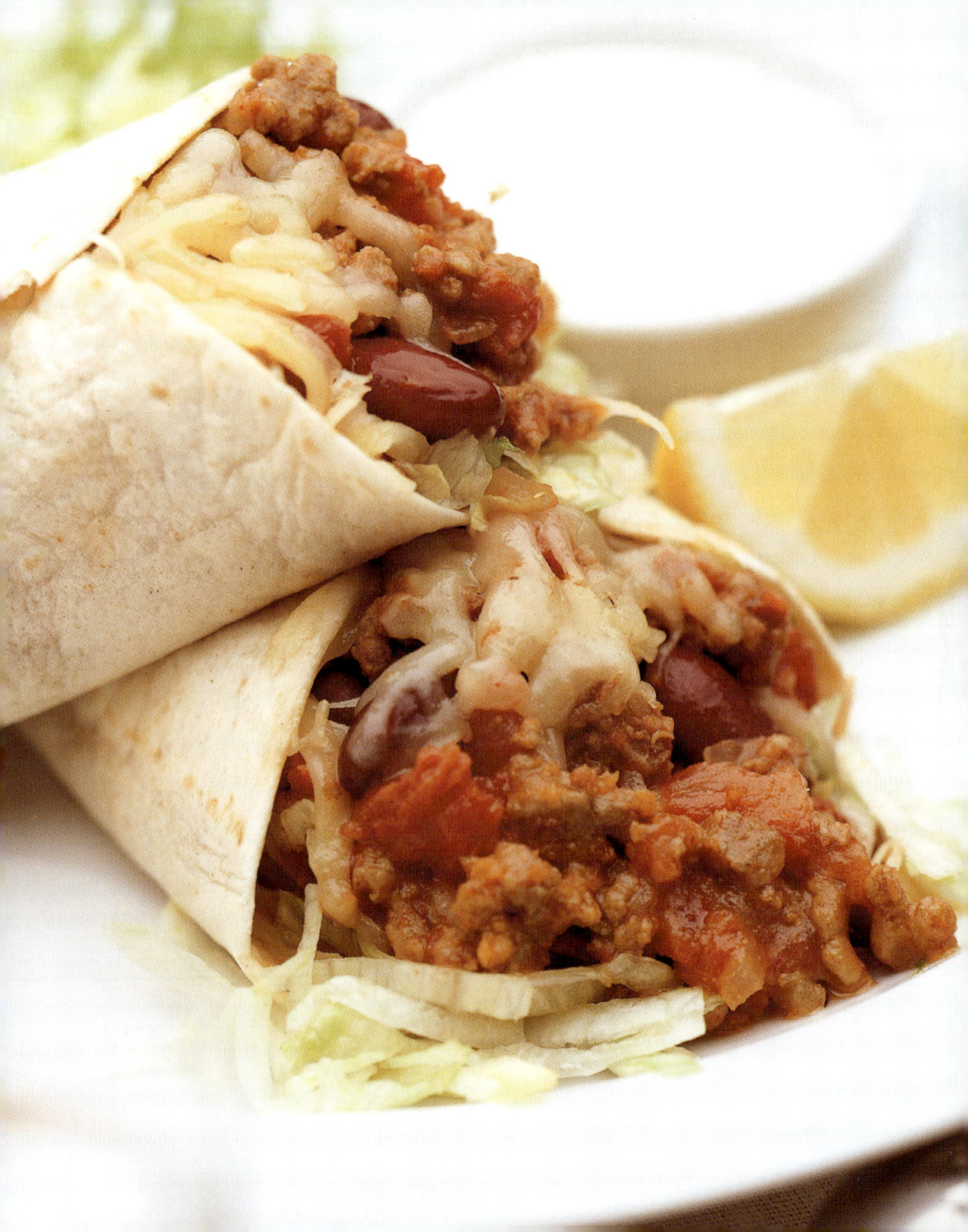

La *passata di pomodoro* est une préparation à base de pulpe de tomates étuvées qui se trouve notamment en supermarché.

Boulettes de viande à la passata

Pour 4 personnes
Préparation et cuisson : 50 min

- 1 gros oignon
- 1 cuill. à soupe d'huile d'olive
- 500 g de viande hachée maigre d'agneau ou de bœuf
- 3 cuill. à soupe de basilic frais ciselé
- 500 g de passata di pomodoro au basilic, en bocal
- Sel et poivre du moulin

POUR SERVIR
- Salade verte

1 Préchauffez le four à 200 °C (therm. 6-7). Épluchez puis émincez l'oignon. Faites chauffer l'huile dans une poêle à frire, puis faites-y fondre l'oignon pendant environ 5 minutes.

2 Mettez la viande hachée, 2 cuillerées à soupe de basilic et l'oignon dans un saladier. Salez et poivrez. Mélangez intimement le tout et façonnez 8 à 10 steaks.

3 Tapissez le fond d'un plat à gratin avec environ un quart du bocal de passata. Disposez les steaks hachés par-dessus. Faites réchauffer le reste de la passata et du basilic dans la poêle. Salez et poivrez. Portez cette sauce à ébullition puis nappez-en les steaks hachés. Passez au four pendant 30 minutes. Servez avec une salade verte.

- Par portion : 297 Calories – Protéines : 30 g – Glucides : 11 g – Lipides : 15 g (dont 6 g de graisses saturées) – Fibres : 1 g – Sel : 0,93 g – Sucres ajoutés : 2 g.

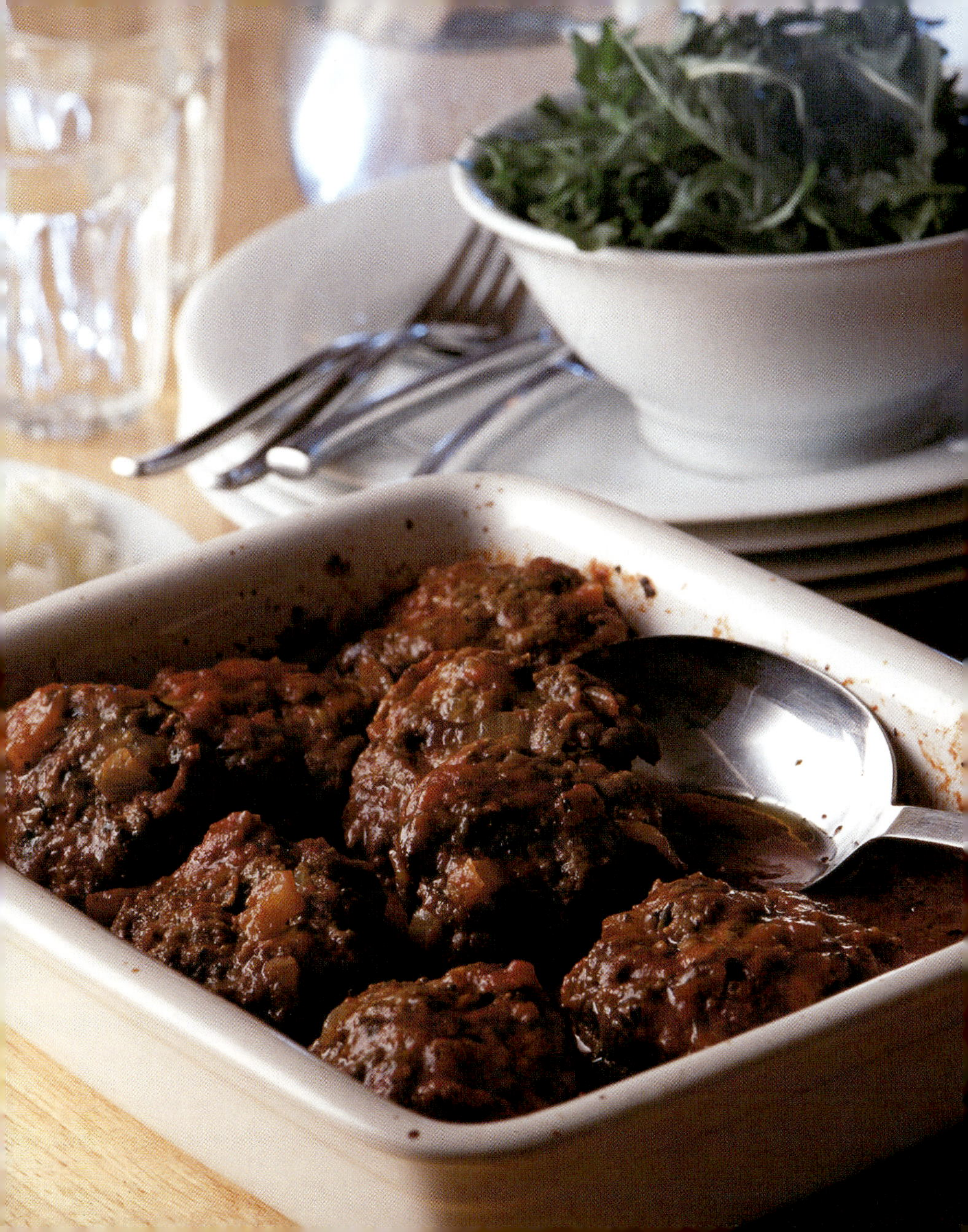

Veillez bien à la cuisson des pommes de terre nouvelles :
pour cette recette, elles doivent être fondantes.

Curry d'agneau aux pommes de terre nouvelles

Pour 4 personnes
Préparation et cuisson : 1 h

- 450 g d'agneau ou de porc haché
- 1 petit oignon
- 1 cuill. à soupe d'huile d'olive
- 1 piment rouge frais
- 3 gousses d'ail
- 1 cuill. à soupe de gingembre frais
- 2 cuill. à café de cumin en poudre
- 2 cuill. à café de coriandre en poudre
- 1 cuill. à soupe de pâte de curry korma
- 500 g de pommes de terre nouvelles, non épluchées
- 60 cl d'eau
- 100 g de feuilles d'épinard fraîches, équeutées et découpées si elles sont trop grandes
- 15 cl de yaourt à la grecque
- Sel

POUR SERVIR
- Pains indiens (chapati ou naan)

1   Faites chauffer une poêle à frire. Faites-y griller la viande hachée en la tassant afin qu'elle soit bien dorée de tous côtés, puis réservez-la dans un plat. Épluchez puis émincez l'oignon. Versez l'huile dans la poêle et faites-y revenir l'oignon à feu moyen pendant 5 minutes.

2   Épépinez le piment, émincez-le de même que l'ail, râpez le gingembre. Ajoutez le tout dans la poêle avec le cumin, la coriandre et la pâte de curry. Laissez cuire 1 minute en mélangeant bien les ingrédients. Remettez-y la viande hachée grillée, les pommes de terre coupées en deux et l'eau. Portez à ébullition, couvrez et laissez mijoter pendant 30 minutes. Salez à votre goût.

3   Équeutez les feuilles d'épinard et découpez les plus grandes pour les ajouter à la préparation. Laissez-les cuire pendant 1 minute, jusqu'à ce qu'ils soient fondus. Nappez le tout de yaourt et servez avec du pain indien.

- Par portion : 353 Calories – Protéines : 32 g – Glucides : 26 g – Lipides : 14 g (dont 5 g de graisses saturées) – Fibres : 2 g – Sel : 0,54 g – Pas de sucres ajoutés.

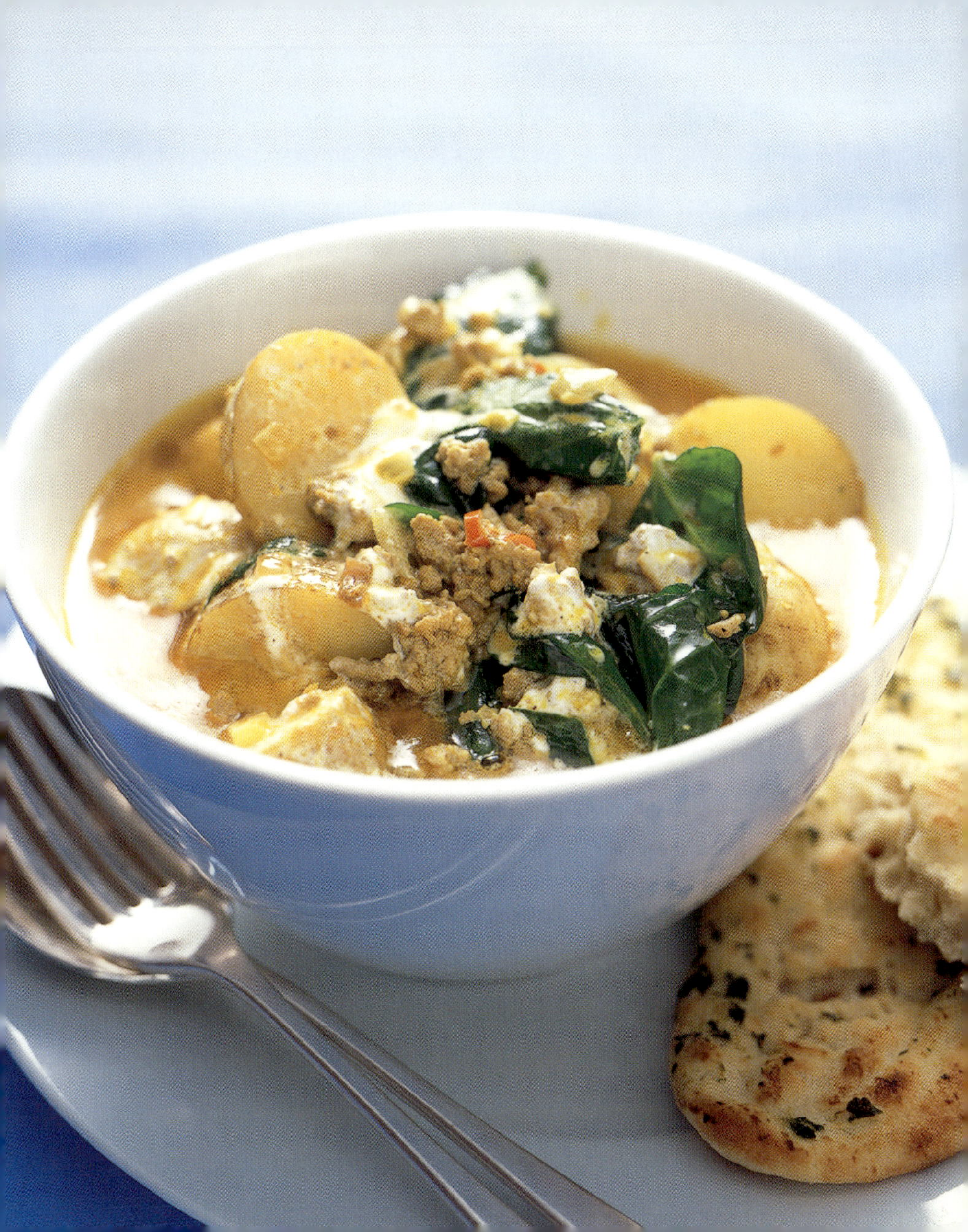

Si vous préférez les plats épicés,
remplacez le bacon par du chorizo.

Gratin de pommes de terre au bacon

Pour 4 personnes
Préparation et cuisson : 40 min

- 900 g de pommes de terre
- 6 tranches fines de bacon ou de poitrine fumée
- 350 g d'épinards en branches
- 20 cl de crème fraîche
- 140 g de gruyère râpé grossièrement
- Sel et poivre du moulin

1   Préchauffez le four à 200 °C (therm. 6-7). Découpez les pommes de terre en tranches épaisses, puis faites-les cuire dans de l'eau bouillante salée pendant 7 à 10 minutes, jusqu'à ce qu'elles soient tendres. Égouttez-les. Pendant la cuisson, faites griller le bacon jusqu'à ce qu'il soit croustillant et coupez-le en morceaux. Si vous utilisez des épinards surgelés, passez-les au four à micro-ondes ou faites-les décongeler à feu doux dans une casserole.

2   Mettez la moitié des pommes de terre dans un plat à gratin beurré (d'une contenance d'environ 1,2 l). Salez et poivrez sans excès. Étalez les épinards par-dessus et ajoutez les morceaux de bacon. Coiffez le tout d'une deuxième couche de pommes de terre. Salez et poivrez.

3   Ajoutez quelques cuillerées de crème fraîche et saupoudrez de fromage râpé. Faites gratiner au four pendant 25 minutes, jusqu'à ce que le tout soit bien doré. Servez dans le plat dès la sortie du four.

• Par portion : 617 Calories – Protéines : 26 g – Glucides : 41 g – Lipides : 40 g (dont 23 g de graisses saturées) – Fibres : 5 g – Sel : 2,49 g – Pas de sucres ajoutés.

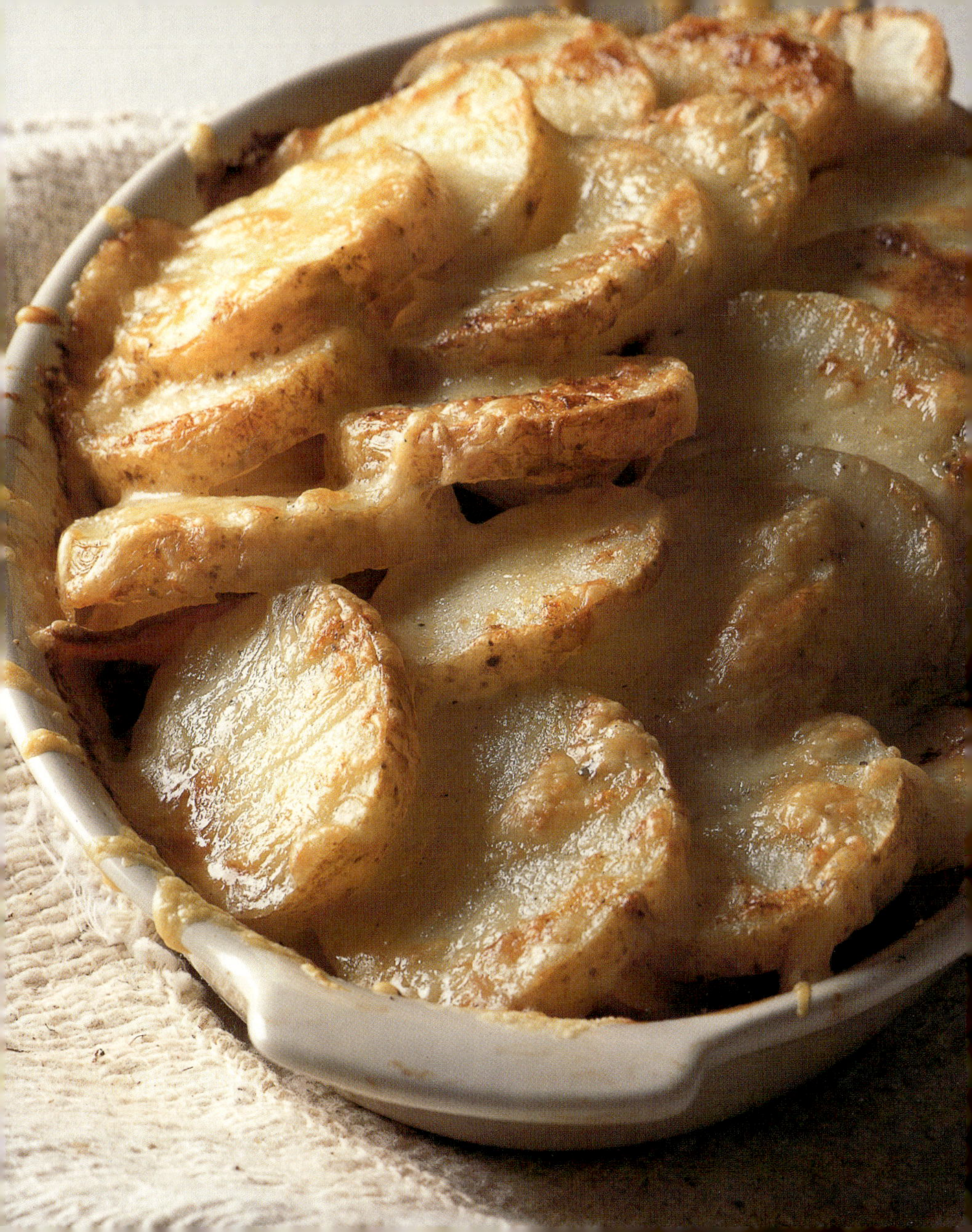

Voilà un gratin haut en couleurs. Vous serez surpris de constater que même les enfants en raffolent !

Poireaux au jambon et au maïs

Pour 4 personnes
Préparation et cuisson : 50 min

- 4 blancs de poireaux
- 225 g de jambon en tranches ultrafines
- 25 g de beurre + un peu pour le plat à gratin
- 1 grosse tomate
- 200 g de maïs doux en conserve
- 25 g de farine
- 30 cl de lait
- 2 cuill. à café de moutarde en grains
- 50 g de gruyère râpé

1 Préchauffez le four à 200 °C (therm. 6-7). Découpez les poireaux en tronçons et faites-les blanchir dans de l'eau bouillante pendant 2 minutes. Égouttez-les, passez-les sous l'eau froide et égouttez-les de nouveau soigneusement.

2 Enroulez chaque tronçon de poireau dans du jambon. Disposez ces bouchées dans un plat à gratin rectangulaire préalablement beurré (d'une contenance de 2,25 l). Épépinez et découpez la tomate en dés. Répartissez ceux-ci avec les grains de maïs sur le plat.

3 Mettez le beurre, la farine et le lait dans une casserole et portez le mélange à ébullition sans cesser de remuer jusqu'à ce qu'il épaississe. Incorporez la moutarde, laissez mijoter pendant 2 ou 3 minutes, puis nappez les poireaux avec cette sauce. Saupoudrez de fromage râpé et faites gratiner au four pendant 30 minutes, jusqu'à ce que la croûte soit bien dorée. Servez immédiatement.

• Par portion : 303 Calories – Protéines : 20 g – Glucides : 24 g – Lipides : 15 g (dont 8 g de graisses saturées) – Fibres : 4 g – Sel : 2,17 g – Sucres ajoutés : 3 g.

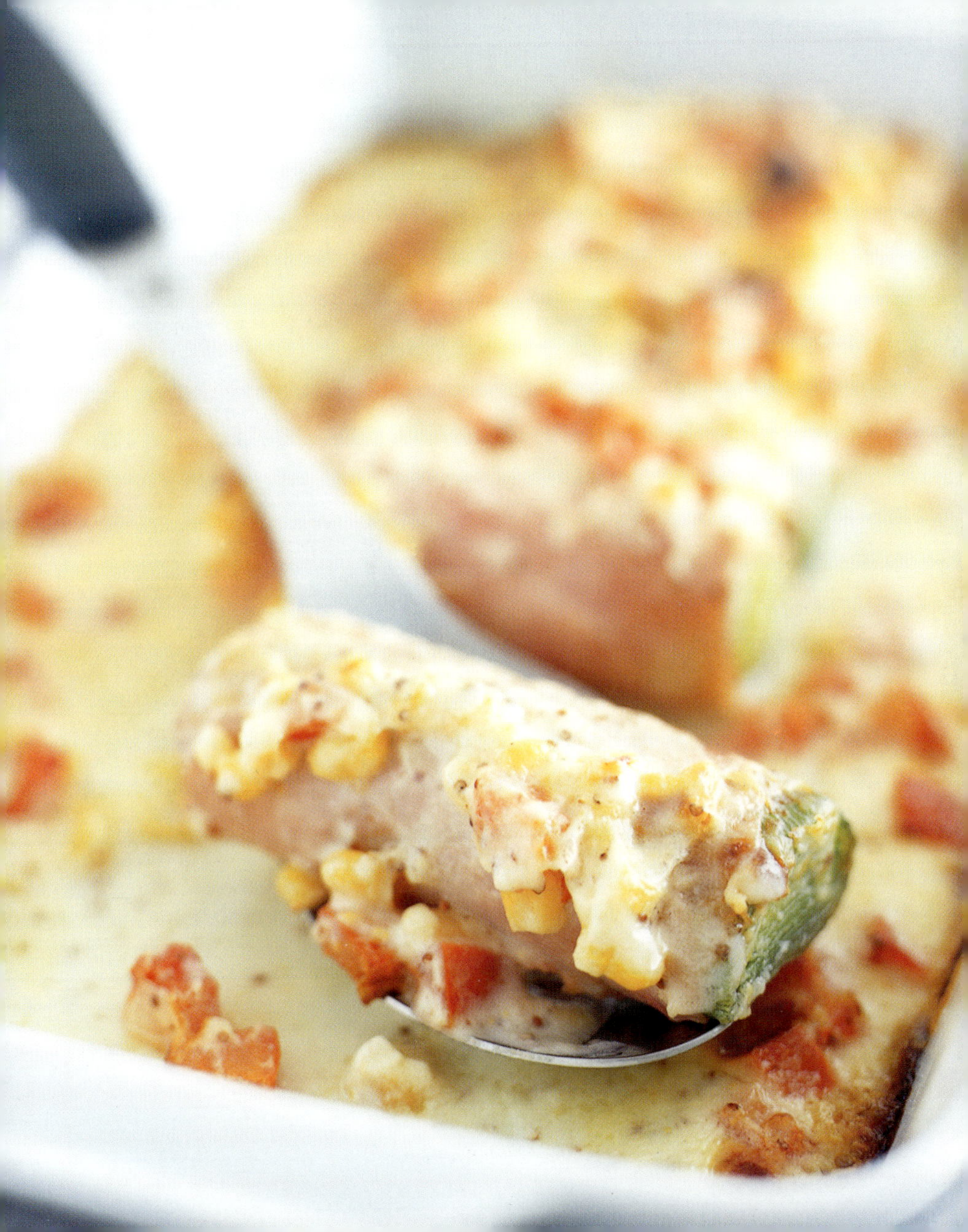

Un plat idéal pour le pique-nique ! Les végétariens peuvent, s'ils le souhaitent, remplacer le bacon par des champignons.

Quiche au bacon et au poireau

Pour 4 personnes (ou davantage)
Préparation et cuisson : 1 h 15

- Pâte brisée pur beurre, prête à l'emploi
- 5 œufs
- 1 gros poireau
- 4 tranches de bacon ou de poitrine fumée
- 25 g de beurre
- 25 g de farine
- 30 cl de lait
- 2 cuill. à café de moutarde
- 50 g de gruyère râpé
- Sel et poivre du moulin

1 Étalez la pâte sur un plan de travail fariné pour obtenir une galette de 28 cm de diamètre. Mettez-la dans un plat à tarte de 23 cm de diamètre et ôtez ce qui dépasse. Gardez au frais pendant 15 minutes. Préchauffez le four à 200 °C (therm. 6-7), puis cuisez la pâte à blanc pendant 15 minutes.

2 Plongez 2 œufs dans de l'eau bouillante pendant 10 minutes, afin d'obtenir des œufs durs. Passez-les sous l'eau froide, ôtez la coquille et hachez-les. Émincez le poireau, coupez le bacon en morceaux et faites-les revenir tous les deux à la poêle pendant 3 minutes. Mélangez le beurre, la farine et le lait dans une petite casserole. Portez lentement à ébullition en remuant constamment jusqu'à ce que la sauce épaississe. Laissez cuire encore 2 minutes, puis incorporez la moutarde dans la sauce.

3 Répartissez les morceaux de poireau, de bacon et d'œuf dur sur le fond de tarte précuit. Battez les derniers œufs et incorporez-les dans la sauce. Salez et poivrez. Versez la préparation dans le moule, saupoudrez de fromage râpé et faites cuire au four pendant 40 minutes, jusqu'à ce que la quiche soit gonflée et bien dorée.

- Par portion : 635 Calories – Protéines : 22 g – Glucides : 44 g – Lipides : 42 g (dont 23 g de graisses saturées) – Fibres : 3 g – Sel : 1,9 g – Pas de sucres ajoutés.

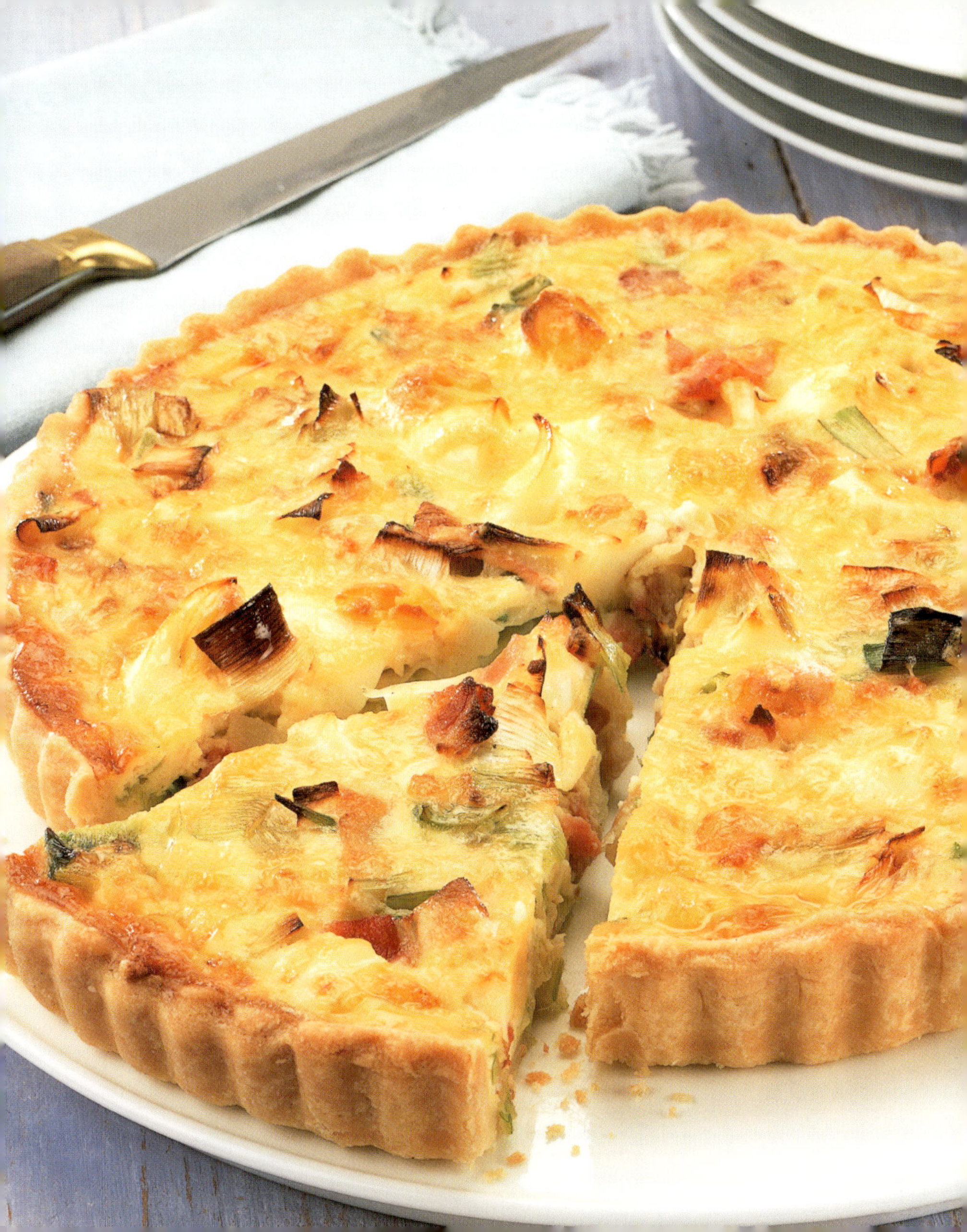

Pour gagner du temps, rien ne vaut une pâte prête à l'emploi.
Choisissez-la pur beurre, elle n'en sera que meilleure !

Quiche au jambon et aux petits pois

Pour 6 personnes
Préparation et cuisson : 55 min

- 250 g de pâte brisée pur beurre, prête à l'emploi
- 250 g de petits pois décongelés
- 4 œufs
- 20 cl de crème fraîche fluide
- 85 g de dés de jambon
- 85 g de gruyère râpé
- Sel et poivre du moulin

1 Préchauffez le four à 200 °C (therm. 6-7). Étalez la pâte dans un plat à tarte de 20 à 22 cm de diamètre. Piquez le fond avec la pointe d'une fourchette, recouvrez d'une feuille d'aluminium et faites précuire au four pendant 15 minutes.

2 Pendant ce temps, mélangez grossièrement les petits pois, les œufs, la crème fraîche, le sel et le poivre avec un batteur électrique. Ajoutez le jambon et le gruyère.

3 Ôtez la feuille d'aluminium de la pâte, baissez la température du four à 180 °C (therm. 6). Versez la préparation sur la pâte. Faites cuire pendant 35 minutes jusqu'à ce que la quiche soit bien dorée. Laissez refroidir quelques instants avant de démouler. Servez chaud ou froid.

- Par portion : 437 Calories – Protéines : 16 g – Glucides : 24 g – Lipides : 31 g (dont 16 g de graisses saturées) – Fibres : 3 g – Sel : 1,05 g – Pas de sucres ajoutés.

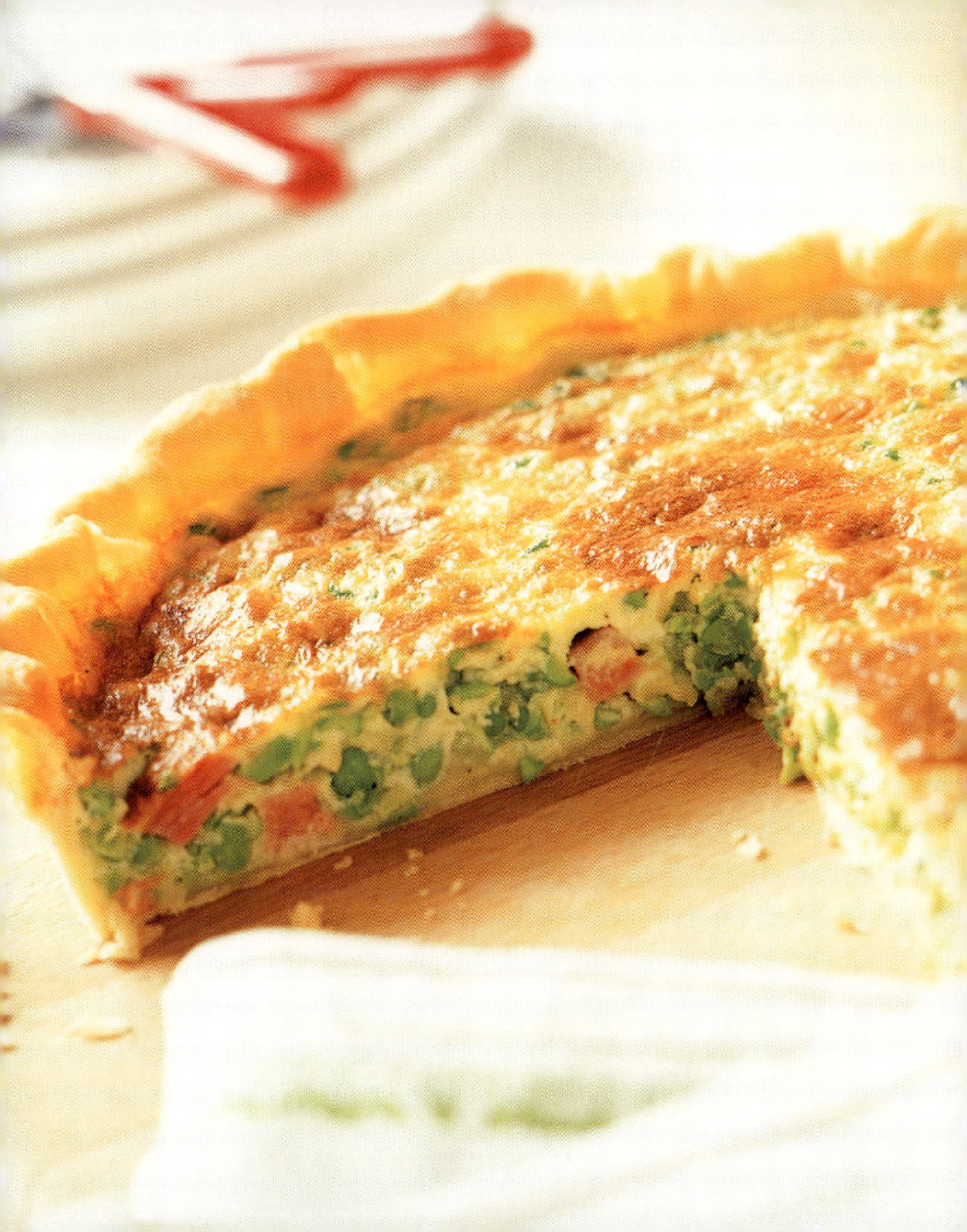

Un régal à consommer en entrée,
aussi bien chaud que froid !

Quiche au poivron et au jambon

Pour 4 personnes
Préparation et cuisson : 1 h 10

- 250 g de pâte brisée pur beurre, prête à l'emploi
- 1 oignon
- 1 gousse d'ail
- 1 poivron rouge
- 1 cuill. à soupe d'huile d'olive
- 230 g de tomates en conserve
- 100 g de tranches de jambon très fines
- Une poignée d'olives noires pour le décor
- 3 œufs
- 3 cuill. à soupe de lait
- Sel et poivre du moulin

POUR SERVIR
- Salade (facultatif)

1 Préchauffez le four à 200 °C (therm. 6-7). Étalez la pâte dans un moule à tarte à fond amovible de 23 cm de diamètre. Recouvrez-la d'une feuille d'aluminium et d'une couche de haricots secs. Passez-la au four pendant 15 minutes. Ôtez la feuille d'aluminium et poursuivez la cuisson pendant encore 5 minutes.

2 Épluchez puis émincez l'oignon, pilez l'ail, épépinez et coupez en morceaux le poivron. Faites-les revenir dans l'huile pendant 4 minutes, jusqu'à ce qu'ils soient très tendres. Laissez refroidir un instant. Abaissez la température du four à 190 °C (therm. 6-7). Tapissez le fond de tarte avec la préparation à base d'oignon et ajoutez les tomates que vous aurez préalablement égouttées et coupées en cubes. Répartissez dessus le jambon et les olives.

3 Mélangez les œufs et le lait. Salez et poivrez. Versez sur la préparation. Faites cuire la quiche au four pendant 25 à 30 minutes. Servez avec de la salade, si vous le souhaitez.

• Par portion : 437 Calories – Protéines : 16 g – Glucides : 35 g – Lipides : 27 g (dont 10 g de graisses saturées) – Fibres : 3 g – Sel : 1,22 g – Pas de sucres ajoutés.

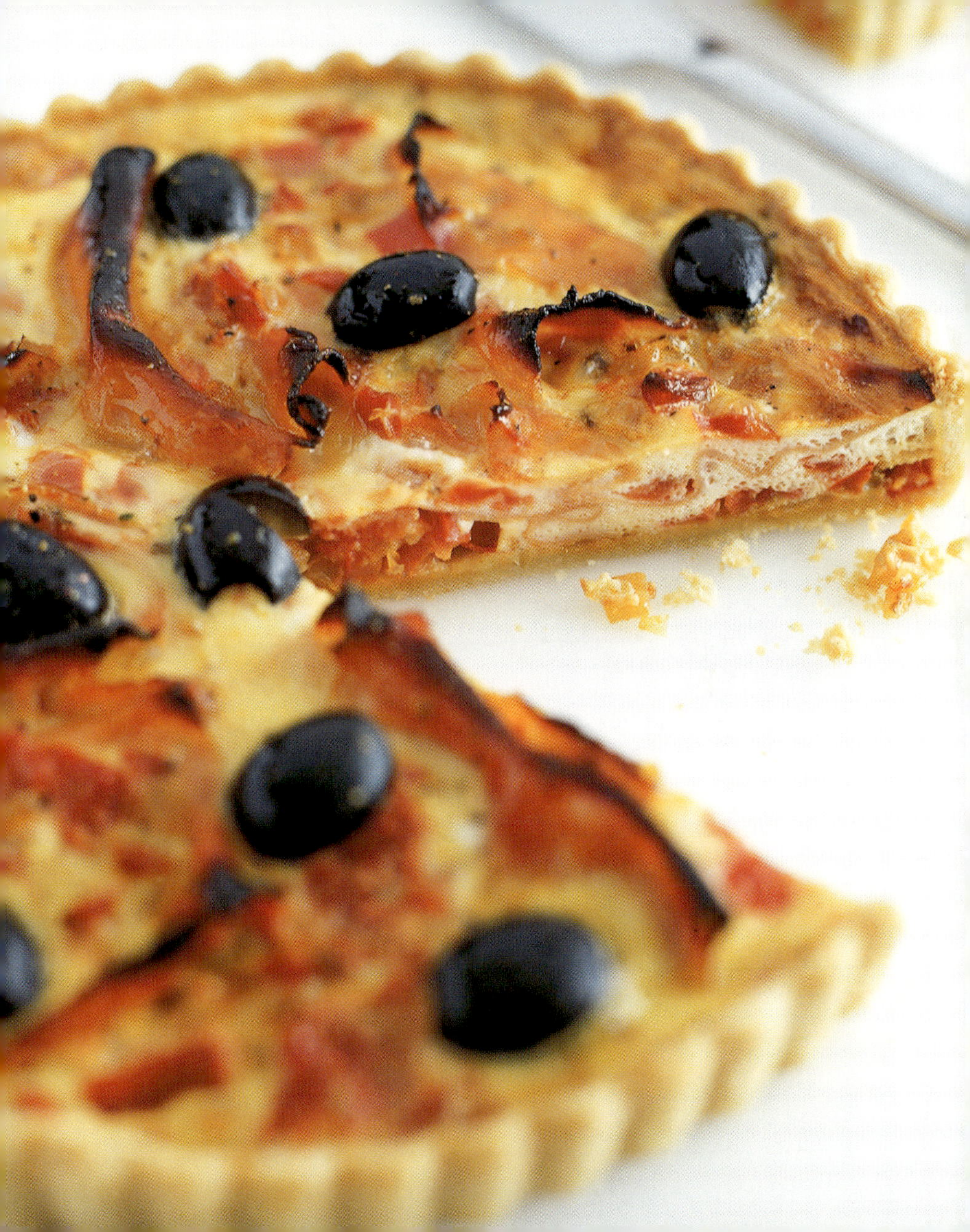

Un bon plat familial souvent très apprécié
et idéal à servir quand il fait froid dehors !

Cassoulet au four

Pour 4 personnes
Préparation et cuisson : 40 min

- 2 cuill. à soupe d'huile d'olive
- 12 saucisses aux herbes de qualité supérieure
- 1 gros oignon
- 6 tranches fines de bacon ou de poitrine fumée sans couenne
- 4 branches de céleri
- 2 gousses d'ail
- 60 cl de bouillon de légumes ou de poule
- 3 cuill. à soupe de purée de tomate
- 400 g de haricots blancs en conserve
- 2 cuill. à soupe de moutarde en grains
- Sel et poivre du moulin

POUR SERVIR
- Pain à l'ail (facultatif)

1 Faites chauffer la moitié de l'huile dans une poêle à frire et faites-y revenir les saucisses jusqu'à ce qu'elles soient bien grillées. Disposez-les dans un plat à gratin.

2 Préchauffez le four à 200 °C (therm. 6-7). Épluchez l'oignon et coupez-le en quartiers. Coupez le bacon en morceaux. Émincez le céleri et pilez l'ail. Versez le reste de l'huile dans la poêle, et faites griller l'oignon, le bacon, le céleri et l'ail. Puis versez le bouillon et la purée de tomate dans la poêle, égouttez les haricots et ajoutez-les à la préparation. Mélangez le tout en grattant bien le fond de la poêle. Portez à ébullition puis transvasez dans le plat à gratin.

3 Laissez cuire au four pendant 15 à 20 minutes. Sortez le plat, incorporez la moutarde. Salez et poivrez. Servez accompagné de pain à l'ail bien chaud, si vous le souhaitez.

• Par portion : 429 Calories – Protéines : 23 g – Glucides : 18,2 g – Lipides : 30 g (dont 9,9 g de graisses saturées) – Fibres : 3,5 g – Sel : 3,41 g – Pas de sucres ajoutés.

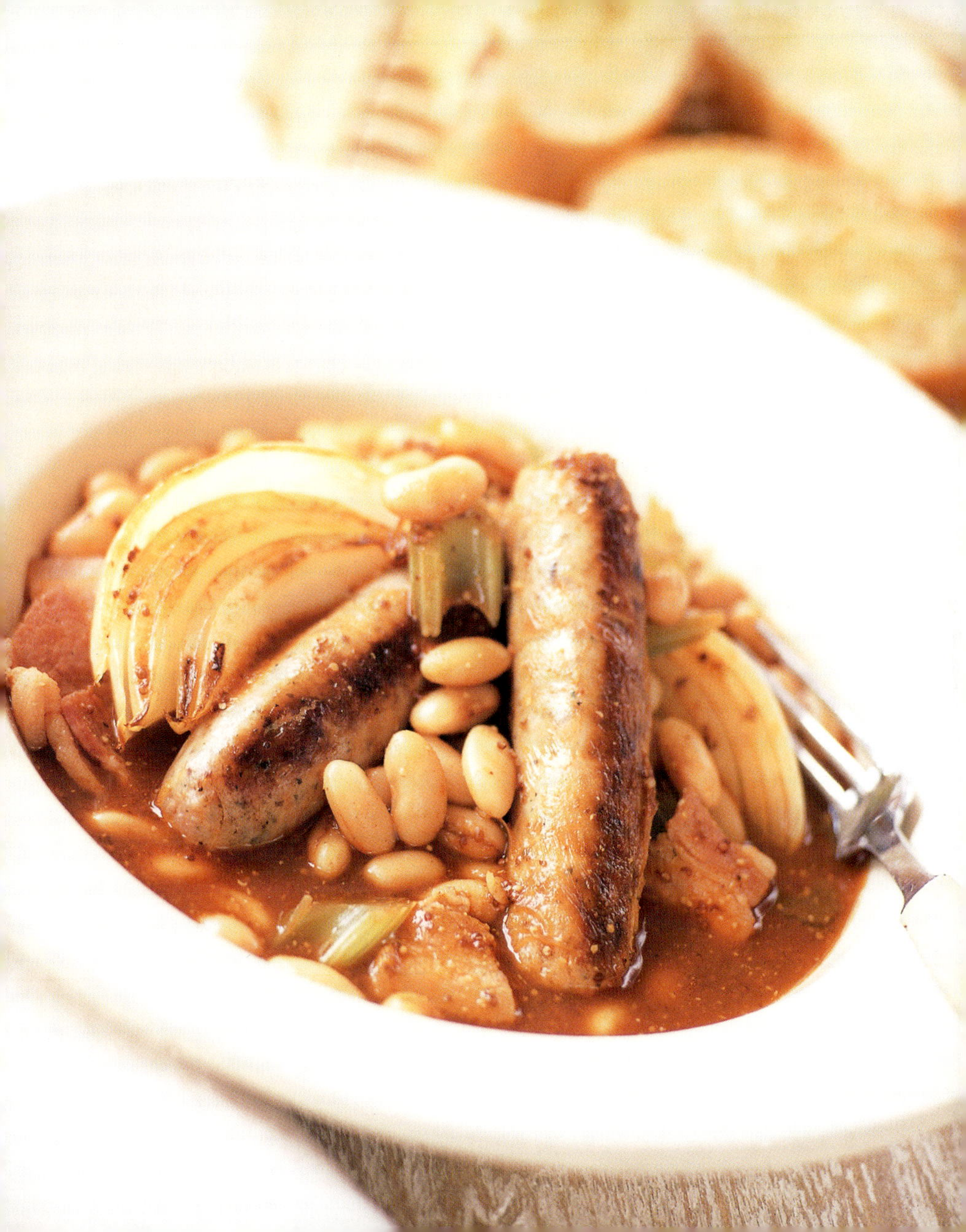

Pour empêcher les piques à brochette en bois de brûler, laissez-les tremper trente minutes dans l'eau avant usage.

Brochettes de porc à l'abricot

Pour 4 personnes
Préparation et cuisson : 55 min

- 1 petit oignon
- 1 gousse d'ail
- 1 cuill. à café d'huile
- 500 g de porc ou d'agneau haché
- 1 morceau de 5 cm de gingembre frais
- 10 abricots secs
- 1 poignée de persil frais
- 300 g de riz à longs grains
- 1/2 cuill. à café de curcuma en poudre
- 60 cl d'eau
- 14 cl de yaourt nature
- Le jus de 1/2 citron
- Sel et poivre du moulin

POUR SERVIR
- Riz

1 Épluchez l'oignon puis hachez-le avec l'ail. Faites chauffer l'huile dans une poêle. Faites-y revenir l'oignon et l'ail pendant 5 minutes, puis laissez refroidir un instant. Mélangez ces derniers dans un saladier avec la viande hachée. Râpez le gingembre, hachez les abricots et ciselez le persil. Mettez le gingembre, les abricots et la moitié du persil dans le saladier. Salez et poivrez.

2 Préchauffez le four à 200 °C (therm. 6-7) ou le gril sur feu vif. Divisez la préparation en 4 portions et façonnez des saucisses autour de piques à brochettes. Au four, laissez cuire les brochettes sur une plaque pendant 20 minutes. Au gril sur feu vif, 10 minutes suffisent. N'oubliez pas de les retourner en cours de cuisson.

3 Assaisonnez le riz avec le curcuma. Faites-le cuire à couvert, dans l'eau, pendant 12 à 15 minutes, jusqu'à ce que l'eau ait été absorbée et que le riz soit tendre. Mélangez dans un bol le reste du persil, le yaourt et le jus de citron. Arrosez les brochettes avec cette sauce. Servez avec le riz.

• Par portion : 536 Calories – Protéines : 32 g – Glucides : 75 g – Lipides : 14 g (dont 5 g de graisses saturées) – Fibres : 1 g – Sel : 0,31 g – Pas de sucres ajoutés.

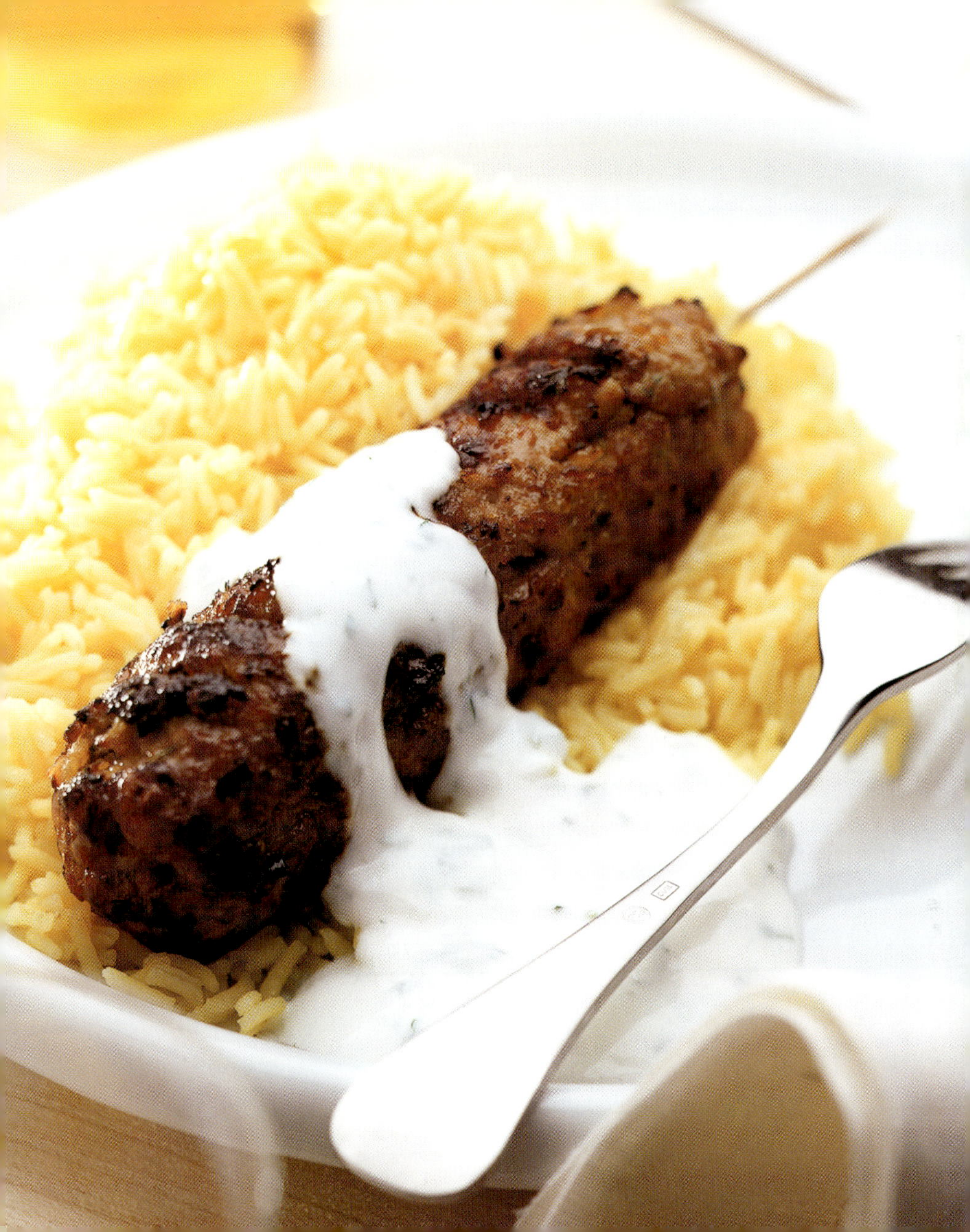

Ce pâté de viande, très parfumé, sera encore meilleur
s'il est préparé la veille.

Pâté de porc aux fines herbes

Pour 4 personnes
Préparation et cuisson : 1 h 25

- 1 oignon
- 2 tranches fines de bacon ou de poitrine fumée sans couenne
- 1 cuill. à soupe d'huile
- 500 g de porc haché
- 100 g de chapelure fraîche
- 1 œuf battu
- 1 cuill. à café de sel
- 2 cuill. à soupe de purée de tomate
- 1 cuill. à soupe d'estragon ou de thym

POUR LA GARNITURE
- 2 tranches fines de bacon ou de poitrine fumée
- 25 g de chapelure
- 50 g de gruyère

POUR SERVIR
- Salade ou pommes de terre nouvelles (facultatif)

1 Préchauffez le four à 180 °C (therm. 6). Épluchez l'oignon, hachez-le et coupez le bacon en morceaux. Faites chauffer l'huile dans une poêle à frire. Faites-y revenir l'oignon pendant 3 ou 4 minutes, jusqu'à ce qu'il soit bien grillé. Transvasez dans un saladier, puis mélangez-le avec le bacon, la viande hachée, la chapelure, l'œuf battu, le sel, la purée de tomate et les fines herbes. Versez la préparation dans un moule à cake. Laissez cuire au four pendant 1 heure.

2 Pour la garniture, faites griller le bacon jusqu'à ce qu'il soit croustillant. Ôtez-le de la poêle. Faites dorer la chapelure dans la graisse de cuisson du bacon pendant 2 minutes, puis mélangez-la avec le bacon et le gruyère râpé.

3 Cinq minutes avant la fin de la cuisson du pâté, recouvrez-le de cette préparation. Remettez le plat au four pendant encore 5 minutes, jusqu'à ce que le fromage soit fondu. Laissez reposer pendant 10 minutes. Décollez les côtés avec une lame de couteau et démoulez. Découpez le pâté en tranches et servez avec de la salade ou des pommes de terre nouvelles, si vous le souhaitez.

• Par portion : 488 Calories – Protéines : 37 g – Glucides : 29 g – Lipides : 26 g (dont 10 g de graisses saturées) – Fibres : 1 g – Sel : 3,01 g – Pas de sucres ajoutés.

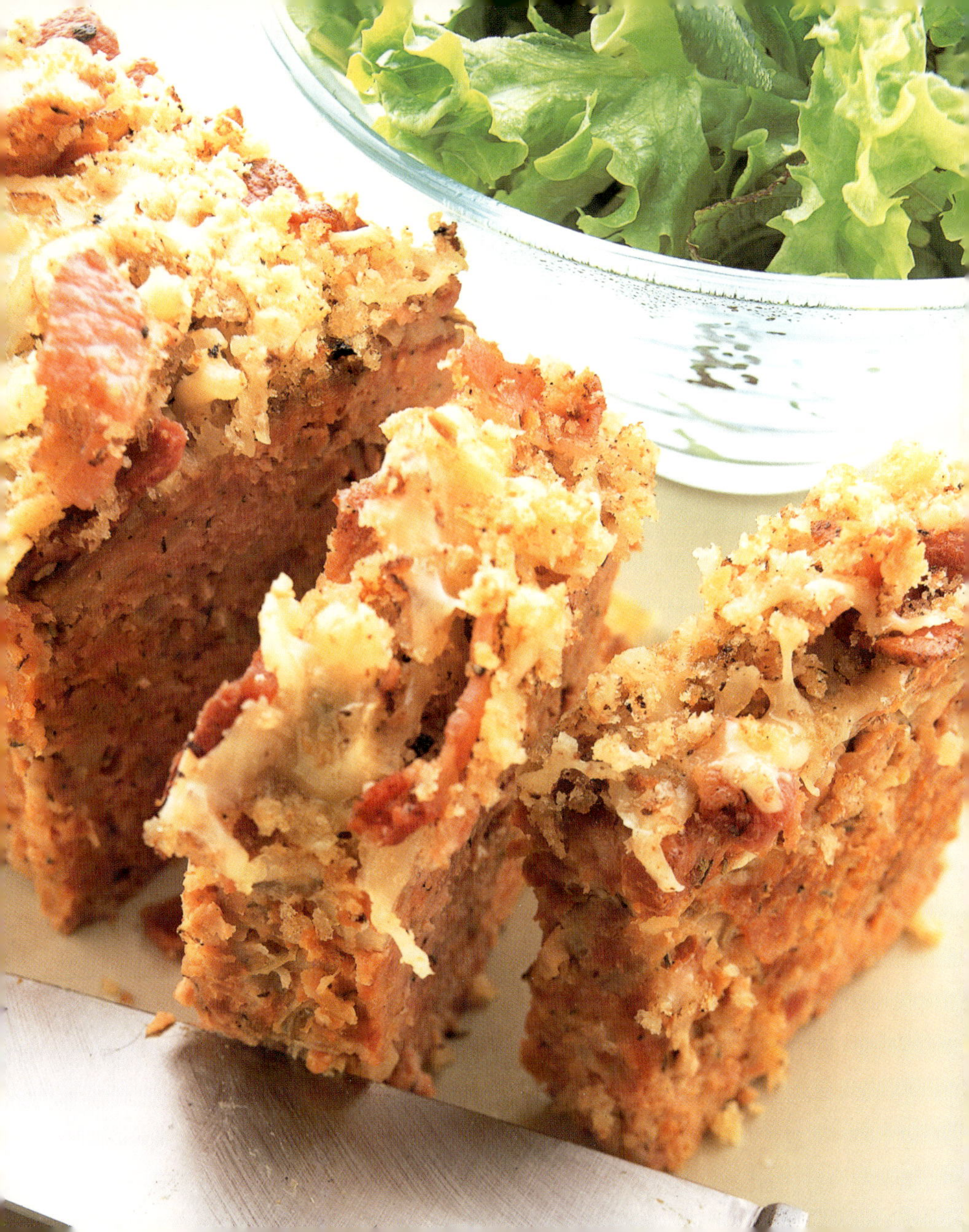

Ces boulettes de viande épicées
relèvent agréablement un plat de pâtes.

Boulettes de porc au citron

Pour 4 personnes
Préparation et cuisson : 1 h 10

- 2 tranches de mie de pain blanc
- 2 cuill. à soupe de lait
- 500 g de porc haché
- Le zeste de 1 citron râpé très finement
- 2 cuill. à soupe de thym séché
- 1 gousse d'ail
- 1 cuill. à soupe d'huile d'olive
- 1 petit oignon
- 250 g de champignons de Paris blonds
- 285 g de piments en conserve, égouttés
- 20 cl de crème fraîche
- 350 g de rigatoni cuits et égouttés
- Sel et poivre du moulin

1   Coupez le pain en petits morceaux. Faites tremper ceux-ci dans du lait pendant 5 minutes. Pressez légèrement chaque morceau afin d'éliminer le surplus de lait. Mettez le pain, la viande hachée, le zeste de citron et le thym dans un saladier. Émincez l'ail et ajoutez-le, salez et poivrez. Mélangez bien. Façonnez 20 boulettes de viande avec cette préparation.

2   Faites chauffer l'huile dans une poêle à frire. Faites revenir les boulettes pendant 20 minutes à couvert en les retournant régulièrement. Dès qu'elles sont uniformément grillées, sortez-les de la poêle et réservez au chaud.

3   Épluchez l'oignon puis émincez-le, de même que les champignons et les piments. Faites fondre l'oignon dans la poêle pendant 5 minutes. Ajoutez les champignons et laissez-les cuire pendant 8 minutes sans les griller. Ajoutez les piments et la crème fraîche. Salez et poivrez. Laissez quelques instants sur le feu en remuant. Incorporez soigneusement les pâtes dans cette sauce. Dressez les *rigatoni* dans les assiettes et coiffez-les de boulettes de porc.

• Par portion : 753 Calories – Protéines : 38 g – Glucides : 73 g – Lipides : 36 g (dont 14 g de graisses saturées) – Fibres : 4 g – Sel : 0,67 g – Pas de sucres ajoutés.

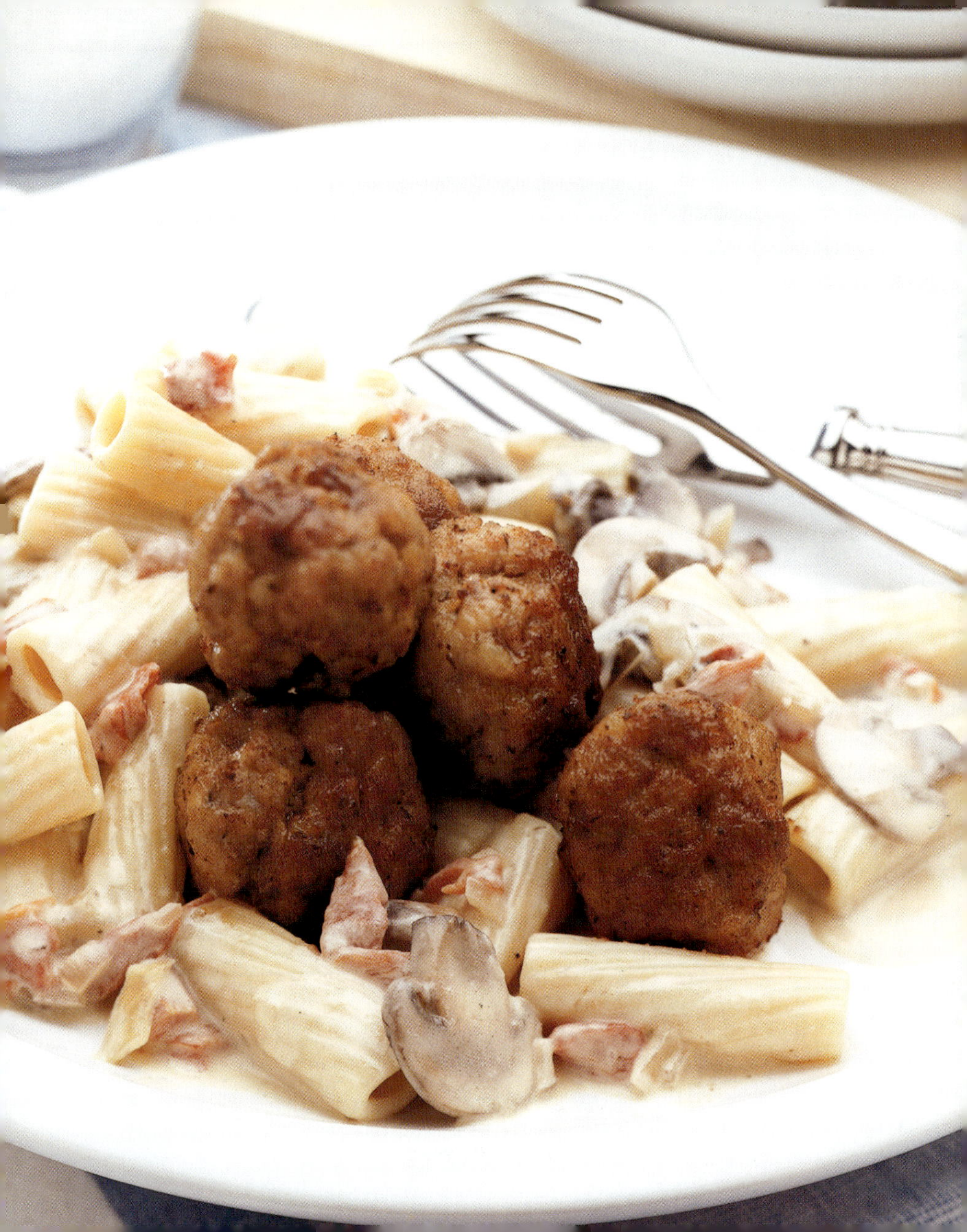

Voici une recette simplissime pour transformer une banale côte de porc en un plat gastronomique et gourmand !

Côtelettes de porc au gorgonzola

Pour 4 personnes
Préparation et cuisson : 20 min

- 4 côtelettes de porc dans l'échine de 140 à 225 g pièce
- 1 cuill. à soupe d'huile d'olive
- 1 cuill. à soupe de pesto, en bocal
- 3 petites tomates
- 100 g de gorgonzola
- Sel et poivre du moulin

POUR SERVIR
- Pommes de terre nouvelles et salade (facultatif)

1 Préchauffez le gril du four à température maximale. Enduisez les côtelettes d'huile d'olive. Salez et poivrez généreusement. Posez les côtelettes sur une feuille de papier sulfurisé et faites-les griller pendant 4 ou 5 minutes de chaque côté.

2 Ôtez-les du gril et enduisez-les de pesto. Coupez les tomates en fines rondelles et le gorgonzola en 4 tranches et répartissez-les sur les 4 côtelettes.

3 Mettez les côtelettes ainsi garnies sous le gril du four pendant 2 à 4 minutes, jusqu'à ce que le fromage soit fondu et bien doré. Servez immédiatement avec des pommes de terre nouvelles et une salade, si vous le souhaitez.

• Par portion : 351 Calories – Protéines : 36 g – Glucides : 1 g – Lipides : 22 g (dont 9 g de graisses saturées) – Pas de fibres – Sel : 1,11 g – Pas de sucres ajoutés.

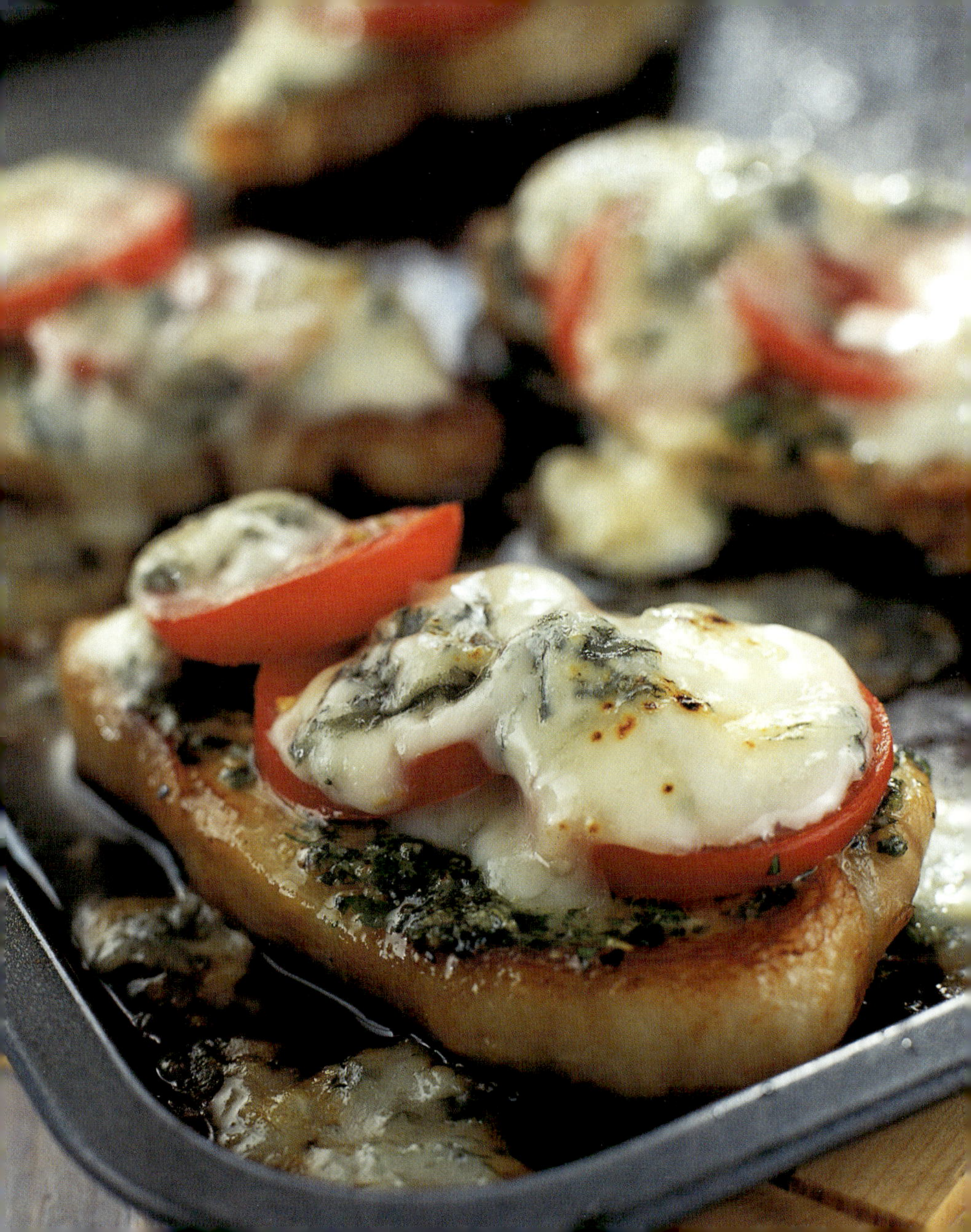

Savoureux condiment, le confit d'oignons de cette recette se conserve parfaitement au réfrigérateur pendant plusieurs jours.

Filet de porc rôti au confit d'oignons

Pour 4 personnes
Préparation et cuisson : 1 h 05

- Environ 600 à 650 g de filet de porc
- Sel et poivre du moulin

POUR LE CONFIT
- 450 g d'oignons
- 25 g de beurre
- 85 g de cassonade
- 10 cl de vinaigre de vin

POUR SERVIR
- Pommes de terre cuites à l'eau

1 Préchauffez le four à 190 °C (therm. 6-7). Mettez le filet de porc dans un plat à gratin. Salez et poivrez. Faites cuire au four pendant 25 à 30 minutes.

2 Pendant la cuisson, épluchez, pelez et émincez finement les oignons. Faites-les revenir dans du beurre pendant 10 minutes, jusqu'à ce qu'ils soient fondus et légèrement grillés. Incorporez la cassonade et le vinaigre, et laissez mijoter sans couvercle pendant 25 à 30 minutes, en remuant de temps en temps, jusqu'à ce que les oignons soient caramélisés et bien tendres.

3 Sortez le filet de porc du four. Couvrez-le d'une feuille d'aluminium et laissez-le reposer pendant 5 minutes avant de le découper en tranches épaisses. Nappez celles-ci de confit d'oignons bien chaud et servez accompagné de pommes de terre cuites à l'eau.

- Par portion : 346 Calories – Protéines : 34 g – Glucides : 29 g – Lipides : 11 g (dont 5 g de graisses saturées) – Fibres : 2 g – Sel : 0,63 g – Sucres ajoutés : 20 g.

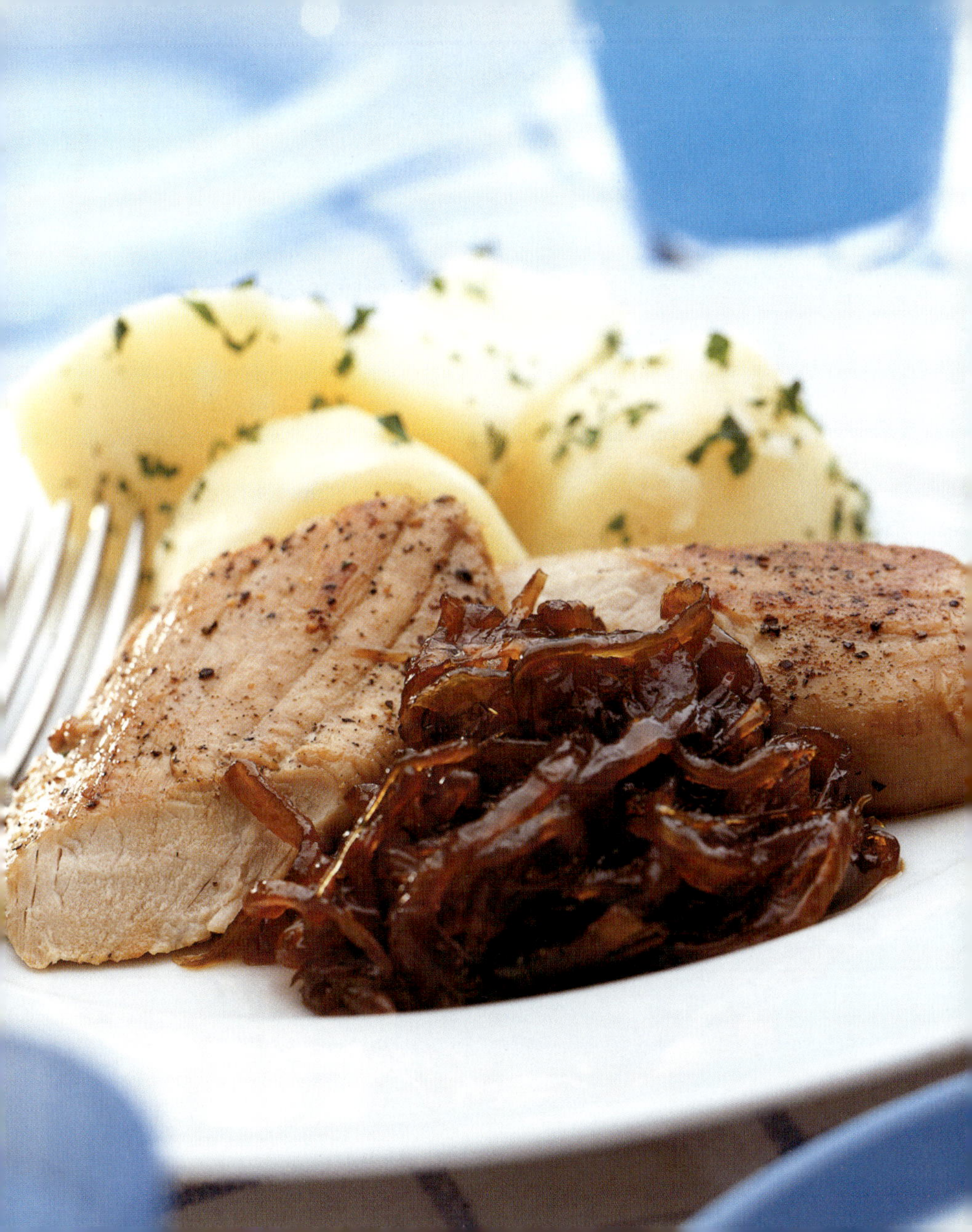

On appelle *rösti* une galette de pommes de terre râpées grillée à la poêle.

Rösti au thon

Pour 4 personnes
Préparation et cuisson : 45 min

- 750 g de pommes de terre
- 1 gros oignon
- 3 cuill. à soupe d'huile de tournesol
- 200 g de thon en conserve, égoutté
- 4 œufs
- 800 g de haricots blancs à la sauce tomate en conserve
- Sel et poivre du moulin

1 Faites cuire les pommes de terre avec leur peau pendant 10 minutes dans de l'eau bouillante salée. Pendant ce temps, épluchez puis émincez l'oignon, faites chauffer 1 cuillerée d'huile dans la poêle à frire et faites-y revenir l'oignon jusqu'à ce qu'il soit bien grillé. Égouttez les pommes de terre et épluchez-les dès que vous pouvez les manipuler sans vous brûler. Râpez-les grossièrement dans un saladier. Ajoutez l'oignon, le thon, du sel et du poivre et mélangez bien le tout.

2 Faites chauffer le reste d'huile. Répartissez la préparation dans la poêle en la tassant avec une spatule. Faites cuire à feu très doux pendant 10 minutes. Quand le dessous de la galette de *rösti* est bien grillé, couvrez la poêle avec une assiette, retournez-la, et faites glisser le *rösti* dans l'assiette. Puis remettez-le dans la poêle, le côté non grillé en dessous. Laissez dorer pendant 8 à 10 minutes.

3 Préparez les œufs au plat et réchauffez les haricots blancs. Dressez le rösti sur un plat de service. Découpez des parts triangulaires. Posez chaque part sur un lit de haricots et surmontez-la d'un œuf au plat.

- Par portion : 511 Calories – Protéines : 30 g – Glucides : 67 g – Lipides : 16 g (dont 3 g de graisses saturées) – Fibres : 10 g – Sel : 3,34 g – Sucres ajoutés : 7 g.

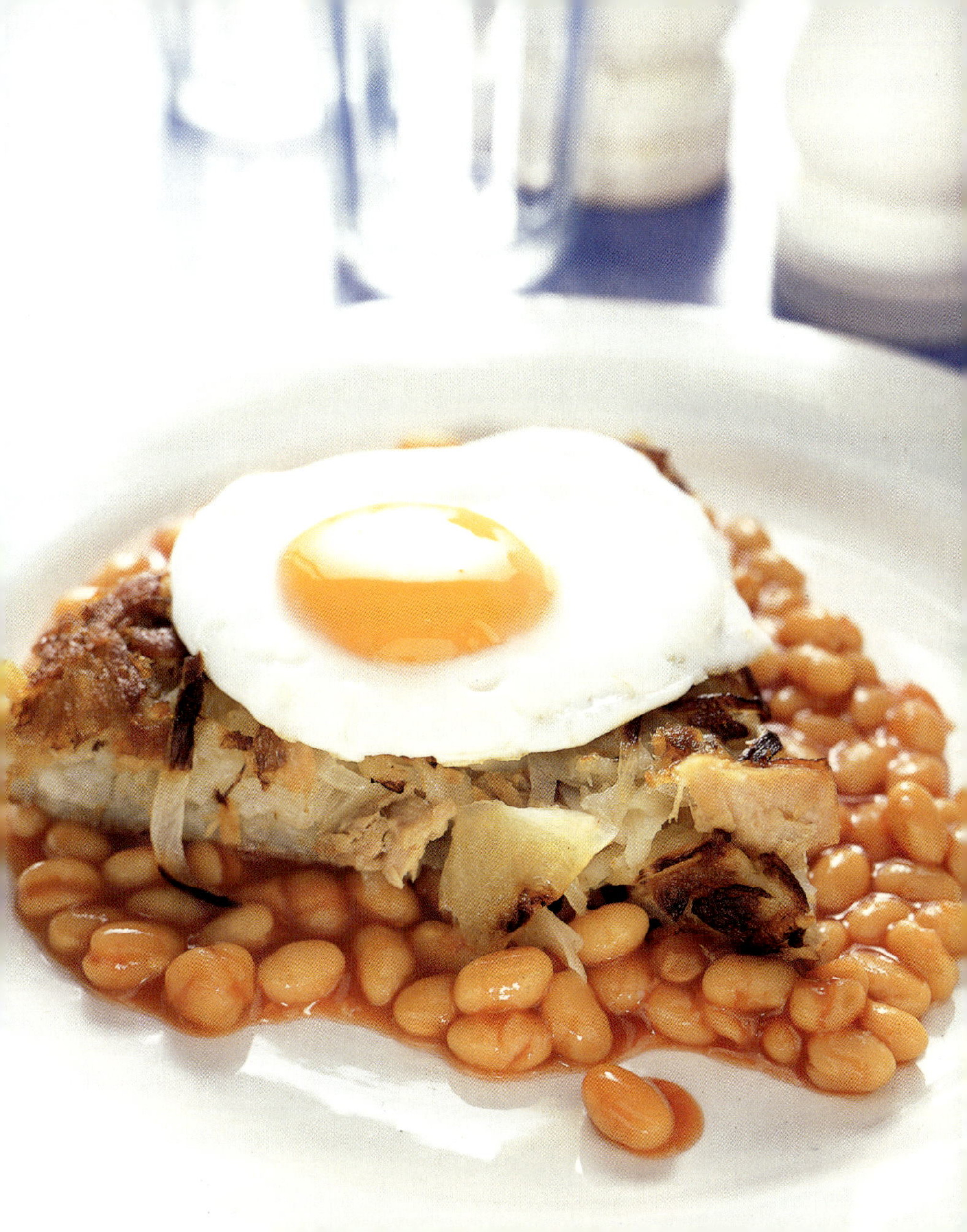

Voici un plat tout simple, aussi gourmand que croustillant, digne d'un repas de fête !

Feuilleté au thon

Pour 4 personnes
Préparation et cuisson : 45 min

- 375 g de pâte feuilletée pur beurre, prête à l'emploi
- 1 oignon
- 1 petit poivron rouge, épépiné
- 25 g de beurre
- 25 g de farine
- 60 cl de lait
- 700 g de pommes de terre
- 225 g de brocolis en fleurettes
- 185 g de thon au naturel en conserve, égoutté
- 1 bouquet de persil frais
- Sel et poivre du moulin

1 Préchauffez le four à 200 °C (therm. 6-7). Découpez 4 rectangles de pâte feuilletée de 10 x 13 cm. Posez-les sur du papier sulfurisé, décorez-les de motifs géométriques avec la pointe d'un couteau et laissez-les cuire et gonfler au four pendant 15 à 18 minutes.

2 Pendant ce temps, épluchez l'oignon et émincez-le, de même que le poivron. Faites fondre le beurre dans une casserole puis faites-y revenir l'oignon et le poivron sans les griller. Saupoudrez de farine, poursuivez la cuisson pendant 1 minute, en remuant, puis rajoutez progressivement le lait et continuez à remuer sur le feu jusqu'à ce que la sauce épaississe.

3 Pelez et découpez grossièrement les pommes de terre. Ajoutez-les et laissez mijoter à couvert pendant 10 minutes. Incorporez les brocolis, laissez sur le feu pendant encore 10 minutes, puis ajoutez le thon en l'émiettant avec les doigts et mélangez bien le tout. Salez et poivrez. Ciselez le persil. Saupoudrez-en le plat. Dressez la préparation sur les assiettes et coiffez-la d'une tranche de pâte feuilletée.

- Par portion : 721 Calories – Protéines : 26 g – Glucides : 82 g – Lipides : 34 g (dont 7 g de graisses saturées) – Fibres : 5 g – Sel : 1,42 g – Pas de sucres ajoutés.

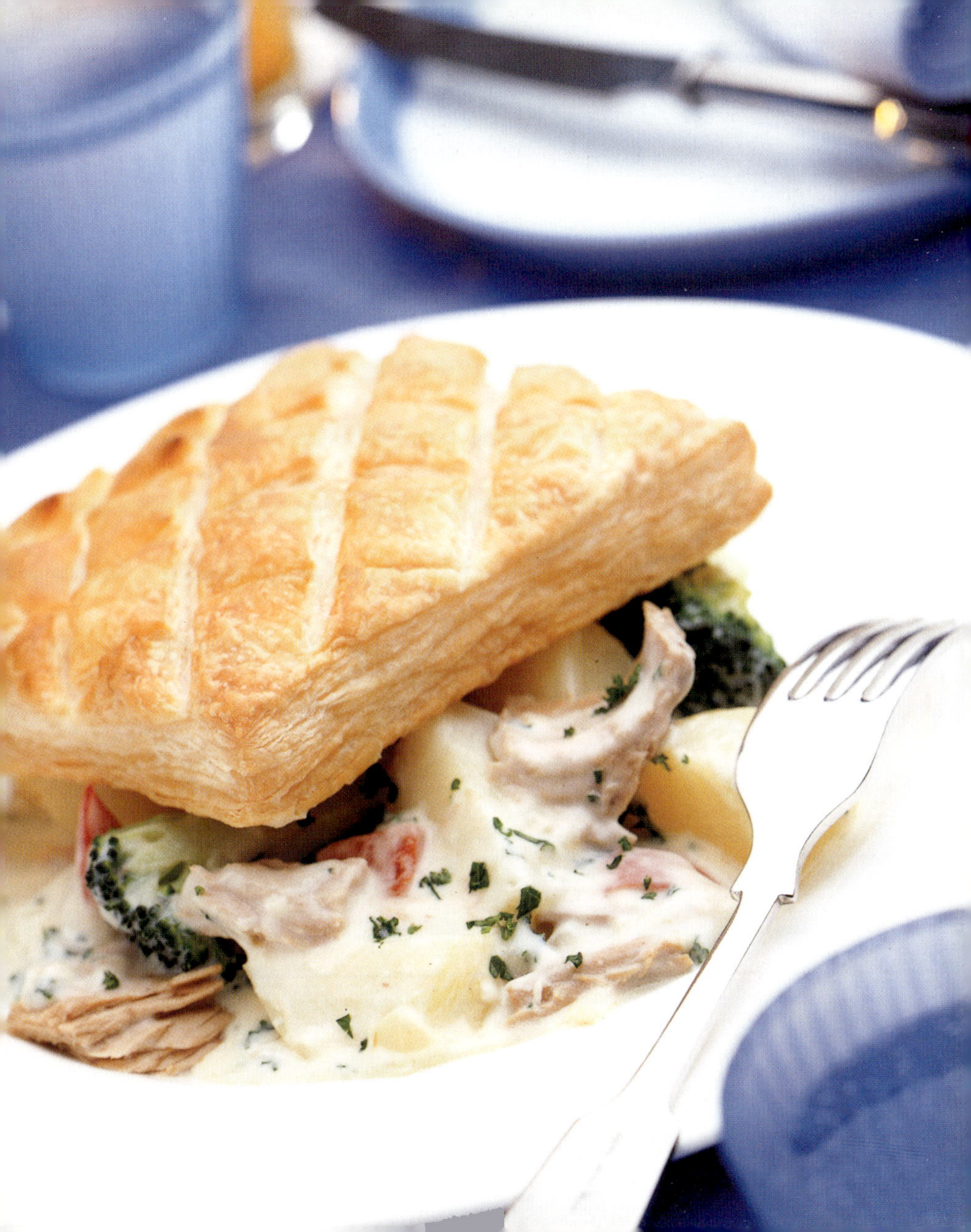

Quelques ingrédients de base, un peu de pesto en bocal,
et le tour est joué !

Salade aux pommes de terre et au thon

Pour 4 personnes
Préparation et cuisson : 20 min

- 650 g de pommes de terre nouvelles
- 2 cuill. à soupe de pesto (de préférence, avec du basilic frais)
- 4 cuill. à soupe d'huile d'olive
- 8 tomates cerises
- 175 g de thon au naturel, en conserve
- 225 g de haricots verts
- 2 poignées de petites feuilles d'épinard
- Sel et poivre du moulin

1 Coupez les pommes de terre en deux dans le sens de la longueur. Plongez-les dans une casserole d'eau bouillante salée, portez à ébullition puis laissez frémir pendant 8 à 10 minutes.

2 Pendant ce temps, mélangez le pesto et l'huile. Coupez les tomates en deux et émiettez le thon après l'avoir égoutté. Coupez les haricots en deux. Plongez-les dans l'eau de cuisson des pommes de terre 3 minutes avant la fin de la cuisson.

3 Égouttez les pommes de terre et les haricots, et mettez-les dans un saladier. Ajoutez les feuilles d'épinard qui cuiront à la chaleur des légumes. Salez et poivrez. Disposez les tomates et le thon par-dessus, arrosez de sauce au pesto et mélangez bien le tout.

• Par portion : 336 Calories – Protéines : 15 g – Glucides : 28 g – Lipides : 19 g (dont 3 g de graisses saturées) – Fibres : 3 g – Sel : 0,45 g – Pas de sucres ajoutés.

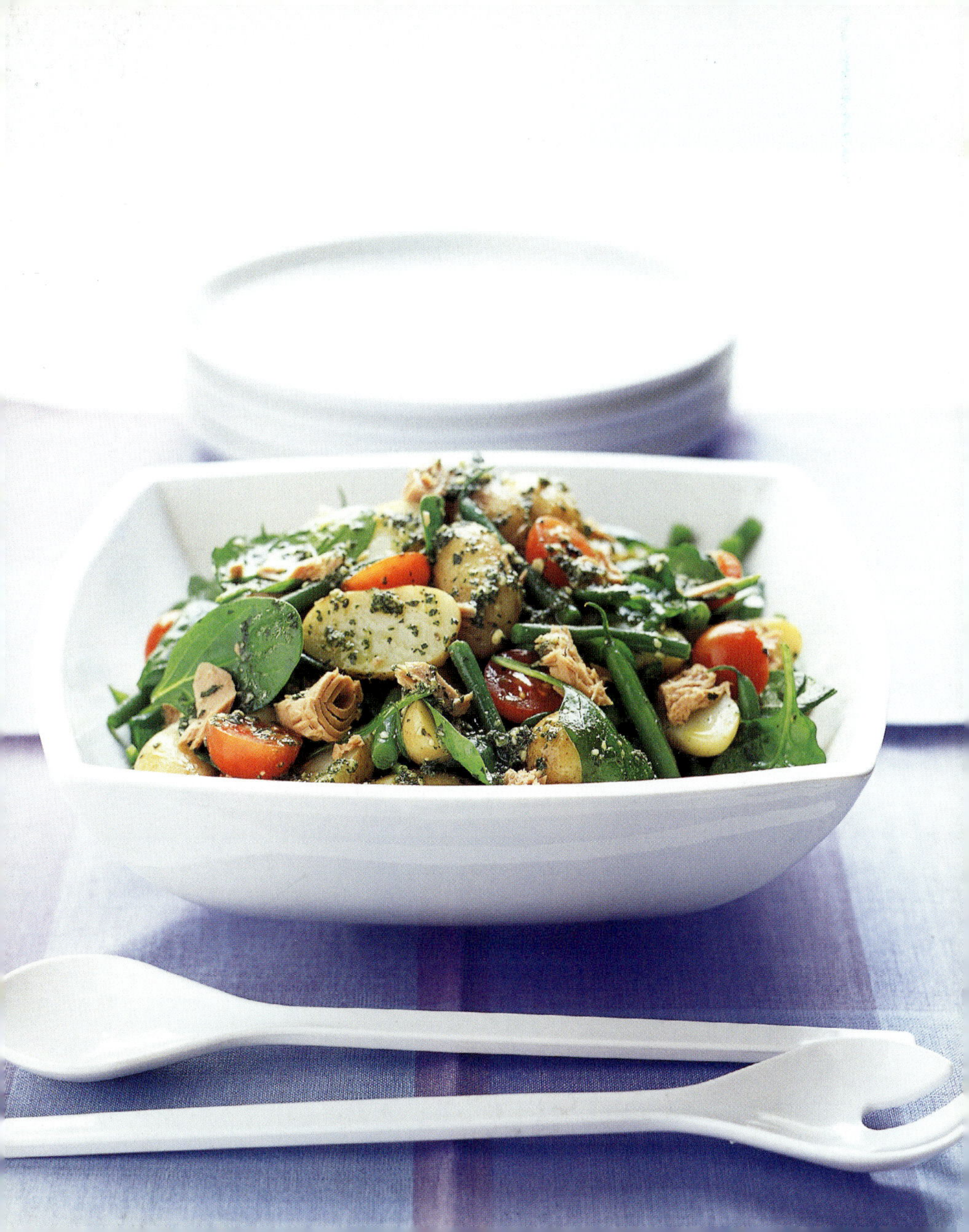

Ce plat nourrissant est, en prime, original.
Il séduira toute la famille, des petits aux plus grands.

Gratin de pâtes au thon et aux brocolis

Pour 4 personnes
Préparation et cuisson : 30 min

- 300 g de pâtes (penne ou rigatoni)
- 400 g de brocolis en fleurettes
- 200 g de thon en conserve, égoutté
- 295 g de soupe aux champignons en conserve
- 15 cl de lait
- 100 g de gruyère
- 1 petit paquet de chips

1 Préchauffez le four à 200 °C (therm. 6-7). Faites cuire les pâtes dans de l'eau bouillante salée pendant 10 à 12 minutes. Ajoutez les brocolis 3 minutes avant la fin de la cuisson, puis égouttez le tout.

2 Mettez les pâtes et les brocolis dans un plat à gratin. Répartissez le thon par-dessus en l'émiettant avec les doigts. Versez la soupe additionnée de lait sur cette préparation et mélangez le tout.

3 Saupoudrez les deux tiers du gruyère râpé. Répartissez les chips légèrement émiettées. Coiffez le tout d'une dernière couche de gruyère râpé. Laissez gratiner pendant 15 minutes, jusqu'à ce que la croûte soit dorée. Servez immédiatement.

• Par portion : 572 Calories – Protéines : 33 g – Glucides : 69 g – Lipides : 20 g (dont 8 g de graisses saturées) – Fibres : 5 g – Sel : 2,41 g – Pas de sucres ajoutés.

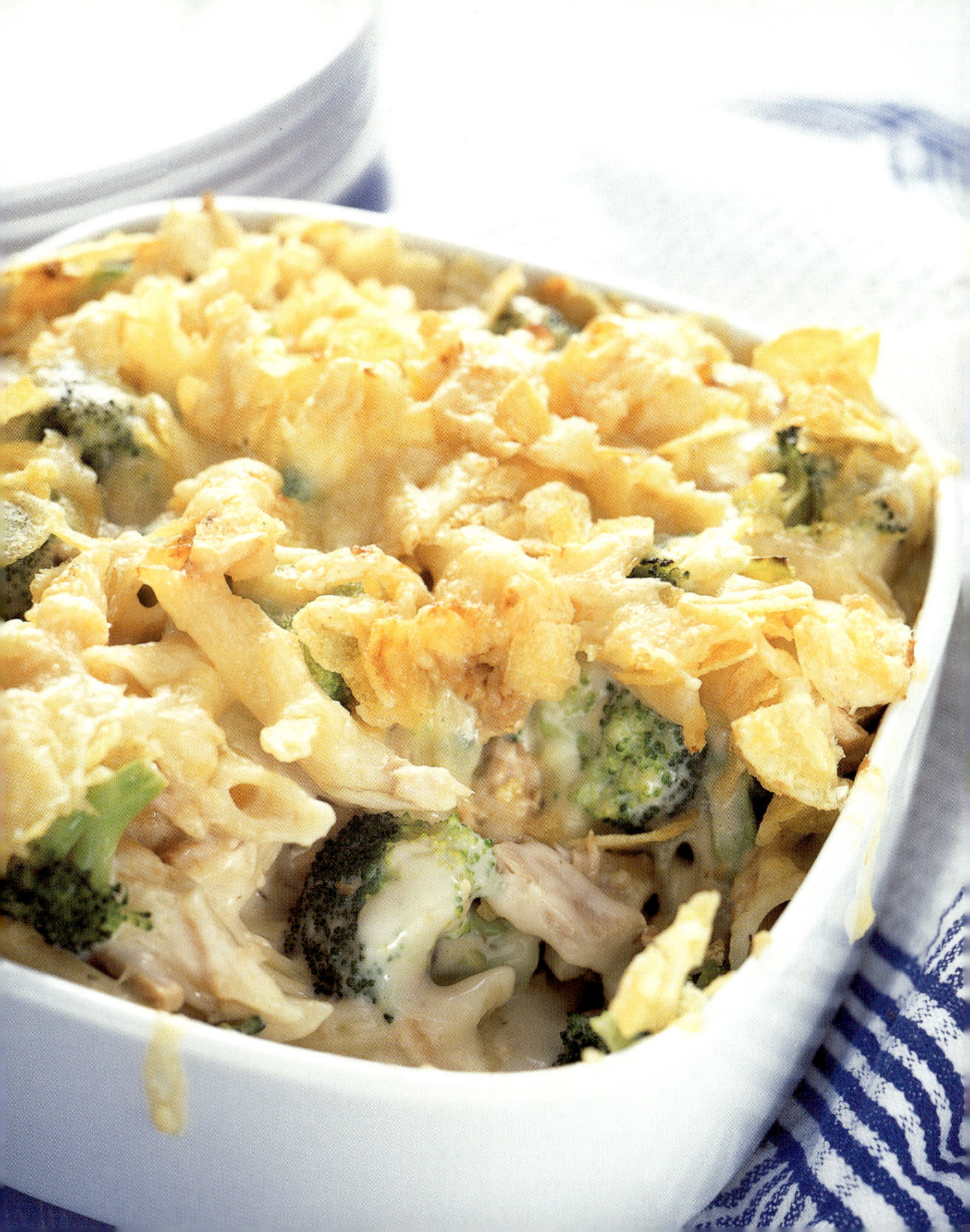

Une boîte de légumes en conserve,
quelques pommes de terre, et le repas est prêt !

Gratin de pommes de terre au saumon

Pour 4 personnes
Préparation et cuisson : 25 min

- 650 g de pommes de terre nouvelles, non épluchées
- 100 g de petits pois surgelés
- 200 g de saumon
- 20 cl de crème fraîche
- 100 g de gruyère
- Sel et poivre du moulin

1 Coupez les pommes de terre en deux dans le sens de la longueur. Faites-les cuire dans de l'eau bouillante salée pendant environ 10 minutes, jusqu'à ce qu'elles soient tendres. Ajoutez les petits pois surgelés et laissez le tout cuire encore 2 ou 3 minutes. Égouttez bien puis versez dans un saladier.

2 Préchauffez le gril du four à température maximale. Égouttez et émiettez le saumon, puis mélangez-le délicatement avec les pommes de terre et les petits pois. Salez et poivrez. Transvasez la préparation dans un plat à gratin.

3 Disposez quelques cuillerées de crème fraîche par-dessus, étalez-la légèrement, puis saupoudrez de gruyère râpé. Faites gratiner au four pendant quelques minutes.

- Par portion : 465 Calories – Protéines : 22 g – Glucides : 31 g – Lipides : 29 g (dont 15 g de graisses saturées) – Fibres : 3 g – Sel : 1,10 g – Pas de sucres ajoutés.

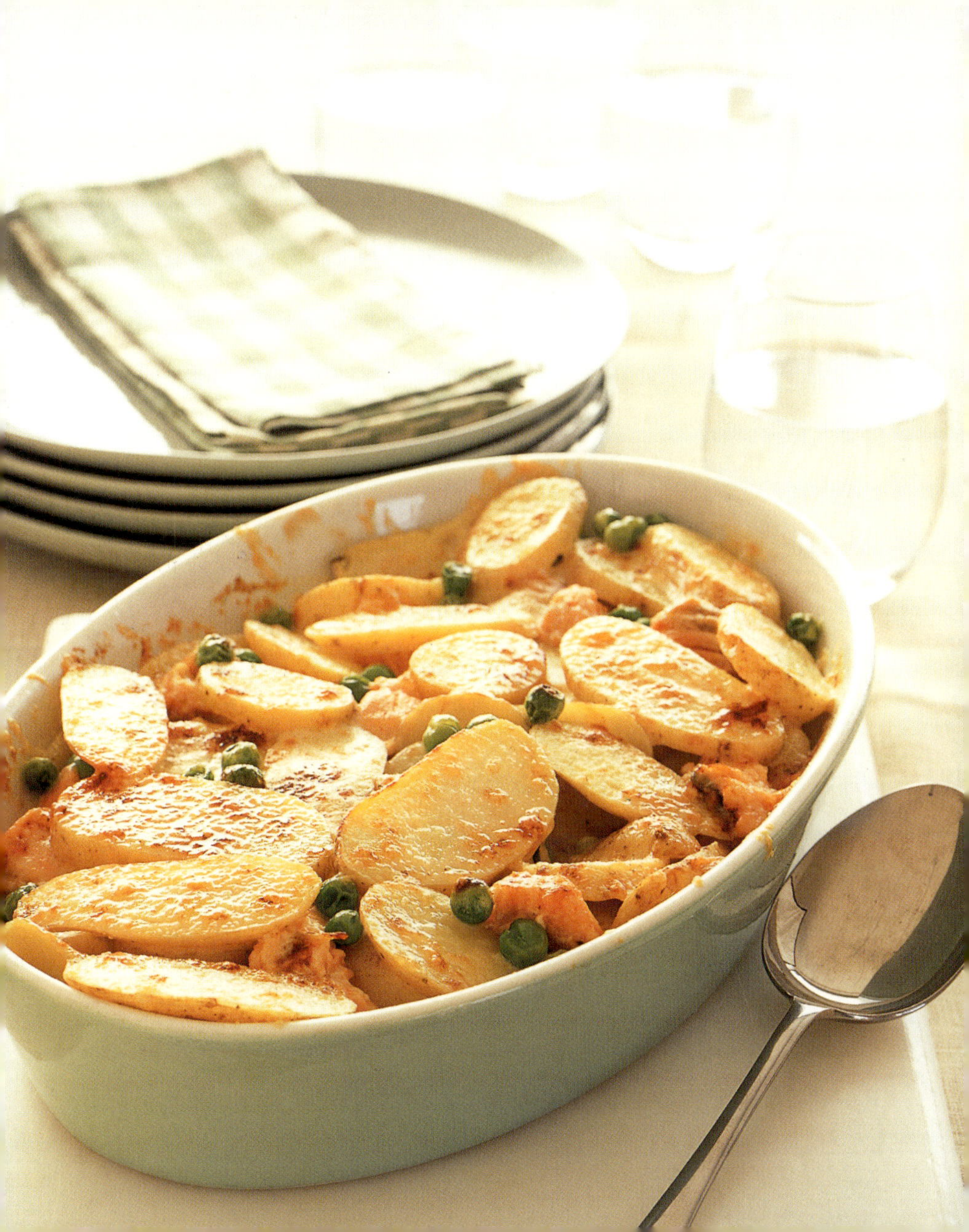

Un ragoût préparé au four à micro-ondes…
Et pourquoi pas ?

Ragoût de saumon

Pour 4 personnes
Préparation et cuisson : 25 min

- 2 poireaux d'environ 150 g pièce
- 700 g de pommes de terre à chair farineuse
- 30 cl de lait non écrémé
- 30 cl de bouillon de légumes
- 200 g de maïs doux en conserve
- 450 g de filet de saumon sans la peau
- Tabasco
- 1 poignée de persil frais
- Sel et poivre du moulin

1   Coupez les poireaux dans le sens de la longueur puis en rondelles. Réservez. Mélangez le lait et le bouillon dans un récipient adapté au micro-ondes. Pelez les pommes de terre, détaillez-les en cubes et plongez-les dans le mélange de lait et de bouillon.

2   Mettez le récipient au four à micro-ondes à haute température pendant 8 minutes, jusqu'à ce que les pommes de terre commencent à ramollir. Ajoutez les poireaux, laissez le tout cuire encore 5 minutes, puis écrasez grossièrement une partie des pommes de terre afin d'épaissir la préparation.

3   Égouttez le maïs, découpez le saumon en cubes de 2,5 cm de côté et ajoutez ces ingrédients dans le plat. Salez et poivrez. Faites cuire le tout à haute température pendant encore 3 minutes, jusqu'à ce que le saumon soit cuit. Ajoutez quelques gouttes de Tabasco, ciselez le persil et parsemez-en le plat. Servez immédiatement.

• Par portion : 453 Calories – Protéines : 32 g – Glucides : 47 g – Lipides : 17 g (dont 4 g de graisses saturées) – Fibres : 5 g – Sel : 0,85 g – Sucres ajoutés : 3 g.

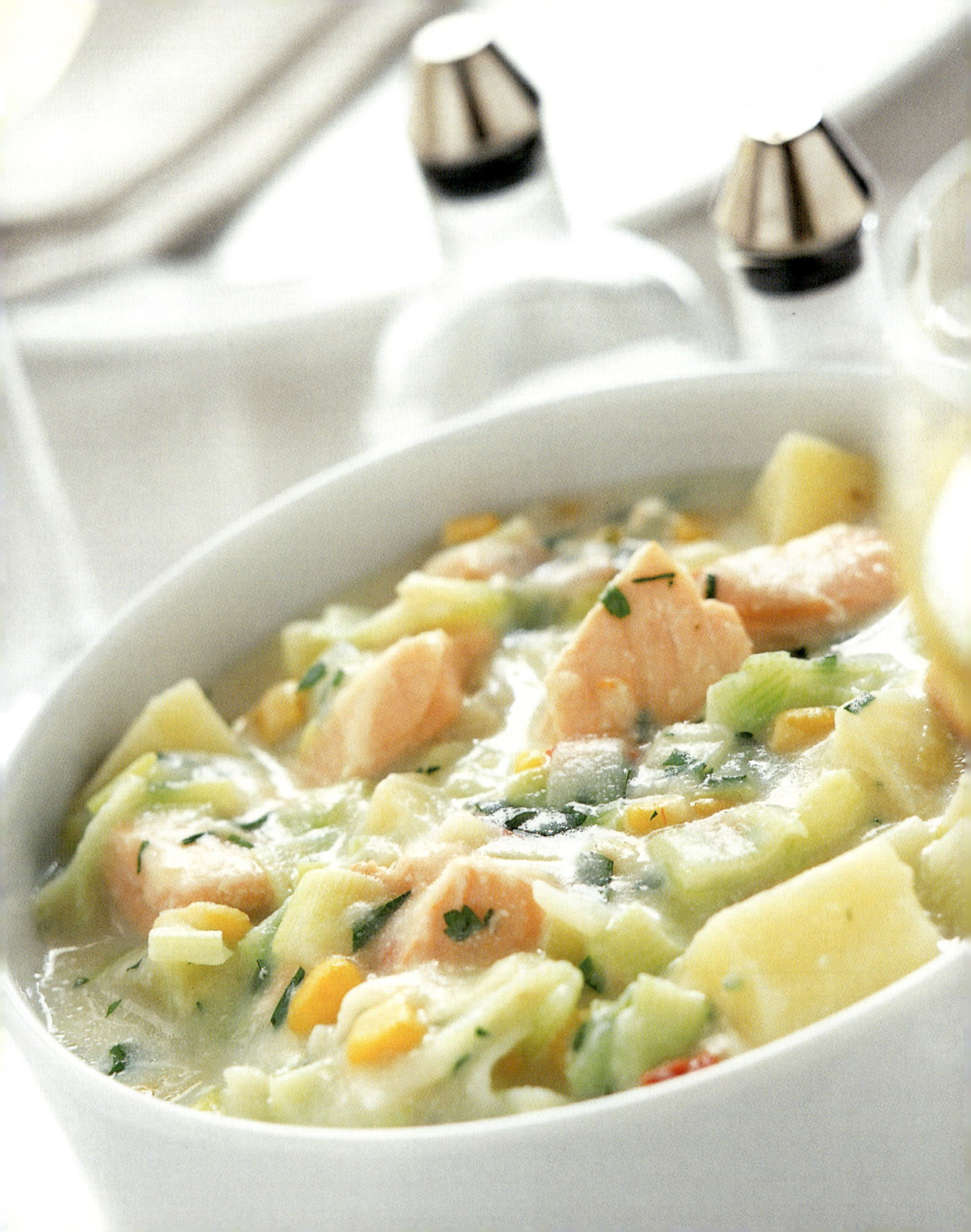

Le saumon frais est aujourd'hui un luxe à la portée de tous, mais choisissez-le soigneusement pour qu'il ne soit pas trop gras.

Saumon pané à l'orange

Pour 4 personnes
Préparation et cuisson : 35 min

- 85 g de chapelure fraîche (ou 2 tranches épaisses de pain de mie à émietter)
- 2 cuill. à soupe d'huile d'olive
- Le jus et le zeste finement râpé de 1 orange
- 4 cuill. à soupe de persil frais
- 4 filets de saumon d'environ 140 g pièce, sans arêtes et sans peau
- 700 g de pommes de terre nouvelles
- 3 cuill. à soupe de mayonnaise
- Sel et poivre du moulin

1 Préchauffez le four à 200 °C (therm. 6-7). Mélangez la chapelure, l'huile et le zeste d'orange. Ciselez le persil et ajoutez-en la moitié. Salez et poivrez.

2 Posez les filets de saumon sur du papier sulfurisé doublé d'une feuille d'aluminium légèrement graissée. Coiffez chaque filet d'une épaisse garniture de chapelure. Passez au four pendant 15 à 20 minutes, jusqu'à ce que le saumon soit juste cuit et la chapelure bien dorée.

3 Entre-temps, faites cuire les pommes de terre dans de l'eau bouillante salée pendant 12 à 15 minutes. Dès qu'elles sont tendres, égouttez-les. Incorporez le reste du persil dans la mayonnaise et allongez-la d'un peu de jus d'orange. Servez le saumon accompagné des pommes de terre et de cette sauce.

• Par portion : 611 Calories – Protéines : 34 g – Glucides : 46 g – Lipides : 33 g (dont 6 g de graisses saturées) – Fibres : 3 g – Sel : 0,8 g – Pas de sucres ajoutés.

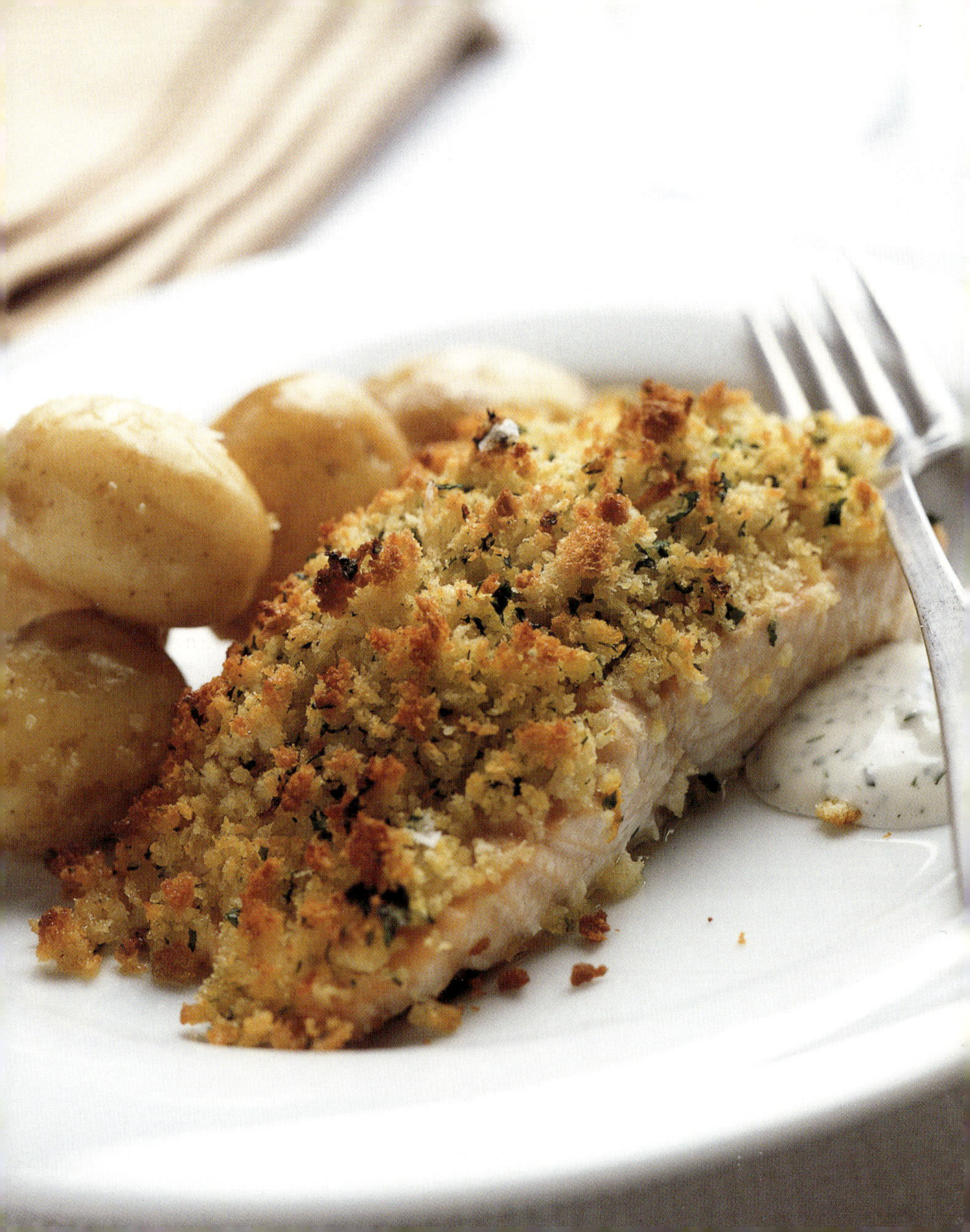

Ces croquettes de poisson feront le délice de tous les gourmands !

Croquettes de saumon pané à l'aneth

Pour 4 personnes
Préparation et cuisson : 40 min

- 700 g de pommes de terre
- 300 g de filets de saumon sans arêtes
- 10 cl de lait
- 1 petit oignon
- 1 noisette de beurre
- 2 cuill. à café de crème de raifort
- 1 cuill. à café bombée d'aneth frais
- Huile végétale
- 1 œuf battu
- 225 g de chapelure
- Sel et poivre du moulin

POUR SERVIR
- Chips ou pommes de terre nouvelles
- Salade de tomates et d'oignons

1 Coupez les pommes de terre en morceaux. Faites-les cuire dans l'eau bouillante pendant environ 15 minutes. Dès qu'elles sont tendres, égouttez-les et réduisez-les en purée. Mettez le saumon dans une poêle à frire, versez le lait dessus et portez à ébullition. Couvrez avec une feuille d'aluminium et laissez mijoter pendant 3 ou 4 minutes. Ôtez du feu et laissez refroidir pendant 5 minutes. Égouttez le saumon puis émiettez-le. Réservez le lait.

2 Épluchez puis ciselez finement l'oignon. Faites fondre le beurre dans une casserole et faites-y revenir l'oignon pendant 3 ou 4 minutes. Incorporez-le à la purée de pommes de terre en ajoutant 2 cuillerées à soupe du lait de cuisson réservé, la crème de raifort et l'aneth. Salez et poivrez. Incorporez ensuite les miettes de saumon.

3 Faites chauffer de l'huile dans une poêle à frire. Façonnez 8 portions de 1,5 cm d'épaisseur avec la préparation, plongez-les dans l'œuf battu et enrobez-les de chapelure. Faites-les griller pendant 5 minutes de chaque côté. Dès qu'elles sont prêtes, servez-les avec des chips ou des pommes de terre nouvelles et une salade.

- Par portion : 644 Calories – Protéines : 27 g – Glucides : 72 g – Lipides : 92 g (dont 6 g de graisses saturées) – Fibres : 4 g – Sel : 1,27 g – Pas de sucres ajoutés.

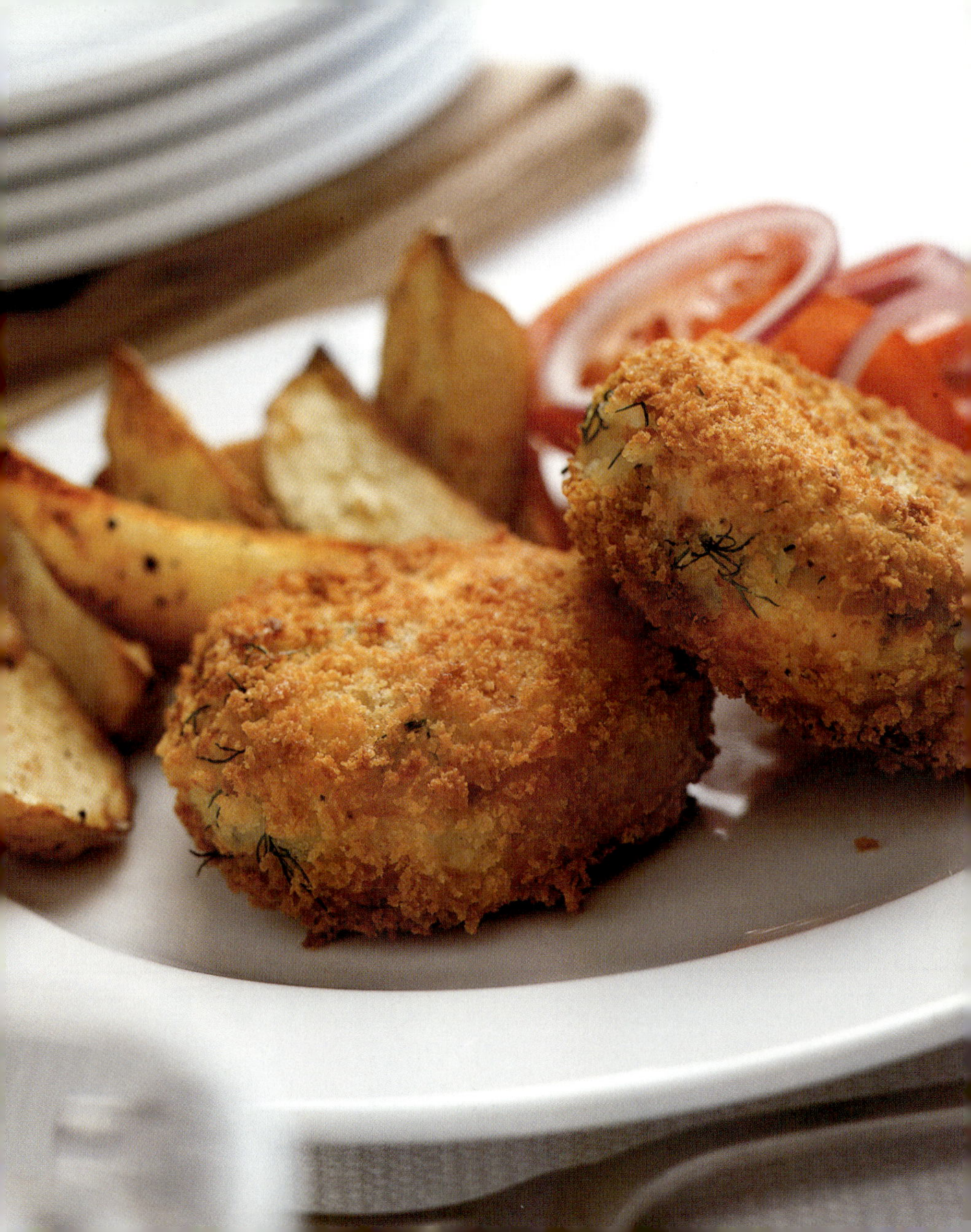

Ces petites bouchées panées sont une bonne astuce pour faire manger des légumes aux enfants.

Croquettes de cabillaud pané au maïs doux

Pour 4 personnes
Préparation et cuisson : 35 min

- 750 g de pommes de terre farineuses
- 500 g de filets de cabillaud
- 4 cuill. à soupe de lait
- 200 g de maïs doux en conserve
- 6 petits oignons blancs finement ciselés
- 12 biscuits pour apéritif
- 2 œufs
- Huile pour la friture
- Sel et poivre du moulin

POUR SERVIR
- Feuilles de salade
- Sauce tomate

1 Faites cuire les pommes de terre dans l'eau bouillante pendant 10 à 12 minutes. Dès qu'elles sont tendres, égouttez-les et réduisez-les en purée. Mettez le cabillaud dans une poêle à frire, versez le lait, portez à ébullition, puis couvrez et laissez mijoter pendant 4 ou 5 minutes selon l'épaisseur des filets. Une fois bien cuit, le cabillaud doit s'émietter facilement. Laissez refroidir.

2 Ajoutez le maïs, les oignons et le cabillaud émietté dans la purée. Salez et poivrez, puis mélangez le tout avec délicatesse. Façonnez 8 bouchées rondes et plates.

3 Émiettez les biscuits pour apéritif afin de réaliser une panure. Battez légèrement les œufs avec une fourchette. Plongez chaque bouchée dans l'œuf battu et enrobez-la aussitôt de panure. Faites chauffer un peu d'huile dans une poêle à frire, et faites griller les bouchées pendant 3 minutes de chaque côté jusqu'à ce qu'elles soient bien dorées. Servez avec de la salade et de la sauce tomate.

- Par portion : 628 Calories – Protéines : 33 g – Glucides : 57 g – Lipides : 31 g (dont 8 g de graisses saturées) – Fibres : 3 g – Sel : 1,3 g – Sucres ajoutés : 3 g.

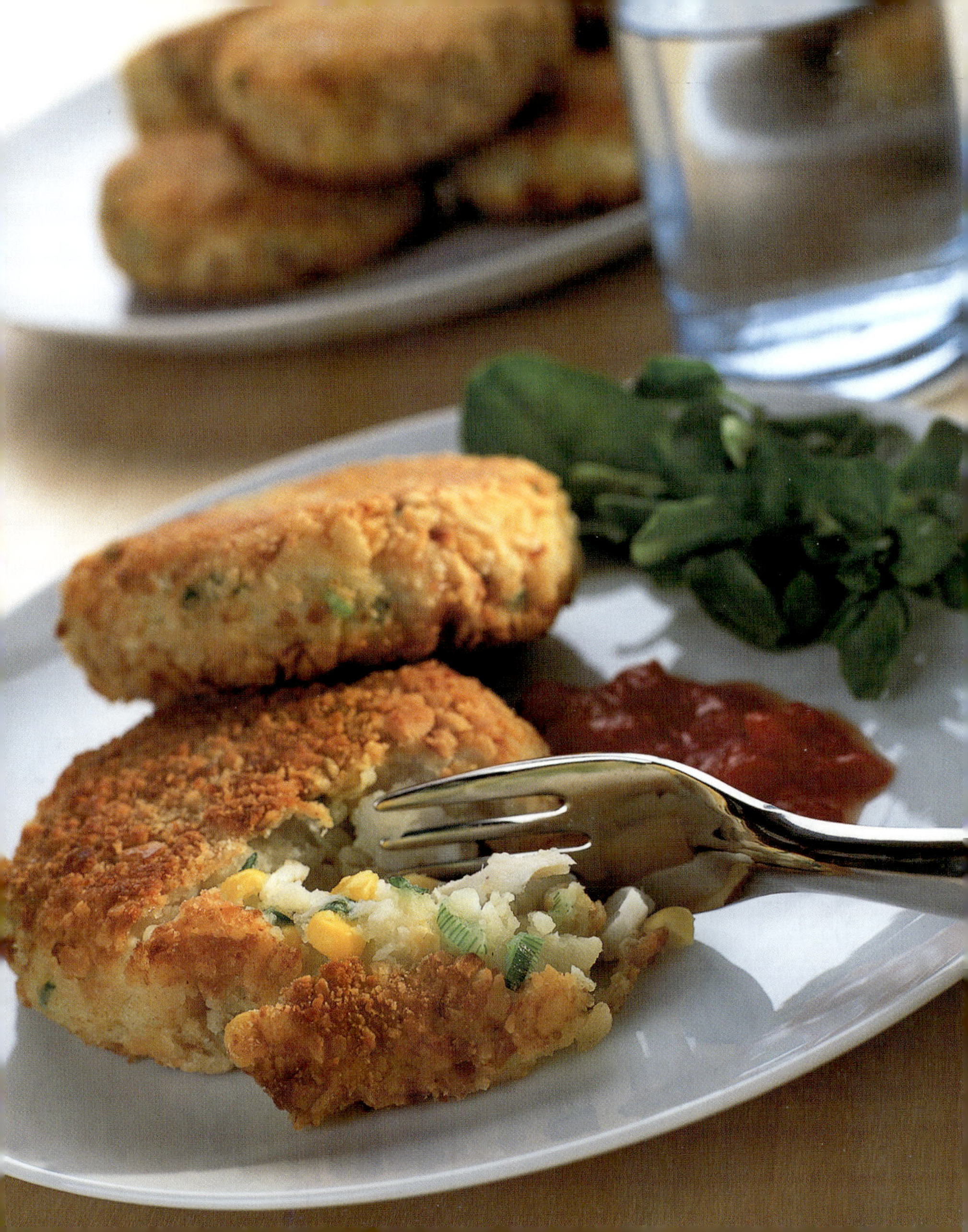

Quand vous achetez du maquereau, assurez-vous que sa peau est bien luisante : c'est un gage de fraîcheur.

Maquereau en papillote

Pour 2 personnes
Préparation et cuisson : 30 min

- 2 maquereaux entiers, vidés
- 1 citron
- 2 gousses d'ail
- 1 petit oignon rouge
- 4 branches de romarin
- 4 cuill. à soupe de cidre ou de jus de pomme
- Sel et poivre du moulin

POUR SERVIR
- Pommes de terre à l'eau persillées

1 Préchauffez le four à 200 °C (therm. 6-7). Posez chaque maquereau sur une feuille de papier aluminium ou de papier sulfurisé. Salez et poivrez le poisson à l'intérieur comme à l'extérieur.

2 Découpez le citron en demi-rondelles, hachez l'ail, épluchez l'oignon et émincez-le en fines rondelles. Introduisez les rondelles de citron à l'intérieur du poisson, avec 2 branches de romarin et un peu d'ail. Recouvrez-les de quelques rondelles d'oignon et arrosez-les d'un peu de cidre ou de jus de pomme.

3 Refermez les papillotes sans les serrer et laissez cuire au four pendant 25 minutes. Servez avec des pommes de terre persillées.

• Par portion : 460 Calories – Protéines : 37 g – Glucides : 7 g – Lipides : 31 g (dont 6 g de graisses saturées) – Fibres : 1 g – Sel : 0,32 g – Pas de sucres ajoutés.

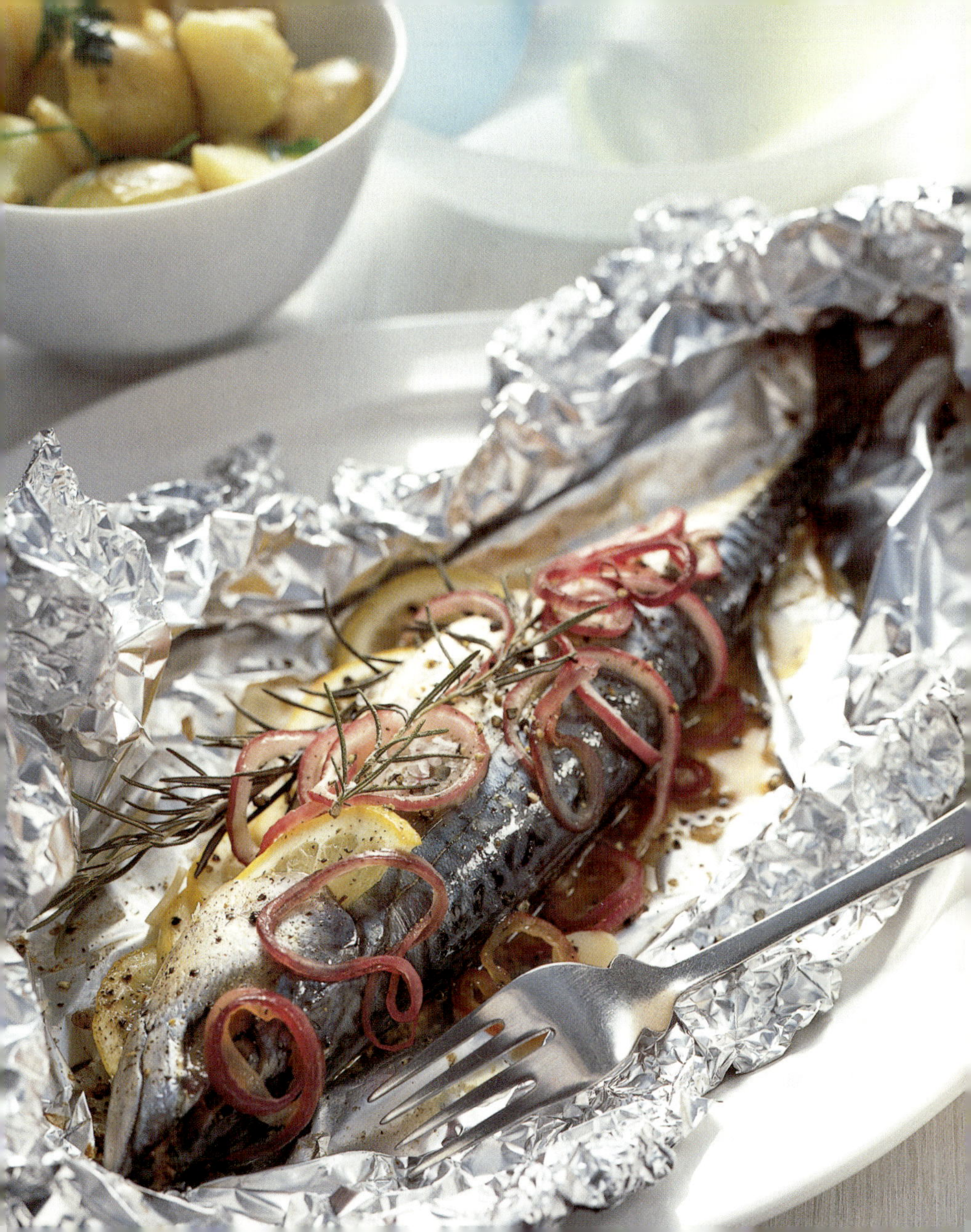

Un plat riche en saveurs, facile à préparer,
même en grande quantité !

Gratin de pâtes aux crevettes roses

Pour 8 personnes
Préparation et cuisson : 1 h 15

- 450 g de poireaux
- 900 g de tomates mûres
- 3 cuill. à soupe d'huile d'olive
- 600 g de pâtes (penne ou rigatoni)
- 225 g de crevettes roses décortiquées, fraîches ou décongelées
- 2 cuill. à soupe de purée de tomate
- 15 cl de bouillon de légumes
- 3 cuill. à soupe de persil ciselé
- 14 cl de crème fraîche épaisse
- 150 g de mozzarella
- 4 cuill. à soupe de parmesan
- Chapelure (quantité équivalente à 1 tranche épaisse de pain)
- Sel et poivre du moulin

1 Émincez les poireaux en fines rondelles et coupez les tomates en quatre. Mettez ces ingrédients dans une grande cocotte et humectez-les d'huile d'olive. Salez et poivrez. Mélangez bien. Faites cuire pendant 30 minutes.

2 Entre-temps, faites cuire les pâtes pendant 10 à 12 minutes. Égouttez-les. Mélangez-y les crevettes et mettez le tout dans un plat à gratin. Salez et poivrez.

3 Préchauffez le four à 200 °C (therm. 6-7). Délayez la purée de tomate dans le bouillon et versez cette sauce sur les pâtes. Parsemez le plat de persil, puis incorporez la crème fraîche. Émiettez ou découpez la mozzarella en petits dés. Répartissez-la sur le gratin, puis saupoudrez de parmesan râpé et de chapelure.

4 Glissez au four, et laissez gratiner pendant 15 à 20 minutes. Servez sans attendre.

• Par portion : 506 Calories – Protéines : 21 g – Glucides : 65 g – Lipides : 20 g (dont 9 g de graisses saturées) – Fibres : 5 g – Sel : 0,65 g – Pas de sucres ajoutés.

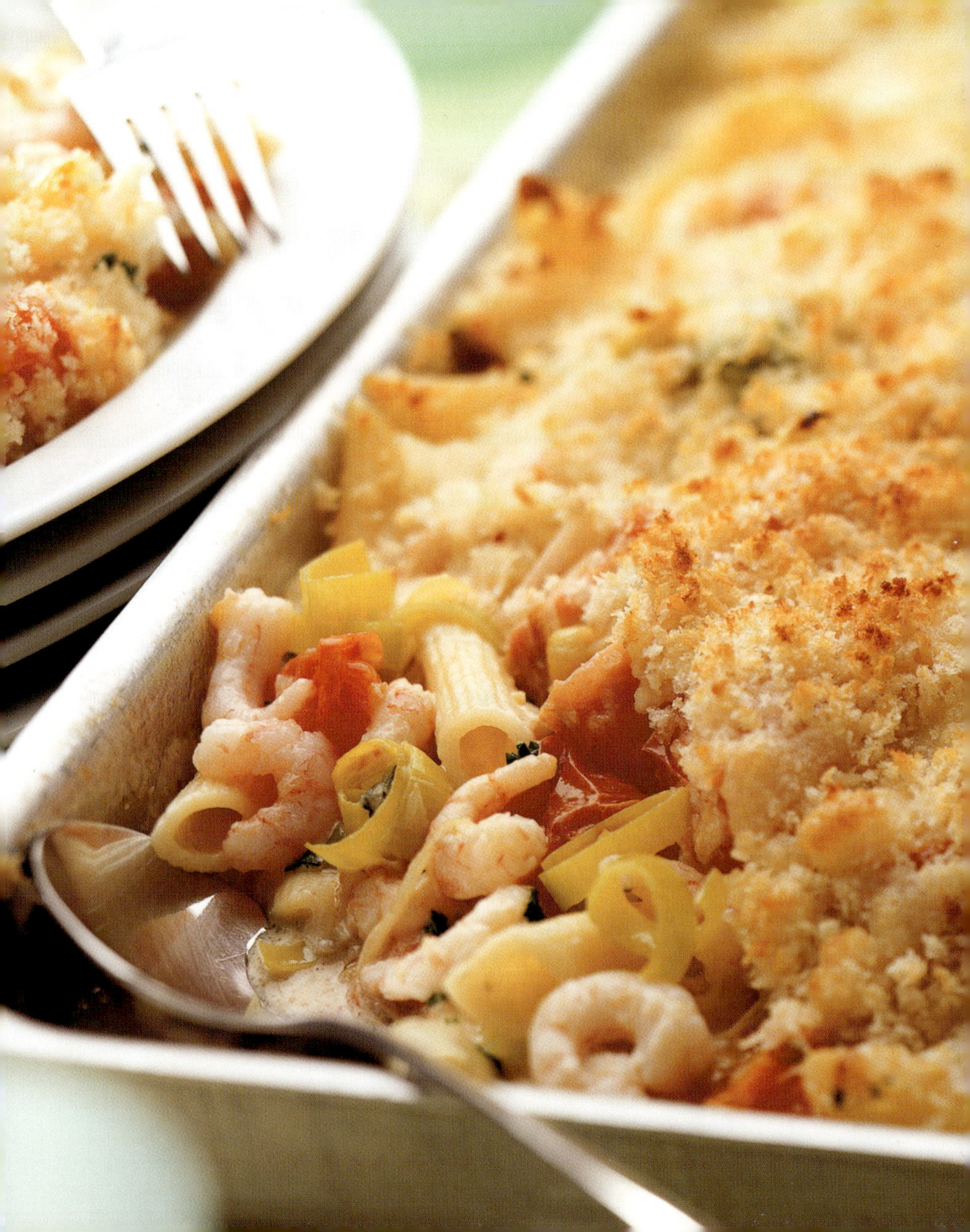

Des blancs de poulet en tenue de gala
pour un dîner festif !

Poulet au poivron rouge

Pour 4 personnes
Préparation et cuisson : 30 min

- 4 blancs de poulet sans la peau
- 1 petit poivron rouge épépiné
- 2 gousses d'ail
- 1 grosse poignée de persil
- 2 cuill. à soupe d'huile d'olive
- Sel et poivre du moulin

POUR SERVIR
- Pâtes ou pommes de terre nouvelles (facultatif)
- Salade verte (facultatif)

1 Préchauffez le four à 200 °C (therm. 6-7). Disposez les blancs de poulet dans un plat à gratin. Salez et poivrez.

2 Mélangez grossièrement le poivron, l'ail et le persil au mixeur. Incorporez l'huile. Salez et poivrez généreusement. Mélangez. Enduisez les blancs de poulet avec cette préparation.

3 Versez 2 cuillerées d'eau dans le fond du plat et faites rôtir les blancs de poulet au four pendant 25 minutes. Servez avec des pâtes ou des pommes de terre nouvelles, et une salade verte, si vous le souhaitez.

• Par portion : 210 Calories – Protéines : 23 g – Glucides : 5 g – Lipides : 11 g (dont 2 g de graisses saturées) – Fibres : 1 g – Sel : 0,19 g – Pas de sucres ajoutés.

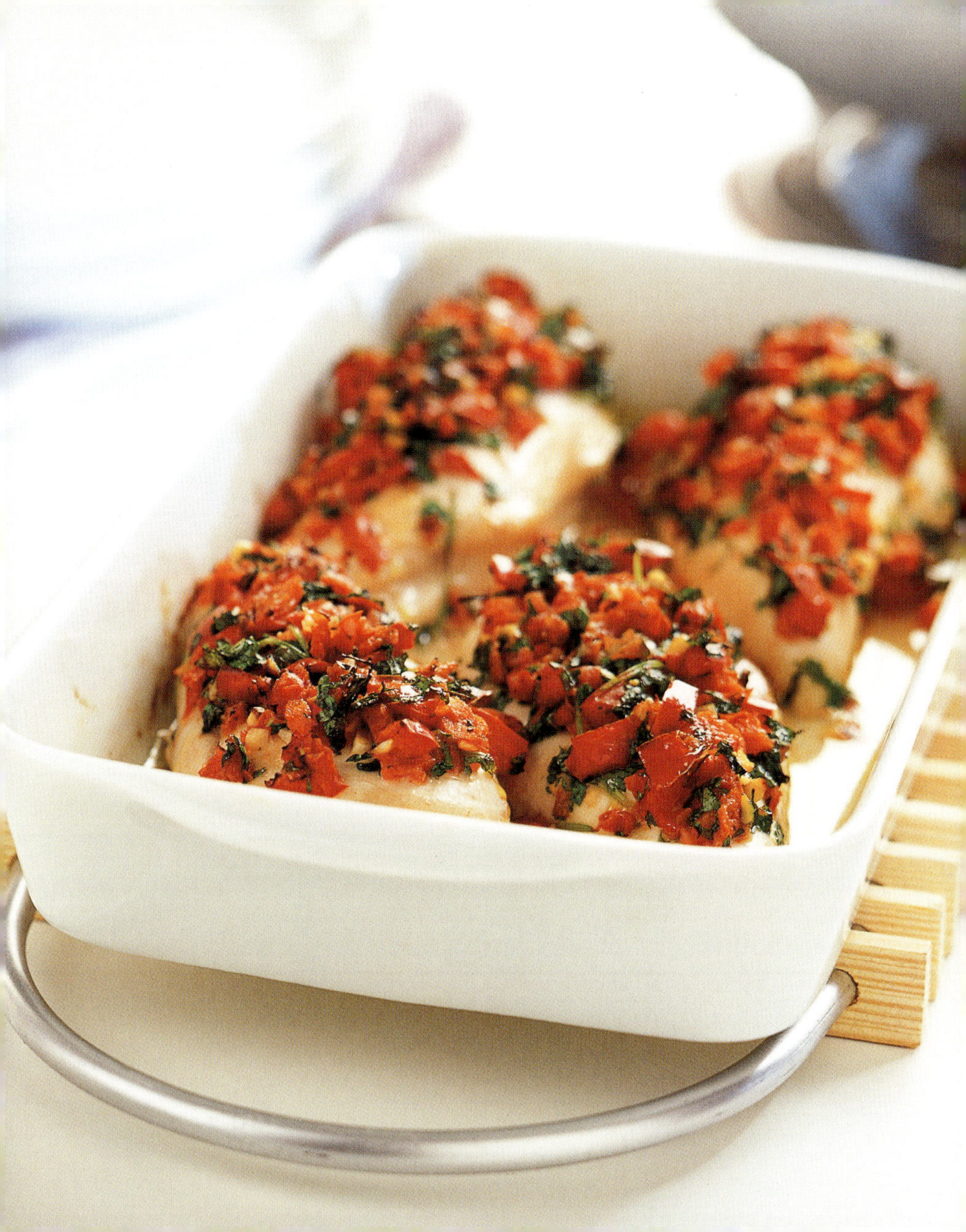

Rien de plus pratique que du couscous pour accompagner ce plat épicé : il suffit de laisser gonfler la semoule et c'est prêt !

Poulet à la marocaine

Pour 4 personnes
Préparation et cuisson : 50 min

- 2 oignons
- 4 cuisses de poulet sans la peau, soit environ 500 g
- 30 cl de bouillon de poule ou de légumes
- 3 cuill. à soupe d'huile d'olive
- 1 cuill. à soupe de miel liquide
- 1 cuill. à café de cumin en poudre
- 1 cuill. à café de coriandre en poudre
- 1 pincée de piment en poudre
- 1 pincée de cannelle en poudre
- 225 g de courgettes
- 400 g de pois chiches en conserve
- 3 cuill. à soupe de persil frais haché
- Le jus de 1 citron
- Sel et poivre du moulin

POUR SERVIR
- Couscous ou riz (facultatif)

1 Épluchez puis émincez finement les oignons. Mettez le poulet, le bouillon, les oignons, l'huile, le miel, le cumin, la coriandre, le piment et la cannelle dans un faitout. Salez et poivrez. Portez à ébullition, puis couvrez et laissez cuire à feu doux pendant 25 minutes jusqu'à ce que le poulet soit tendre.

2 Détaillez les courgettes en bâtonnets. Égouttez les pois chiches, ajoutez-les à la préparation avec les courgettes et poursuivez la cuisson pendant 10 minutes.

3 Saupoudrez le plat de persil haché, arrosez de jus de citron et rectifiez l'assaisonnement. Servez avec du couscous ou du riz, si vous le souhaitez.

• Par portion : 539 Calories – Protéines : 39 g – Glucides : 52 g – Lipides : 21 g (dont 4 g de graisses saturées) – Fibres : 6 g – Sel : 1,12 g – Sucres ajoutés : 3 g.

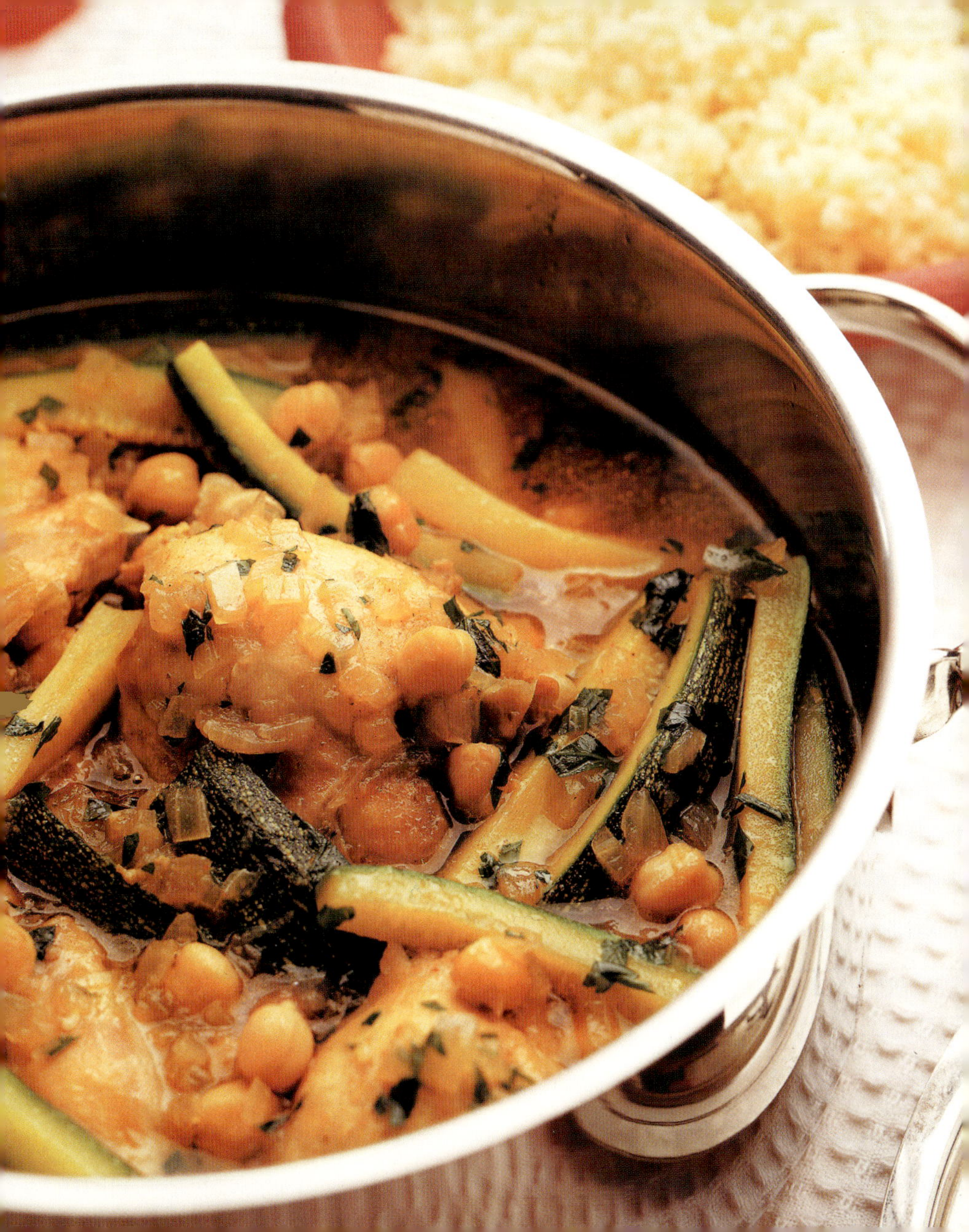

Une délicieuse recette qui joue l'alliance du s
rien de tel pour étonner vos conv

Poulet au citron et au m

Pour 4 personnes
Préparation et cuisson : 1 h 20

- 1 gousse d'ail
- Le jus de 2 citrons + 1 citron entier
- 50 g de beurre
- 3 cuill. à soupe de miel liquide
- 4 branches de romarin
- 750 g de pommes de terre
- 8 cuisses ou pilons de poulet
- Sel et poivre du moulin

POUR SERVIR
- Salade verte (facultatif)

1 Préchauffez le four à 200 °C (therm.). Émincez finement l'ail. Mettez dans une petite casserole le jus des citrons, le beurre, le miel, l'ail émincé et les feuilles de romarin. Salez et poivrez. Faites chauffer à feu doux jusqu'à ce que le beurre soit fondu.

2 Découpez les pommes de terre en petits dés. Disposez les morceaux de poulet et les pommes de terre en une seule couche au fond du faitout. Arrosez le tout avec la sauce au citron et au miel et retournez les morceaux afin qu'ils en soient parfaitement enduits de tous côtés. Coupez le citron entier en 8 quartiers. Disposez-les entre les pommes de terre.

3 Faites cuire au four de 50 minutes à 1 heure, en remuant de temps en temps. Dès que le poulet est cuit et que les pommes de terre sont croustillantes et dorées, servez le plat avec de la salade verte, si vous le souhaitez.

• Par portion : 647 Calories – Protéines : 39 g – Glucides : 47 g – Lipides : 35 g (dont 14 g de graisses saturées) – Fibres : 3 g – Sel : 0,06 g – Sucres ajoutés : 12 g.

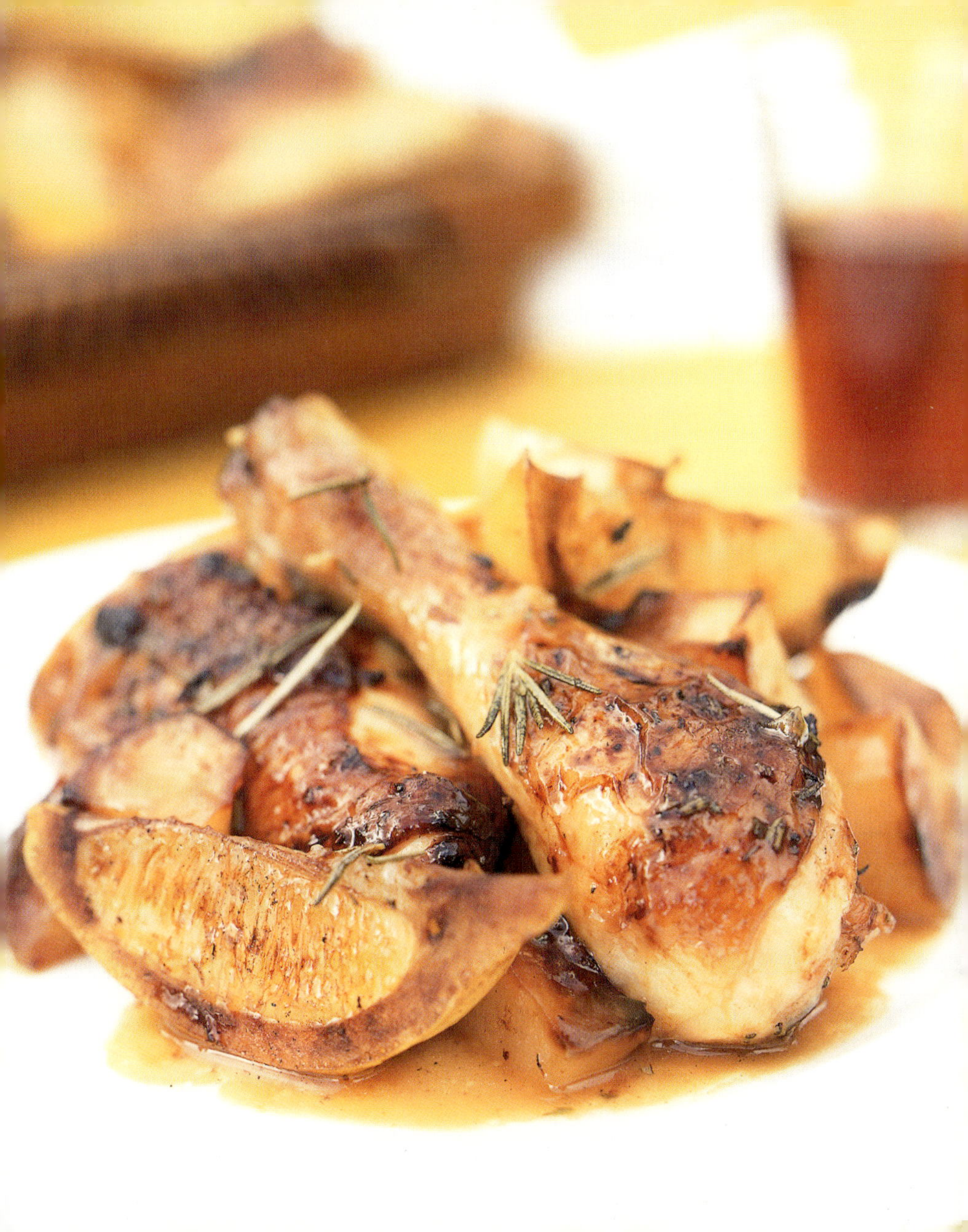

À défaut d'asperges, n'hésitez pas à les remplacer par des haricots verts ou à augmenter la quantité de pois gourmands.

Poulet aux légumes printaniers

Pour 4 personnes
Préparation et cuisson : 40 min

- 4 cuisses de poulet, sans les os
- 700 g de pommes de terre nouvelles
- 225 g de carottes
- 1 oignon
- 2 cuill. à soupe d'huile d'olive
- 1 feuille de laurier-sauce
- 30 cl de bouillon de poule
- 200 g de pois gourmands
- 250 g d'asperges
- 1 poignée d'estragon frais
- Le jus de 1 citron
- 20 cl de crème fraîche
- Sel et poivre du moulin

1 Coupez les cuisses de poulet et les pommes de terre en deux, détaillez les carottes en rondelles, épluchez et ciselez finement l'oignon. Faites chauffer l'huile dans une grande casserole. Faites-y revenir le poulet et l'oignon. Dès que le poulet est doré, ajoutez les pommes de terre, les carottes et la feuille de laurier, et laissez sur le feu pendant encore 3 minutes en remuant bien pour empêcher le poulet d'attacher. Versez le bouillon. Salez et poivrez.

2 Portez à ébullition, puis couvrez et laissez mijoter à feu doux pendant 20 minutes, jusqu'à ce que le poulet et les pommes de terre soient tendres. Ajoutez les pois gourmands et les asperges que vous aurez coupées en morceaux. Laissez le tout sur le feu pendant encore 3 minutes.

3 Hachez l'estragon. Ôtez la feuille de laurier de la préparation, arrosez de jus de citron, saupoudrez d'estragon et versez la crème fraîche. Rectifiez l'assaisonnement et servez.

• Par portion : 511 Calories – Protéines : 32 g – Glucides : 41 g – Lipides : 25 g (dont 10 g de graisses saturées) – Fibres : 5 g – Sel : 0,71 g – Pas de sucres ajoutés.

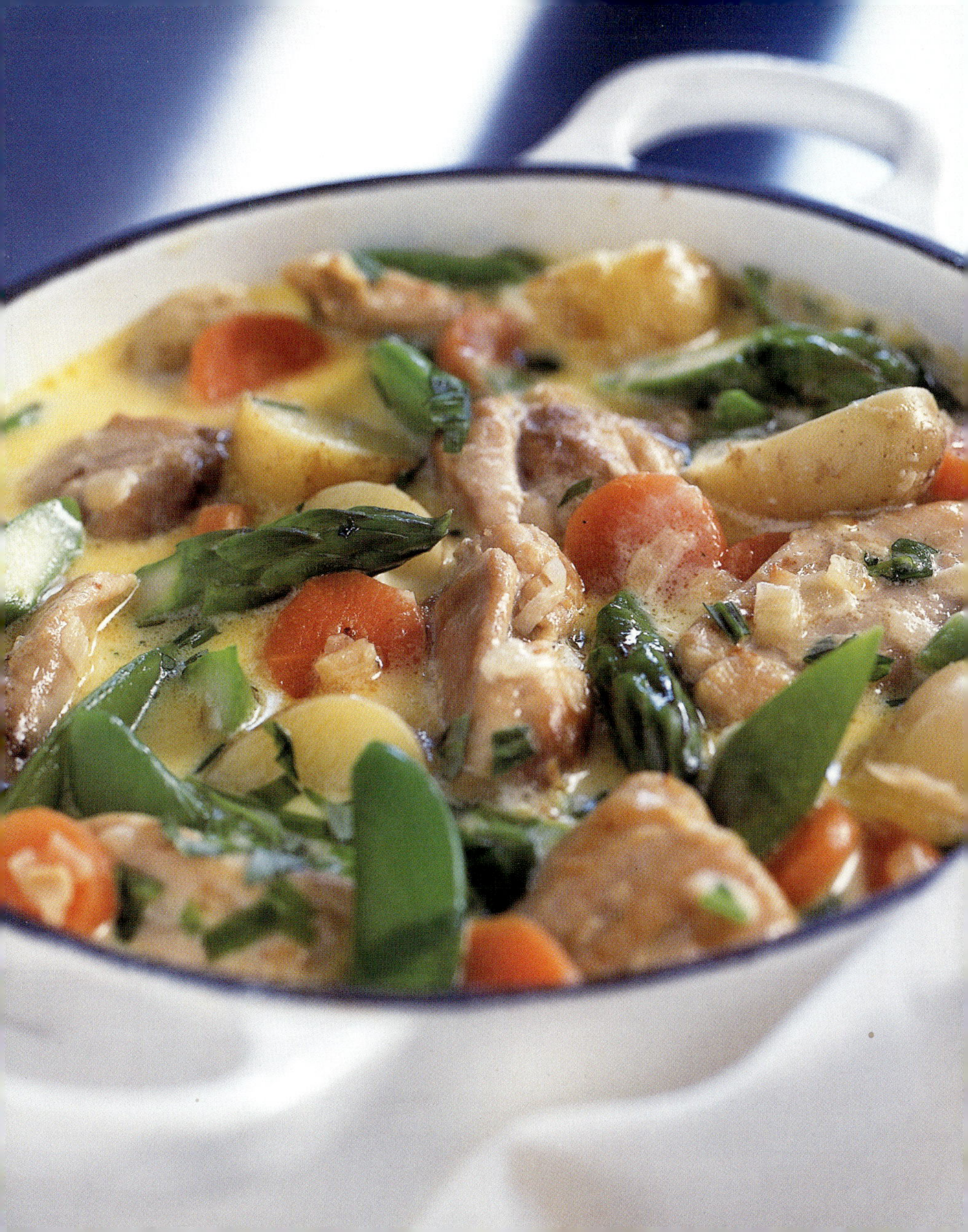

Voilà un plat bien nourrissant à lui seul,
qui ne nécessite pas d'accompagnement !

Croustade au poulet

Pour 4 personnes
Préparation et cuisson : 1 h

- 1 petit oignon
- 2 cuill. à soupe d'huile végétale
- 3 blancs de poulet
- 1 poivron rouge
- 175 g de brocolis en fleurettes
- 425 g de pâte feuilletée pur beurre, prête à l'emploi
- 150 g de fromage râpé
- Lait ou œuf battu
- Sel et poivre du moulin

1 Épluchez puis émincez l'oignon. Faites chauffer l'huile dans une poêle à frire. Faites-y revenir l'oignon environ 3 minutes. Coupez le poulet en morceaux, ajoutez-les dans la poêle et faites-les griller de tous côtés pendant 5 minutes.

2 Épépinez et coupez le poivron en rondelles. Ajoutez-les avec les brocolis dans la poêle et faites cuire le tout encore 8 à 10 minutes, jusqu'à ce que tous les ingrédients commencent à s'attendrir. Salez et poivrez. Laissez refroidir.

3 Préchauffez le four à 200 °C (therm. 6-7). Découpez la pâte en 2 parties égales. Posez la partie qui constituera le fond de la croustade sur du papier sulfurisé humecté d'un peu d'eau. Versez la préparation par-dessus en laissant une bordure de pâte de 2,5 cm tout autour. Parsemez de fromage râpé. Recouvrez le tout avec l'autre morceau de pâte. Humectez la bordure et repliez-la en appuyant pour bien sceller les 2 pâtes.

4 Incisez le dessus de motifs géométriques et enduisez-le de lait ou d'œuf battu afin de le faire dorer à la cuisson. Faites cuire au four pendant 25 à 30 minutes, jusqu'à ce que la pâte soit dorée.

- Par portion : 727 Calories – Protéines : 35 g – Glucides : 46 g – Lipides : 46 g (dont 1 g de graisses saturées) – Fibres : 2 g – Sel : 1,33 g – Pas de sucres ajoutés.

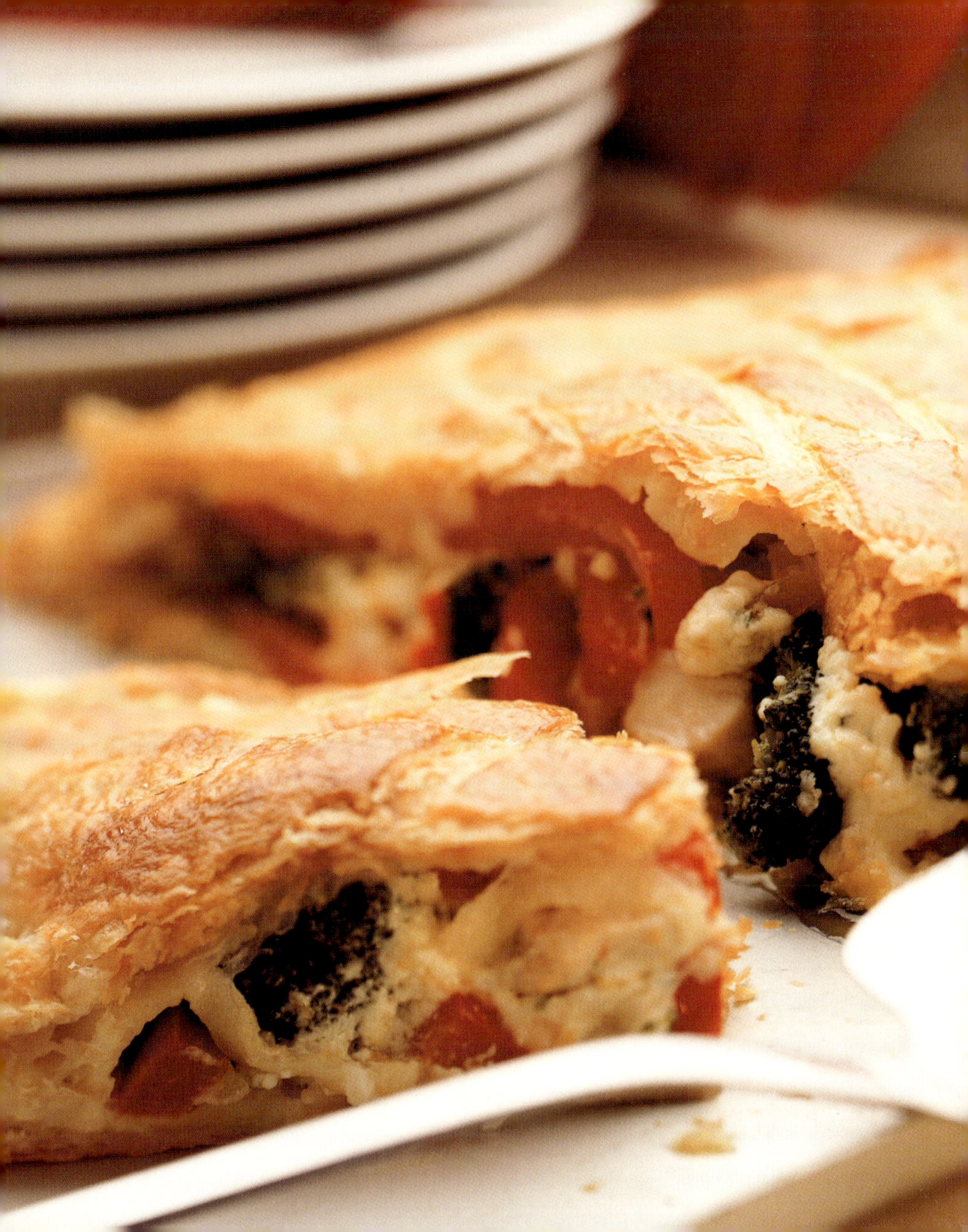

Comment transformer un simple blanc de poulet
en un succulent plat exotique !

Chili au poulet et aux pois chiches

Pour 4 personnes
Préparation et cuisson : 50 min

- 1 gros oignon
- 1 blanc de poulet sans la peau
- 2 gousses d'ail
- 1 cuill. à soupe d'huile d'olive
- 1 cuill. à soupe de chili en poudre
- 1 cuill. à café de cumin en poudre
- 400 g de tomates concassées en conserve
- 45 cl de bouillon de légumes
- 1 cuill. à café de sucre en poudre
- 400 g de pois chiches en conserve
- 300 g de légumes surgelés (carottes, chou-fleur et brocolis)
- Sel et poivre du moulin

POUR SERVIR
- 15 cl de crème fraîche
- 50 g de fromage râpé
- 1 bonne poignée de tortillas

1 Épluchez l'oignon et coupez-le en rondelles, émincez le poulet et l'ail. Faites chauffer l'huile dans une grande casserole, faites revenir l'oignon pendant 5 ou 6 minutes puis ajoutez le poulet. Quand il est bien grillé, saupoudrez l'ail, le chili et le cumin et laissez cuire pendant encore 1 minute.

2 Ajoutez les tomates, le bouillon et le sucre. Portez le tout à ébullition, puis couvrez et laissez mijoter pendant 25 minutes.

3 Égouttez les pois chiches et ajoutez-les dans la casserole avec les légumes surgelés, portez de nouveau à ébullition puis laissez mijoter pendant encore 10 minutes. Salez et poivrez. Servez accompagné d'une cuillerée de crème fraîche et saupoudré de fromage râpé. Proposez avec des tortillas bien croustillantes.

• Par portion : 374 Calories – Protéines : 22,8 g – Glucides : 28,3 g – Lipides : 19,6 g (dont 7,9 g de graisses saturées) – Fibres : 6,3 g – Sel : 1,51 g – Sucres ajoutés : 1,3 g.

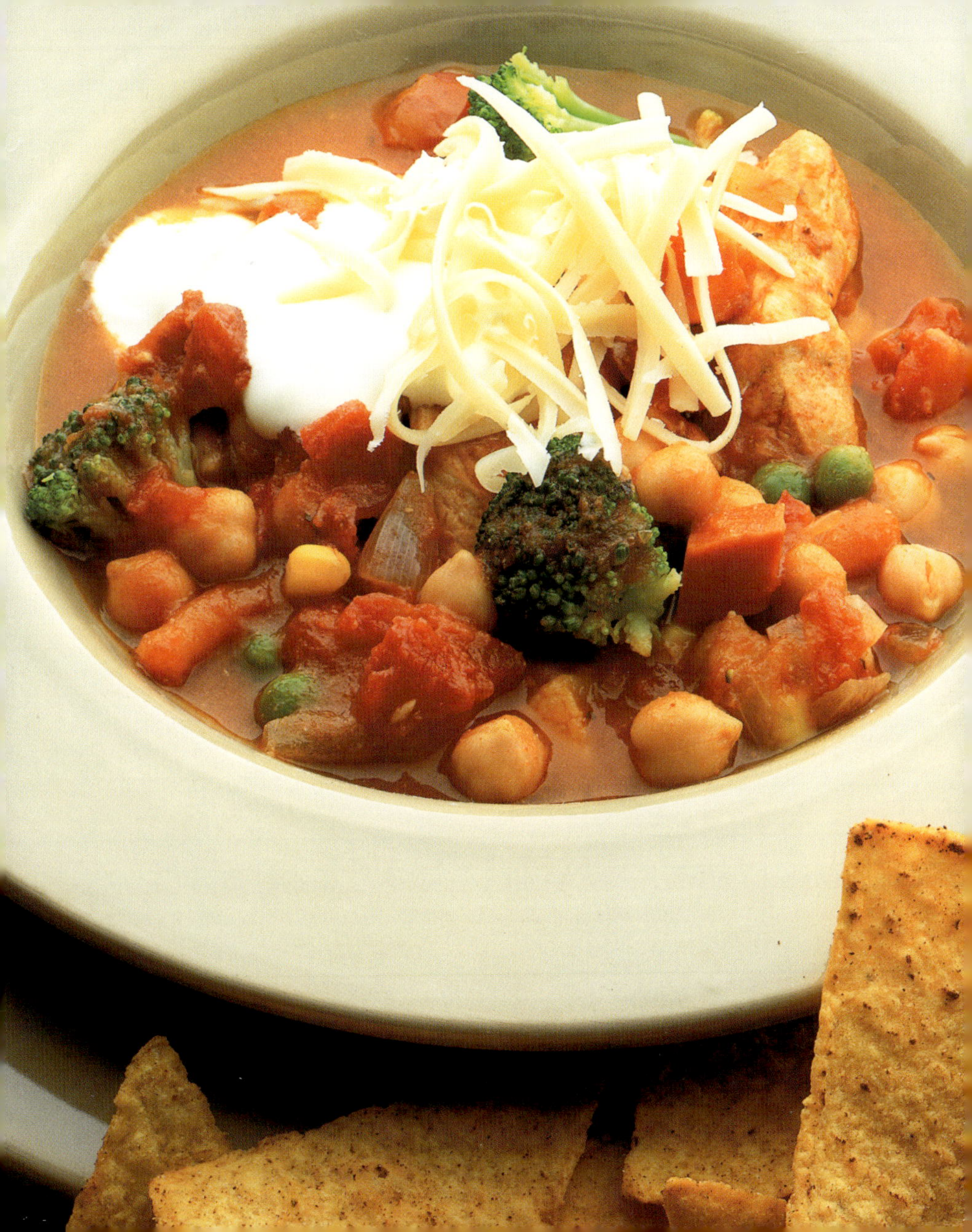

Le mariage réussi d'aliments frais et de produits surgelés
pour un plat reconstituant et économique.

Agneau et pommes de terre frites au four

Pour 4 personnes
Préparation et cuisson : 40 min

- 2 gros oignons
- 3 cuill. à soupe d'huile d'olive
- 750 g de frites surgelées, épicées et taillées à l'ancienne
- 8 petites côtelettes d'agneau
- 1 cuill. à café de thym séché
- 1 cuill. à soupe de purée de tomate
- 15 cl de bouillon de poule ou d'agneau
- Sel et poivre du moulin

1 Préchauffez le four à 230 °C (therm. 7-8). Épluchez les oignons et coupez-les en rondelles. Faites chauffer sur le feu un grand plat allant au four dans lequel vous verserez 2 cuillerées à soupe d'huile d'olive. Faites dorer les oignons pendant 5 minutes, en les remuant souvent. Ôtez le plat du feu.

2 Répartissez les frites surgelées sur le fond du plat, posez les côtelettes d'agneau par-dessus, saupoudrez de thym et humectez d'huile. Laissez cuire au four pendant 20 minutes.

3 Délayez la purée de tomate dans le bouillon et arrosez le plat avec cette sauce. Laissez encore au four pendant 10 minutes, jusqu'à ce que les côtelettes d'agneau et les pommes de terre soient dorées et bien croustillantes. Salez et poivrez. Servez aussitôt.

- Par portion : 680 Calories – Protéines : 33 g – Glucides : 39 g – Lipides : 45 g (dont 19 g de graisses saturées) – Fibres : 4 g – Sel : 0,43 g – Pas de sucres ajoutés.

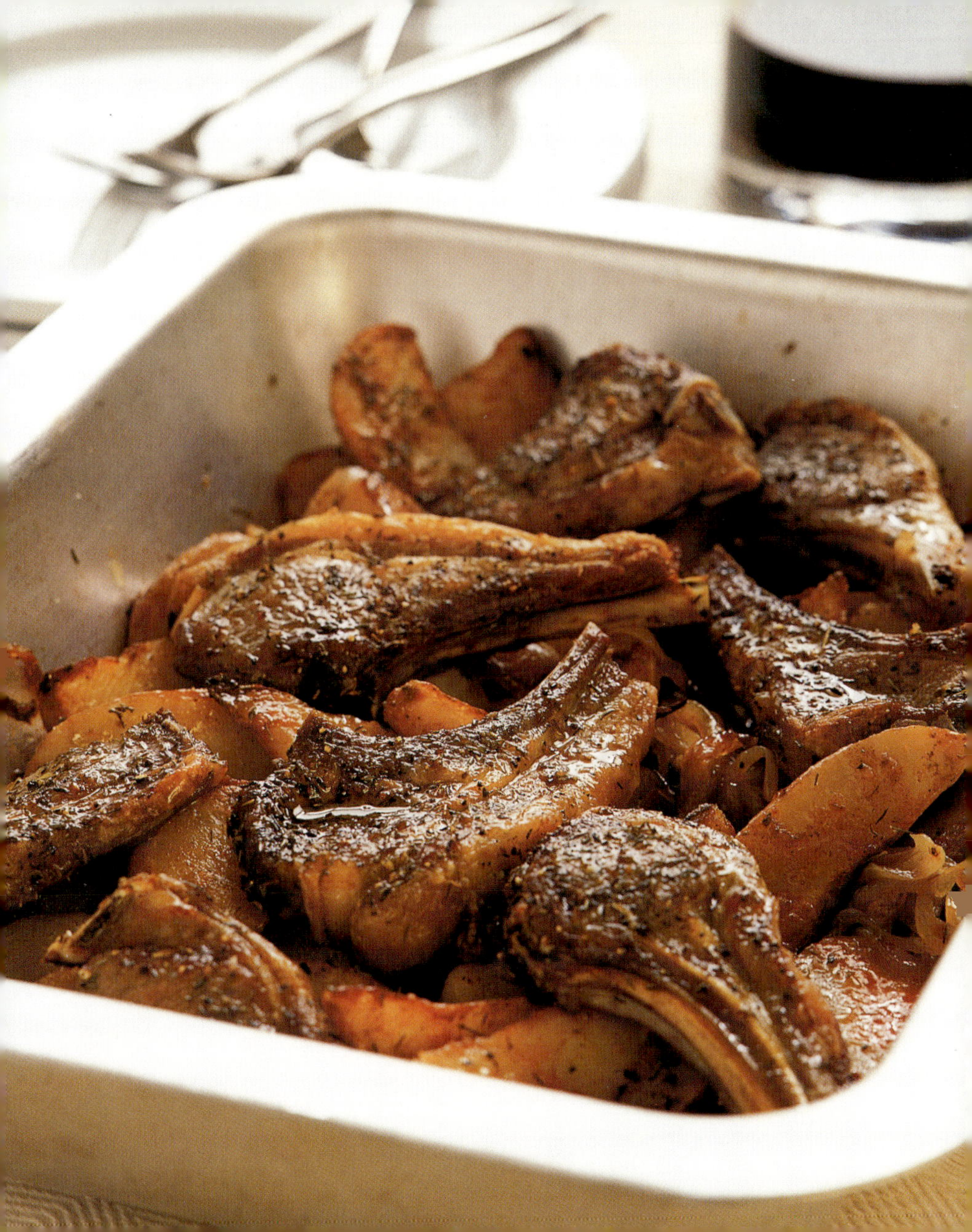

Un bon dîner pour les débutants qui ne maîtrisent pas la cuisson du riz à l'eau et veulent étonner leurs proches.

Ragoût d'agneau au riz

Pour 4 personnes
Préparation et cuisson : 55 min

- 650 g d'agneau désossé (gigot ou épaule)
- 2 oignons
- 2 cuill. à soupe d'huile d'olive
- 2 cuill. à café de cumin en poudre
- 2 cuill. à café de coriandre en poudre
- 175 g de riz long grain
- 2 cuill. à café d'origan séché
- 3 cuill. à soupe de purée de tomate
- 1 l d'eau bouillante
- Le jus et le zeste de 1 citron
- 2 cuill. à soupe de persil frais haché
- Sel et poivre du moulin

1 Coupez l'agneau en cubes de 2,5 cm de côté, épluchez et détaillez les oignons en rondelles épaisses. Faites chauffer l'huile dans une grande poêle à frire avec un couvercle. Faites revenir l'agneau à feu vif pendant 5 minutes en remuant constamment, jusqu'à ce qu'il soit bien grillé de tous les côtés. Ajoutez les oignons et laissez-les fondre pendant 3 minutes. Saupoudrez de cumin et de coriandre, mélangez bien et laissez encore 1 minute sur le feu.

2 Incorporez le riz et l'origan. Délayez la purée de tomate dans l'eau bouillante, ajoutez le jus et le zeste de citron, et versez le tout dans la poêle. Salez et poivrez. Mélangez.

3 Portez à ébullition, puis laissez mijoter pendant 20 à 25 minutes. Dès que la viande et le riz sont tendres, saupoudrez de persil haché et servez dans la poêle.

• Par portion : 563 Calories – Protéines : 36 g – Glucides : 47 g – Lipides : 27 g (dont 11 g de graisses saturées) – Fibres : 1 g – Sel : 0,34 g – Pas de sucres ajoutés.

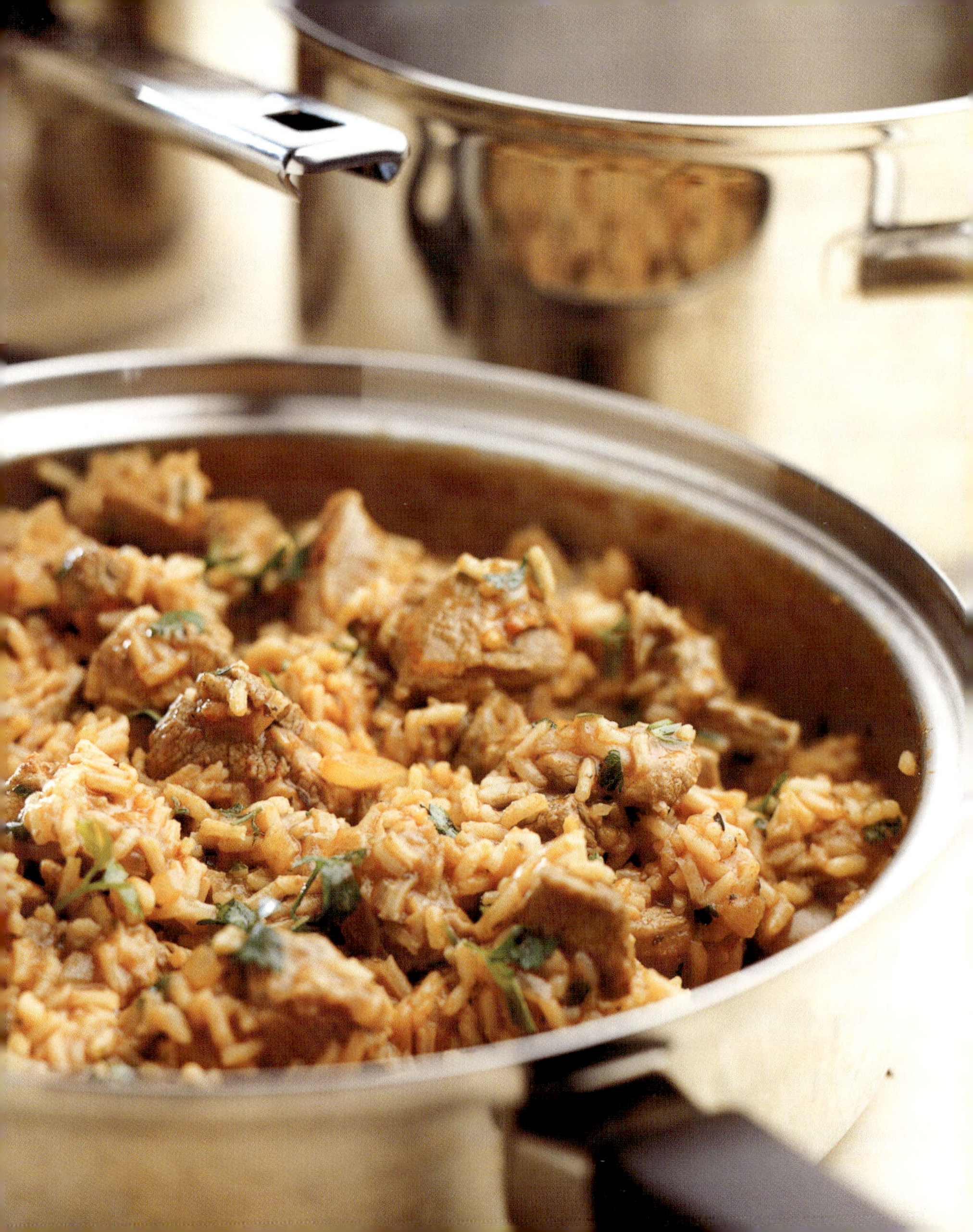

La douceur des dattes et des airelles souligne délicatement la saveur subtile de la viande d'agneau.

Ragoût d'agneau aux dattes

Pour 4 personnes
Préparation et cuisson : 1 h

- 550 g d'agneau
- 1 cuill. à soupe de farine
- 2 oignons
- 3 grandes carottes
- 2 cuill. à soupe d'huile d'olive
- 2 gousses d'ail
- 60 cl de bouillon de poule, d'agneau ou de légumes
- 1 cuill. à soupe de gelée d'airelle
- 2 cuill. à café de purée de tomate
- 12 dattes dénoyautées
- 3 cuill. à soupe de persil frais haché
- Sel et poivre du moulin

POUR SERVIR
- Riz ou semoule cuite à la vapeur (facultatif)

1 Découpez l'agneau en cubes. Mettez ceux-ci avec la farine dans un sachet en plastique. Secouez le tout jusqu'à ce que la viande soit bien enrobée de farine et jetez le surplus de farine. Épluchez les oignons, émincez-les et coupez les carottes en morceaux. Faites chauffer l'huile d'olive dans une grande poêle. Faites revenir l'agneau, les oignons et les carottes pendant 8 à 10 minutes à feu moyen, en remuant souvent, jusqu'à ce que tous les ingrédients soient bien dorés.

2 Émincez finement l'ail, ajoutez-le dans la poêle et laissez cuire pendant encore 1 minute. Versez le bouillon et portez le tout à ébullition. Diminuez le feu et laissez mijoter pendant 20 minutes, jusqu'à ce que la sauce commence à épaissir.

3 Ajoutez la gelée d'airelle, la purée de tomate, les dattes et le persil haché. Salez et poivrez. Servez avec du riz, ou de la semoule cuite à la vapeur, si vous le souhaitez.

- Par portion : 466 Calories – Protéines : 32 g – Glucides : 48 g – Lipides : 18 g (dont 6 g de graisses saturées) – Fibres : 5 g – Sel : 0,81 g – Sucres ajoutés : 1 g.

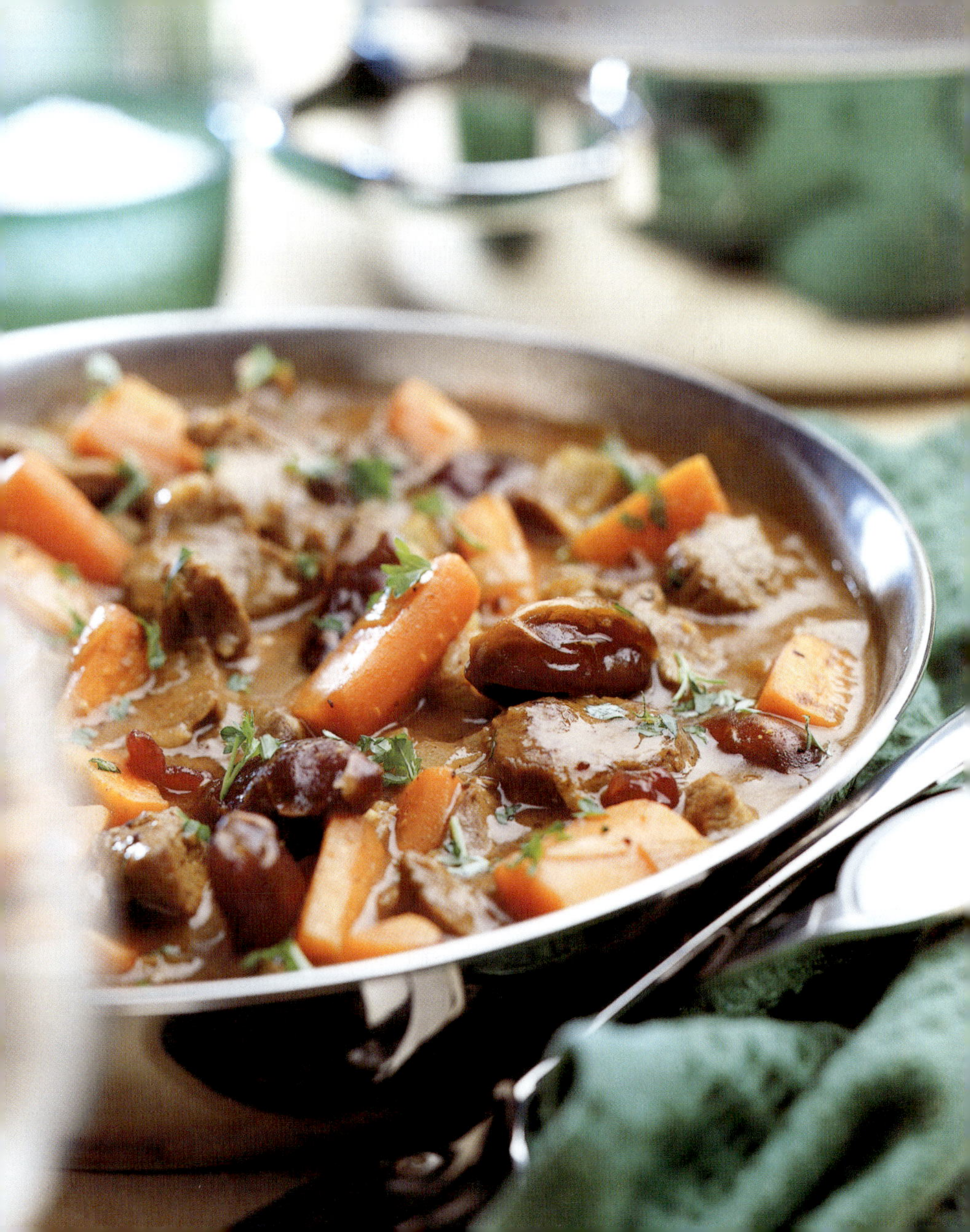

Un plat encore meilleur quand les haricots
sont cuisinés la veille !

Ragoût d'agneau aux haricots blancs

Pour 4 personnes
Préparation et cuisson : 55 min

- 2 oignons
- 2 gousses d'ail
- 3 cuill. à soupe d'huile d'olive
- 800 g de haricots blancs (soissons ou flageolets) en conserve
- 1 cuill. à café d'origan séché
- 15 cl de bouillon de légumes
- 200 g de pulpe de tomate en conserve
- 8 côtelettes d'agneau ou 4 tranches de gigot
- Sel et poivre du moulin

1   Préchauffez le four à 200 °C (therm. 6-7). Épluchez les oignons puis émincez-les avec l'ail. Faites chauffer 2 cuillerées à soupe d'huile d'olive dans une poêle et faites-y revenir les oignons pendant 5 minutes. Égouttez les haricots. Ajoutez dans la poêle l'ail, les haricots et la moitié de l'origan. Mélangez rapidement. Versez le bouillon et ajoutez la pulpe de tomate. Assaisonnez et portez le tout à ébullition.

2   Versez la préparation dans un plat à gratin assez grand pour pouvoir contenir toutes les côtelettes. Disposez-les les unes à côté des autres dans le plat.

3   Saupoudrez les côtelettes avec le reste de l'origan et arrosez-les avec le reste d'huile. Salez et poivrez. Laissez cuire au four pendant 30 minutes, jusqu'à ce que les côtelettes soient tendres et bien grillées.

- Par portion : 518 Calories – Protéines : 39 g – Glucides : 30 g – Lipides : 28 g (dont 10 g de graisses saturées) – Fibres : 9 g – Sel : 1,67 g – Pas de sucres ajoutés.

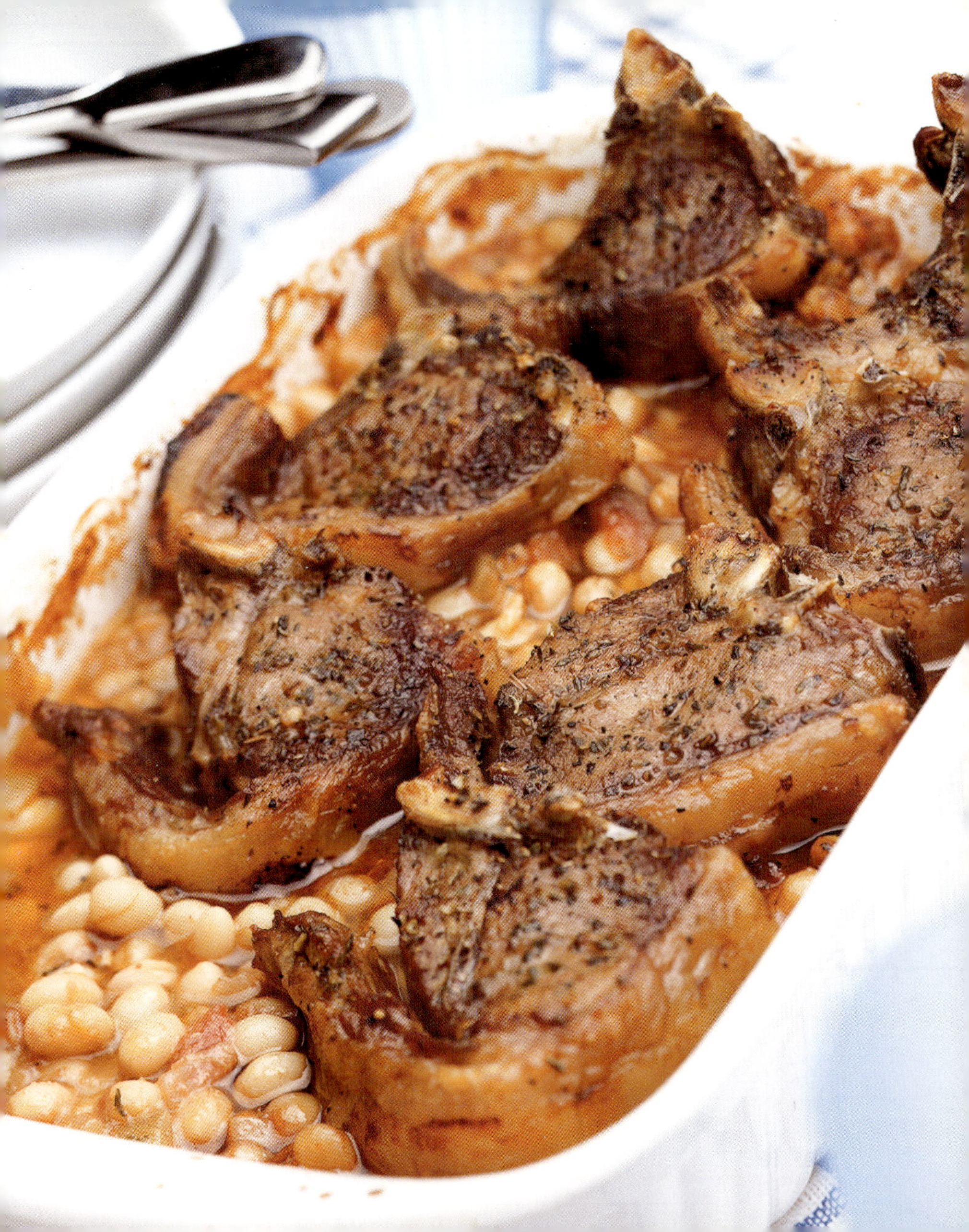

Une version plus légère d'un plat populaire, qui utilise du porc à la place du bœuf et des haricots verts au lieu des haricots rouges.

Chili aux haricots verts

Pour 4 personnes
Préparation et cuisson : 50 min

- 1 oignon
- 2 cuill. à soupe d'huile
- 500 g de porc haché
- 2 gousses d'ail
- 1 poivron rouge
- 350 g de pommes de terre nouvelles
- 2 cuill. à café de chili doux en poudre
- 400 g de tomates en conserve
- 2 cuill. à soupe de purée de tomate
- 6 cl de bouillon de poule
- 250 g de haricots verts

1 Épluchez puis émincez l'oignon. Faites chauffer l'huile dans une grande sauteuse. Faites-y revenir l'oignon et la viande hachée pendant 3 ou 4 minutes, en remuant de temps en temps.

2 Pilez l'ail, épépinez et coupez le poivron en morceaux, de même que les pommes de terre. Mettez le tout dans la sauteuse avec la poudre de chili, les tomates, la purée de tomate et le bouillon de poule. Portez à ébullition puis couvrez et laissez mijoter à feu doux pendant 15 minutes jusqu'à ce que les pommes de terre commencent à s'attendrir.

3 Ajoutez les haricots verts, remettez le couvercle et laissez mijoter pendant encore 5 minutes. Servez dès que les haricots sont cuits, mais encore croquants.

• Par portion : 390 Calories – Protéines : 30 g – Glucides : 26 g – Lipides : 19 g (dont 5 g de graisses saturées) – Fibres : 4 g – Sel : 0,94 g – Pas de sucres ajoutés.

PM 484 THLG *Colom*

Honda GCV 135 - Carter acier 48
Relevage de coupe centralisé
Bac 60 litres
Kit mulching de série

sofinco

...NDRA !

EN MATÉRIEL DE JARDIN

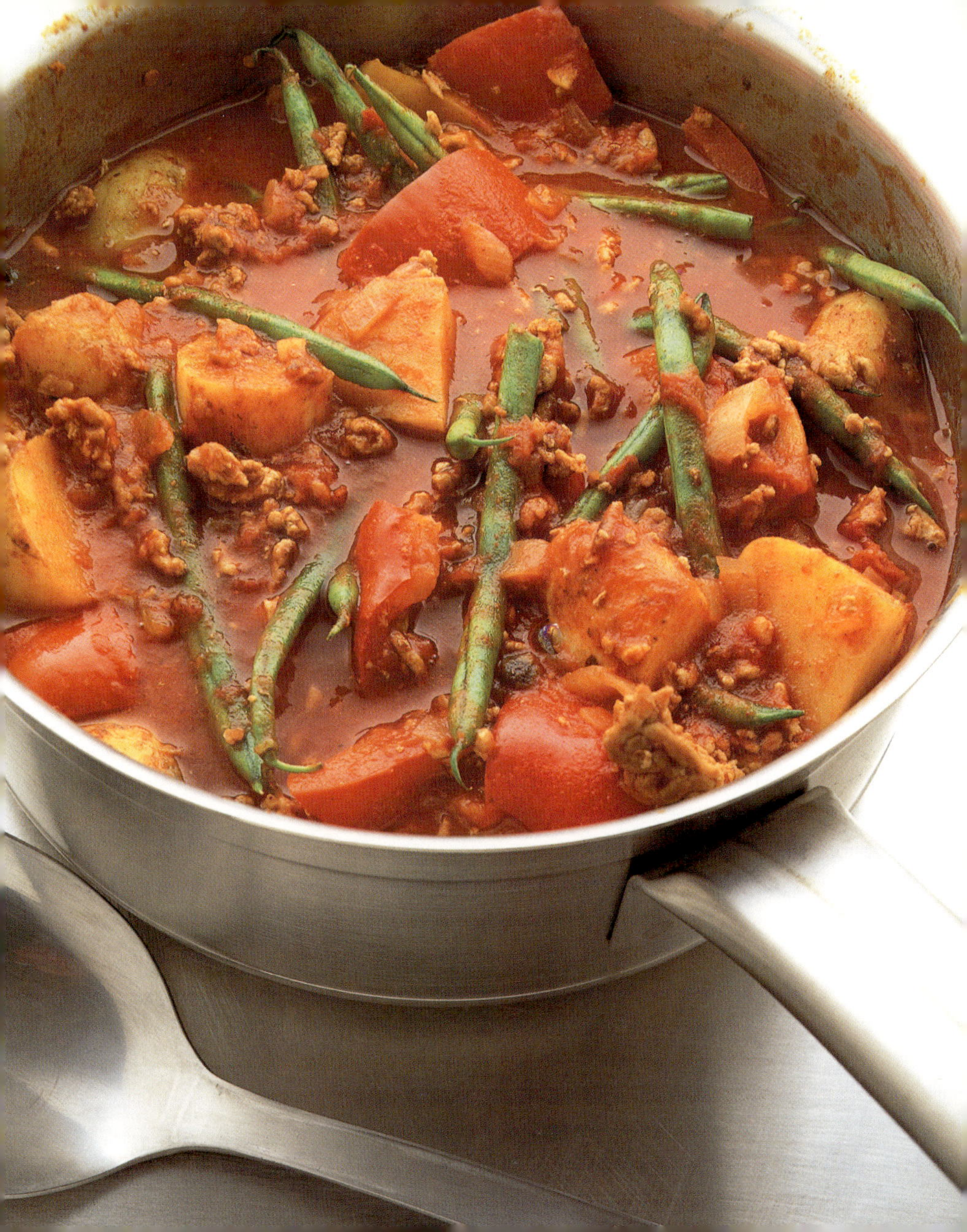

Un plat des Flandres dont l'origine remonte au Moyen Âge.
Bien garni et peu coûteux, il est idéal pour les grandes tablées.

Hochepot

Pour 8 personnes
Préparation et cuisson : 2 h

- 1 oignon
- 2 gousses d'ail
- 1 cuill. à soupe d'huile d'olive
- 1 kg de porc haché
- 1 cuill. à soupe de farine
- 42,5 cl de bouillon de poule ou de légumes
- 1 cuill. à café de thym ou de romarin séché
- 2 cuill. à soupe de Worcestershire sauce
- 4 cuill. à soupe de purée de tomate
- 1,5 kg de pommes de terre
- 25 g de beurre

POUR SERVIR
- Légumes verts cuits à la vapeur (facultatif)

1 Préchauffez le four à 190 °C (therm. 6-7). Épluchez puis émincez l'oignon et pilez l'ail. Faites chauffer l'huile dans une poêle et faites-y revenir l'oignon et l'ail pendant 3 ou 4 minutes. Ajoutez la viande hachée et laissez le tout sur le feu pendant encore 5 ou 6 minutes.

2 Incorporez la farine et laissez cuire pendant 1 minute. Ajoutez le bouillon, le thym ou le romarin, la Worcestershire sauce et la purée de tomate. Mélangez, portez à ébullition, puis laissez mijoter pendant 30 minutes. Pendant ce temps, épluchez et faites cuire les pommes de terre pendant 10 minutes dans de l'eau bouillante salée. Égouttez-les et coupez-les en tranches épaisses.

3 Versez la moitié de la préparation à la viande dans un plat à four de 20 x 30 x 6 cm. Disposez par-dessus une couche de rondelles de pommes de terre et recommencez l'opération. Répartissez quelques noisettes de beurre sur le dessus et mettez au four pendant 1 heure. Servez accompagné de légumes verts cuits à la vapeur, si vous le souhaitez.

• Par portion : 407 Calories – Protéines : 29 g – Glucides : 38 g – Lipides : 17 g (dont 6 g de graisses saturées) – Fibres : 3 g – Sel : 0,64 g – Pas de sucres ajoutés.

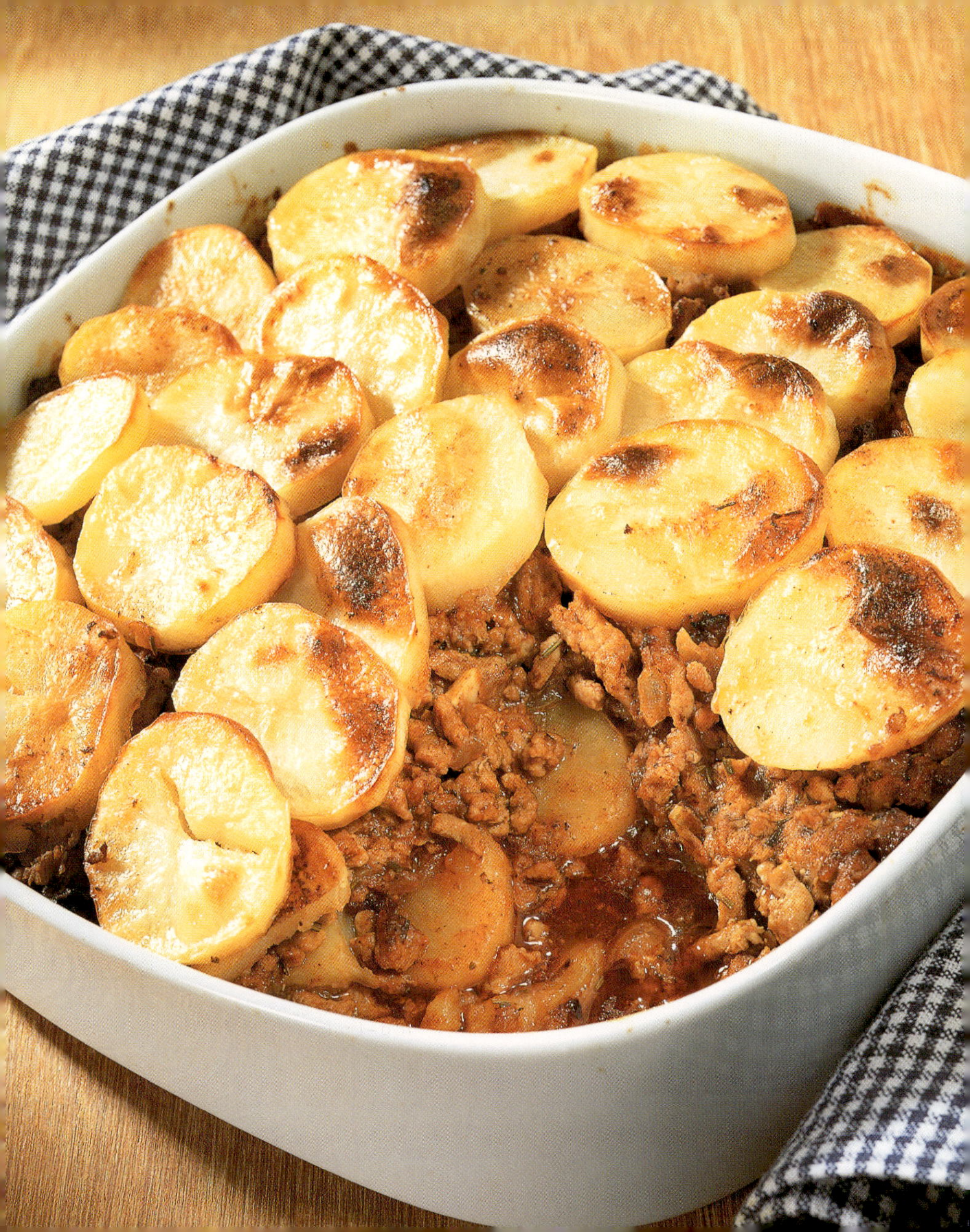

Le plateau-télé par excellence,
vraiment rapide et facile à préparer !

Pommes de terre et saucisses épicées

Pour 4 personnes
Préparation et cuisson : 30 min

- 1 cuill. à soupe d'huile d'olive
- 400 g de saucisses
- 700 g de pommes de terre nouvelles
- 165 g de maïs doux, égoutté
- 2 cuill. à soupe de coriandre ou de persil frais
- 225 g de sauce tomate épicée, prête à l'emploi
- Sel et poivre du moulin

1 Faites chauffer l'huile dans une grande poêle à frire. Découpez les saucisses en morceaux de la taille d'une bouchée et faites les revenir pendant 10 minutes. Pendant ce temps, coupez les pommes de terre en morceaux et faites-les cuire pendant 10 minutes dans de l'eau bouillante salée. Égouttez bien.

2 Mettez les pommes de terre dans la poêle. Salez et poivrez. Faites-les revenir à feu moyen jusqu'à ce qu'elles commencent à griller. Égouttez le maïs puis incorporez-le. Rectifiez l'assaisonnement et laissez encore un instant sur le feu.

3 Saupoudrez de coriandre ou de persil ciselé. Dressez la préparation dans les assiettes et arrosez d'un peu de sauce tomate épicée.

- Par portion : 519 Calories – Protéines : 17 g – Glucides : 56 g – Lipides : 27 g (dont 9 g de graisses saturées) – Fibres : 4 g – Sel : 4,09 g – Sucres ajoutés : 4 g.

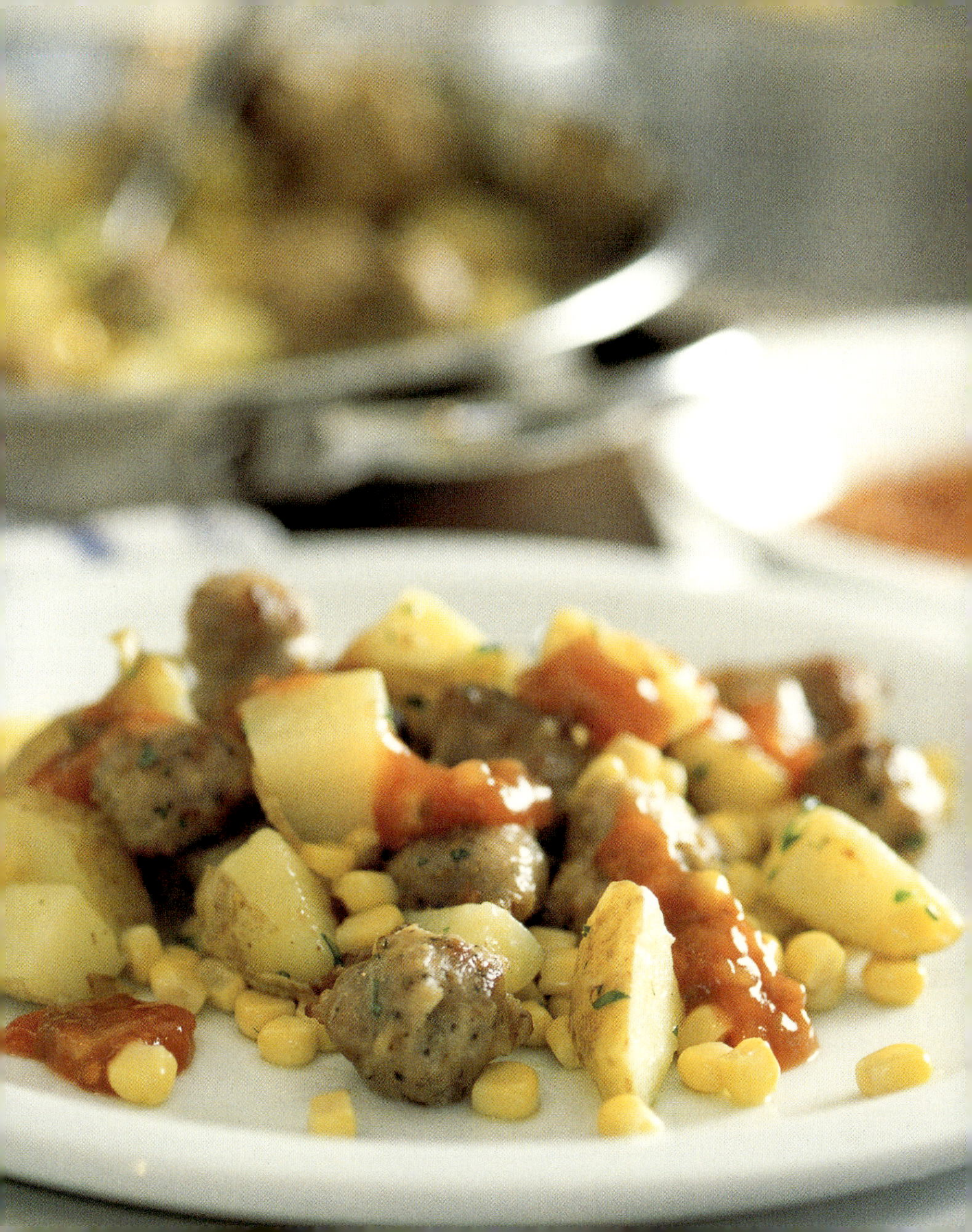

Ce plat se prépare facilement en toute saison,
mais il est très apprécié à l'automne, dès les premiers frimas.

Saucisses à la moutarde et aux pommes

Pour 4 personnes
Préparation et cuisson : 25 min

- 1 cuill. à soupe d'huile d'olive
- 8 saucisses aux herbes (environ 450 g)
- 1 oignon de taille moyenne
- 2 pommes
- 1 cuill. à soupe bombée de gelée de groseilles
- 30 cl de bouillon de poule
- 2 cuill. à soupe de moutarde, en grains de préférence
- 1 branche de romarin

1 Faites chauffer l'huile dans une grande poêle à frire, puis faites-y revenir les saucisses à feu moyen pendant 5 minutes en les retournant régulièrement. Épluchez l'oignon et coupez-le en quartiers. Rajoutez ceux-ci dans la poêle et laissez le tout sur le feu en remuant de temps en temps jusqu'à ce que les ingrédients commencent à dorer. Épépinez et coupez les pommes en quartiers, en laissant la peau. Ajoutez ces derniers dans la poêle, augmentez le feu et faites-les dorer à feu vif, en les retournant délicatement.

2 Délayez la gelée de groseilles dans le bouillon puis ajoutez la moutarde. Versez ce mélange dans la poêle et faites-le réduire à gros bouillons pendant quelques minutes, jusqu'à ce qu'il se transforme en un sirop épais.

3 Ajoutez les feuilles de romarin et laissez ensuite mijoter pendant 10 minutes à feu doux sans couvercle jusqu'à ce que les saucisses soient cuites.

- Par portion : 368 Calories – Protéines : 16,7 g – Glucides : 21 g – Lipides : 24,7 g (dont 8,1 g de graisses saturées) – Fibres : 2 g – Sel : 2,68 g – Sucres ajoutés : 3,2 g.

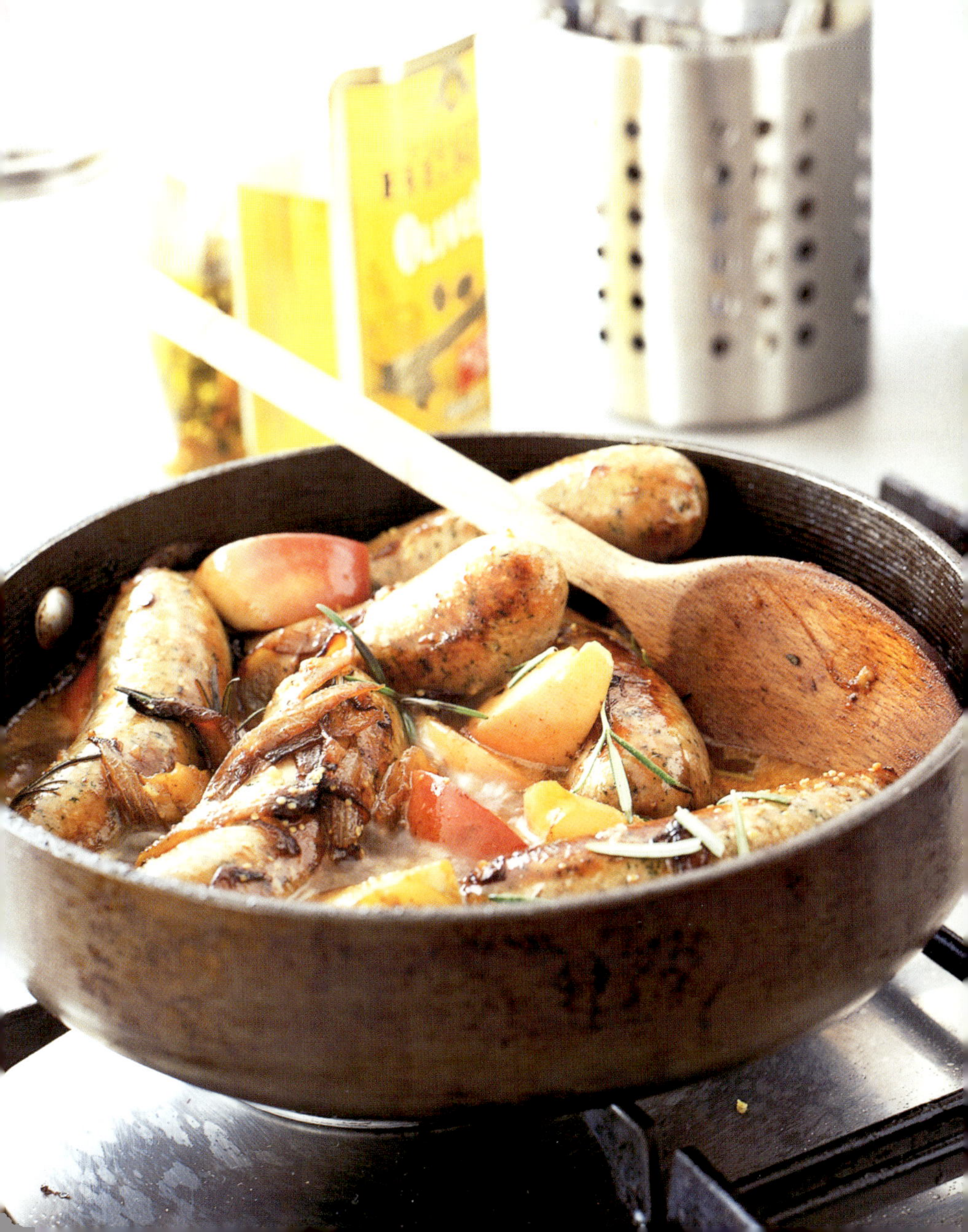

La moutarde en grains relève agréablement
le goût de ce plat original et familial.

Flan aux saucisses

Pour 4 personnes
Préparation et cuisson : 1 h

- 2 oignons
- 8 saucisses aux herbes
- 1 cuill. à soupe d'huile végétale
- 100 g de farine
- 2 œufs
- 30 cl de mélange de lait et d'eau à parts égales
- 2 cuill. à soupe de moutarde en grains
- Sel et poivre du moulin

POUR SERVIR
- Chou ou brocolis (facultatif)

1 Préchauffez le four à 220 °C (therm. 7-8). Épluchez puis émincez les oignons. Mettez-les avec les saucisses dans un faitout et humectez-les d'huile. Faites cuire au four pendant 15 à 20 minutes jusqu'à ce que les saucisses commencent à griller.

2 Tamisez la farine dans un saladier, ajoutez une pincée de sel et de poivre. Ménagez un puits au centre, cassez-y les œufs et mélangez bien le tout. Versez graduellement la moitié du lait dilué tout en continuant à mélanger, puis ajoutez le reste du liquide ainsi que la moutarde.

3 Retirez le faitout du four. Arrosez rapidement avec la préparation et remettez au four pendant 35 à 40 minutes, jusqu'à ce que la pâte forme une croûte gonflée et bien dorée. Servez avec du chou ou des brocolis, si vous le souhaitez.

- Par portion : 562 Calories – Protéines : 24 g – Glucides : 37 g – Lipides : 36 g (dont 12 g de graisses saturées) – Fibres : 3 g – Sel : 2,72 g – Pas de sucres ajoutés.

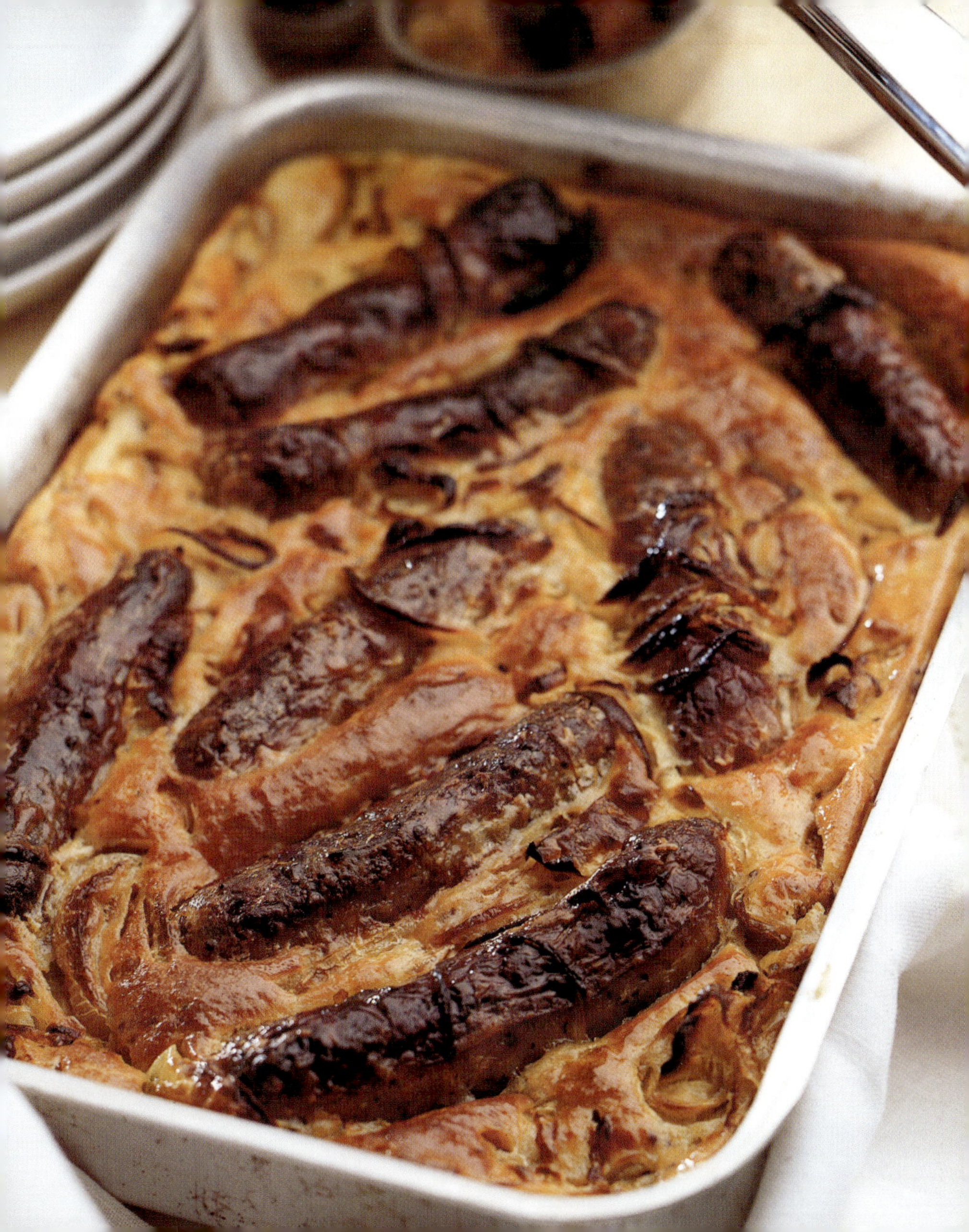

Voici une recette de crumble salé qui ne manquera pas d'étonner vos invités, mais il y a fort à parier qu'ils en redemanderont !

Crumble de bacon

Pour 4 personnes
Préparation et cuisson : 1 h 15

- 1 gros oignon
- 4 gros bâtonnets de céleri
- 12 tranches fines de bacon ou de poitrine fumée
- 1 cuill. à soupe d'huile d'olive
- 350 g de pulpe de tomate en conserve (ou 400 g de tomates en morceaux)
- 15 cl de bouillon de poule
- 400 g de haricots blancs en conserve

POUR LE CRUMBLE
- 85 g de beurre
- 225 g de farine additionnée de levure
- 2 cuill. à café de fines herbes variées
- 17,5 cl de lait
- Sel et poivre du moulin

1 Préchauffez le four à 200 °C (therm. 6-7). Épluchez puis émincez l'oignon ; ciselez le céleri. Hachez 3 tranches de bacon ou de poitrine fumée et réservez. Coupez les autres en trois morceaux. Faites revenir l'oignon dans l'huile pendant 2 ou 3 minutes, puis les gros morceaux de bacon pendant 5 ou 6 minutes, et le céleri pendant 3 ou 4 minutes.

2 Ajoutez la pulpe de tomate et le bouillon. Portez à ébullition, couvrez et laissez mijoter pendant 20 minutes. Égouttez les haricots puis ajoutez-les. Salez et poivrez.

3 Préparez le crumble : incorporez le beurre dans la farine. Ajoutez les fines herbes, le lait, ainsi qu'une pincée de sel et de poivre. Mélangez grossièrement. Versez les haricots à la tomate dans un plat de 1,5 litre allant au four. Disposez des cuillerées de pâte par-dessus et répartissez les petits morceaux de bacon. Laissez dorer au four pendant 25 à 30 minutes.

• Par portion : 855 Calories – Protéines : 31 g – Glucides : 63 g – Lipides : 58 g (dont 26 g de graisses saturées) – Fibres : 6 g – Sel : 4,74 g – Pas de sucres ajoutés.

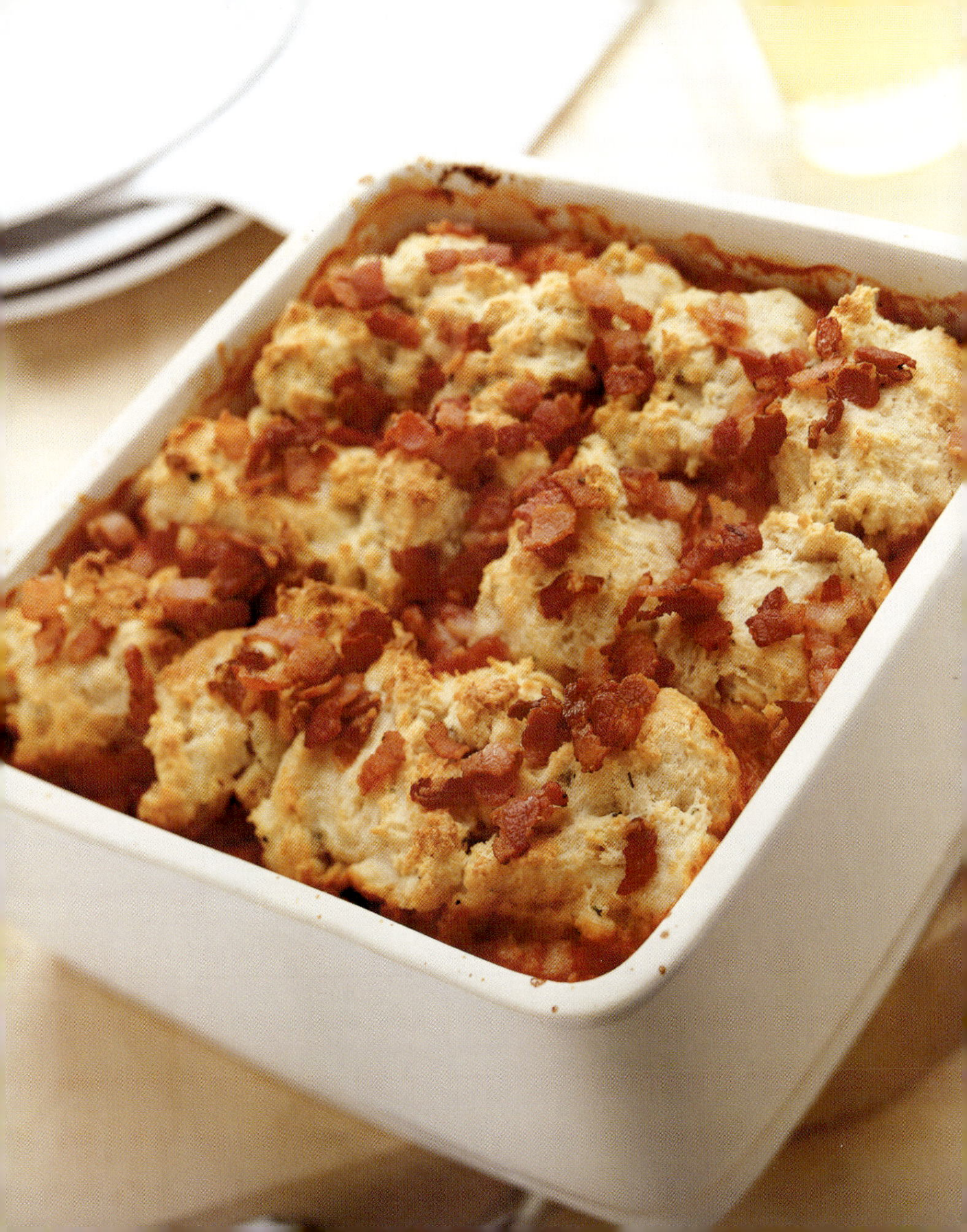

Cette tourte est un pêle-mêle de jambon et de légumes d'hiver
à la sauce moutardée qui ravira de nombreux convives !

Tourte au jambon

Pour 8 personnes
Préparation et cuisson : 1 h 15

- 1 oignon
- 1 gousse d'ail
- 1 cuill. à soupe d'huile d'olive
- 450 g de panais
- 3 carottes
- 2 branches de céleri
- 2 cuill. à soupe de farine
- 450 g de dés de jambon
- 14 cl de crème fraîche épaisse
- 42,5 cl de bouillon de légumes
- 2 cuill. à soupe de moutarde en grains
- 375 g de pâte brisée pur beurre, prête à l'emploi
- Un peu de lait pour dorer la pâte
- Sel et poivre du moulin

POUR SERVIR
- Légumes variés (facultatif)

1 Préchauffez le four à 190 °C (therm. 6-7). Épluchez l'oignon, émincez-le et écrasez l'ail. Faites chauffer l'huile dans une grande casserole et faites-y revenir l'oignon et l'ail pendant 3 ou 4 minutes.

2 Coupez les panais et les carottes en morceaux, ciselez le céleri en rondelles épaisses. Ajoutez les panais et les carottes dans la casserole. Laissez-les cuire pendant 4 ou 5 minutes, en remuant régulièrement. Ajoutez le céleri, saupoudrez le tout de farine, et mélangez énergiquement sur le feu pendant encore 1 minute.

3 Ajoutez les dés de jambon, puis versez la crème fraîche et le bouillon. Incorporez la moutarde. Salez et poivrez. Laissez mijoter pendant 5 minutes jusqu'à ce que la sauce épaississe légèrement, puis versez le tout dans une tourtière d'une contenance de 2 l. Laissez refroidir.

4 Recouvrez le tout avec la pâte brisée et enduisez-la de lait. Décorez avec des morceaux de pâte et enduisez-les de lait. Enfournez pendant 30 minutes, jusqu'à ce que la croûte soit bien dorée. Servez accompagné de légumes, si vous le souhaitez.

- Par portion : 452 Calories – Protéines : 17 g – Glucides : 37 g – Lipides : 27 g (dont 12 g de graisses saturées) – Fibres : 5 g – Sel : 2,09 g – Pas de sucres ajoutés.

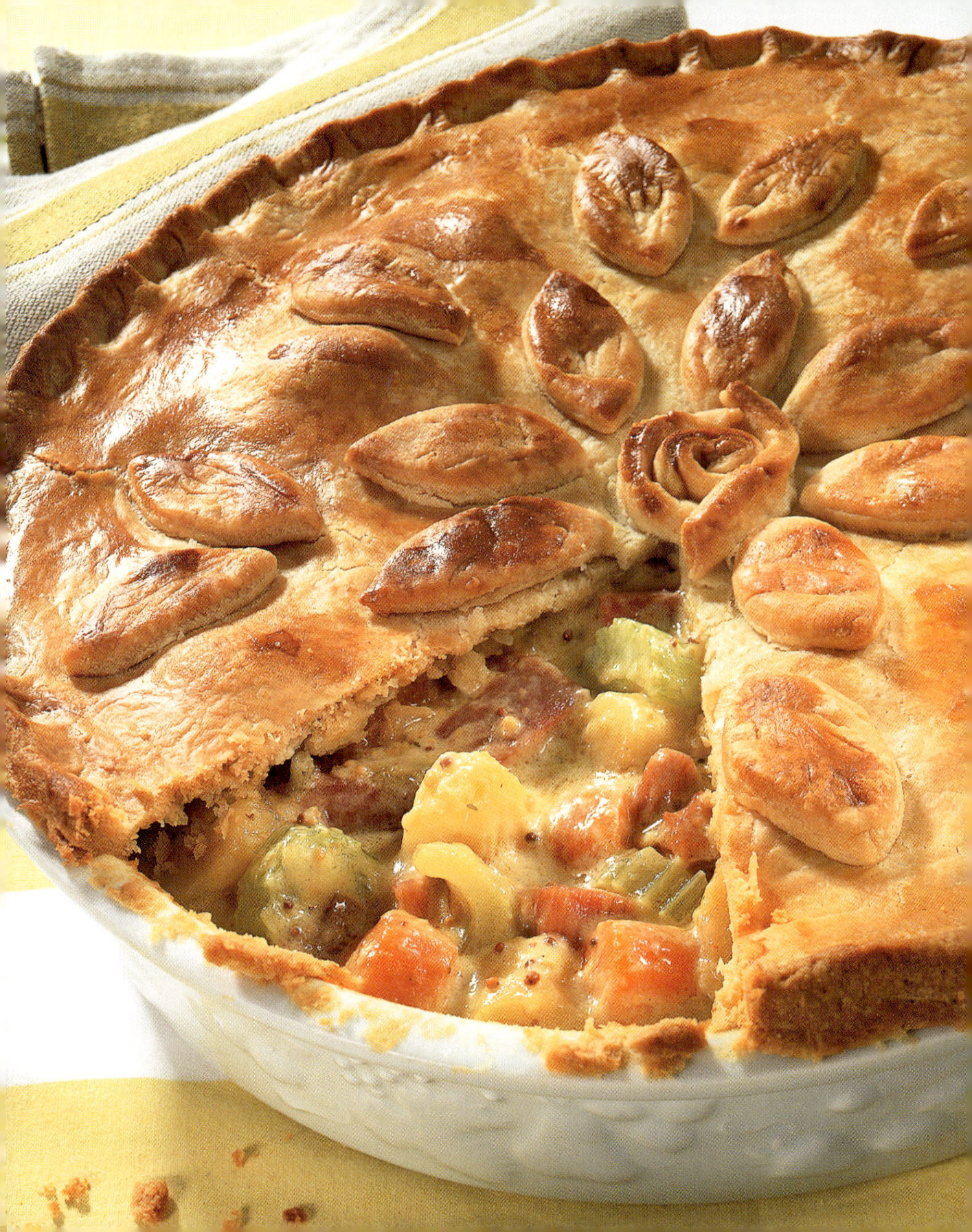

Un risotto étonnant qui cuit comme un gâteau
et se découpe en parts !

Galette de risotto au pesto

Pour 4 personnes
Préparation et cuisson : 1 h

- 1 gros poireau (175 g)
- 25 g de beurre
- 350 g de riz pour risotto
- 1 l de bouillon de légumes
- 100 g de pesto en bocal
- 2 œufs
- 150 g de mozzarella
- Poivre du moulin

POUR SERVIR
- Sauce tomate prête à l'emploi (facultatif)

1 Coupez le poireau en fines rondelles. Faites fondre le beurre dans une poêle et faites-y revenir le poireau pendant 5 ou 6 minutes, jusqu'à ce qu'il soit tendre. Ajoutez le riz et une louche de bouillon et laissez mijoter jusqu'à ce que tout le liquide ait été absorbé. Continuez à verser progressivement le bouillon et à laisser mijoter tout en remuant constamment pendant 20 minutes jusqu'à ce que le riz soit crémeux.

2 Incorporez le pesto, les œufs battus, et un peu de poivre noir. Étalez la moitié de la préparation dans une poêle antiadhésive de 23 cm de diamètre. Découpez la mozzarella en tranches fines, disposez-les sur le dessus de la préparation et recouvrez avec le reste du riz. Laissez cuire à feu moyen pendant 4 minutes.

3 Posez une assiette sur la poêle, faites-y glisser la galette de risotto puis retournez-la à l'envers dans la poêle. Tassez la galette pour lui rendre sa forme et laissez-la griller pendant 4 minutes. Servez avec de la sauce tomate prête à l'emploi, si vous le souhaitez.

- Par portion : 482 Calories – Protéines : 19 g – Glucides : 57 g – Lipides : 22 g (dont 9 g de graisses saturées) – Fibres : 2 g – Sel : 1,46 g – Pas de sucres ajoutés.

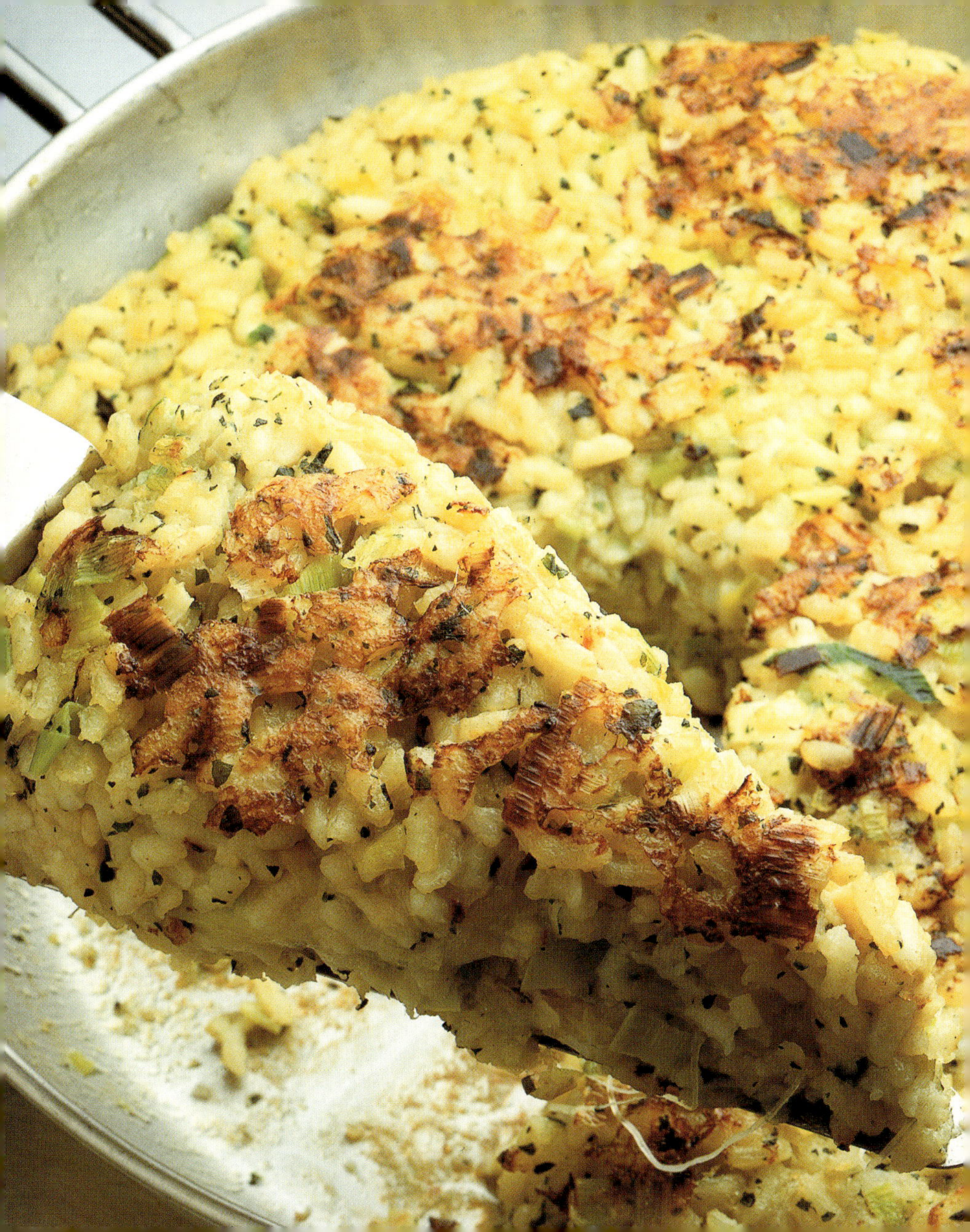

Le *lemon curd*, cette spécialité crémée anglaise à base de citron, sert habituellement à garnir des tartelettes. Il est ici détourné pour un dessert gastronomique, à confectionner en un tournemain !

Crème brûlée au citron

Pour 4 personnes
Préparation et cuisson : 15 min
(+ de 1 à 12 h de réfrigération)

- 57 cl de crème fraîche épaisse
- 225 g de lemon curd
- 4 ou 5 cuill. à café de sucre glace

1 Dans un grand saladier, fouettez la crème au batteur électrique jusqu'à ce qu'elle soit ferme, puis incorporez-y le lemon curd.

2 Répartissez cette préparation dans 4 ramequins de 9 cm de diamètre et lissez la surface. Laissez au frais pendant au moins 1 heure, voire toute une nuit.

3 Préchauffez le gril du four. Tamisez sur le dessus de chaque ramequin une fine couche de sucre glace. Laissez sous le gril pendant 2 ou 3 minutes, jusqu'à ce que le sucre caramélise. (Vous pouvez aussi le caraméliser au chalumeau.) Servez immédiatement.

- Par portion : 507 Calories – Protéines : 2 g – Glucides : 12 g – Lipides : 50 g (dont 32 g de graisses saturées) – Pas de fibres – Sel : 0,09 g – Sucres ajoutés : 9 g.

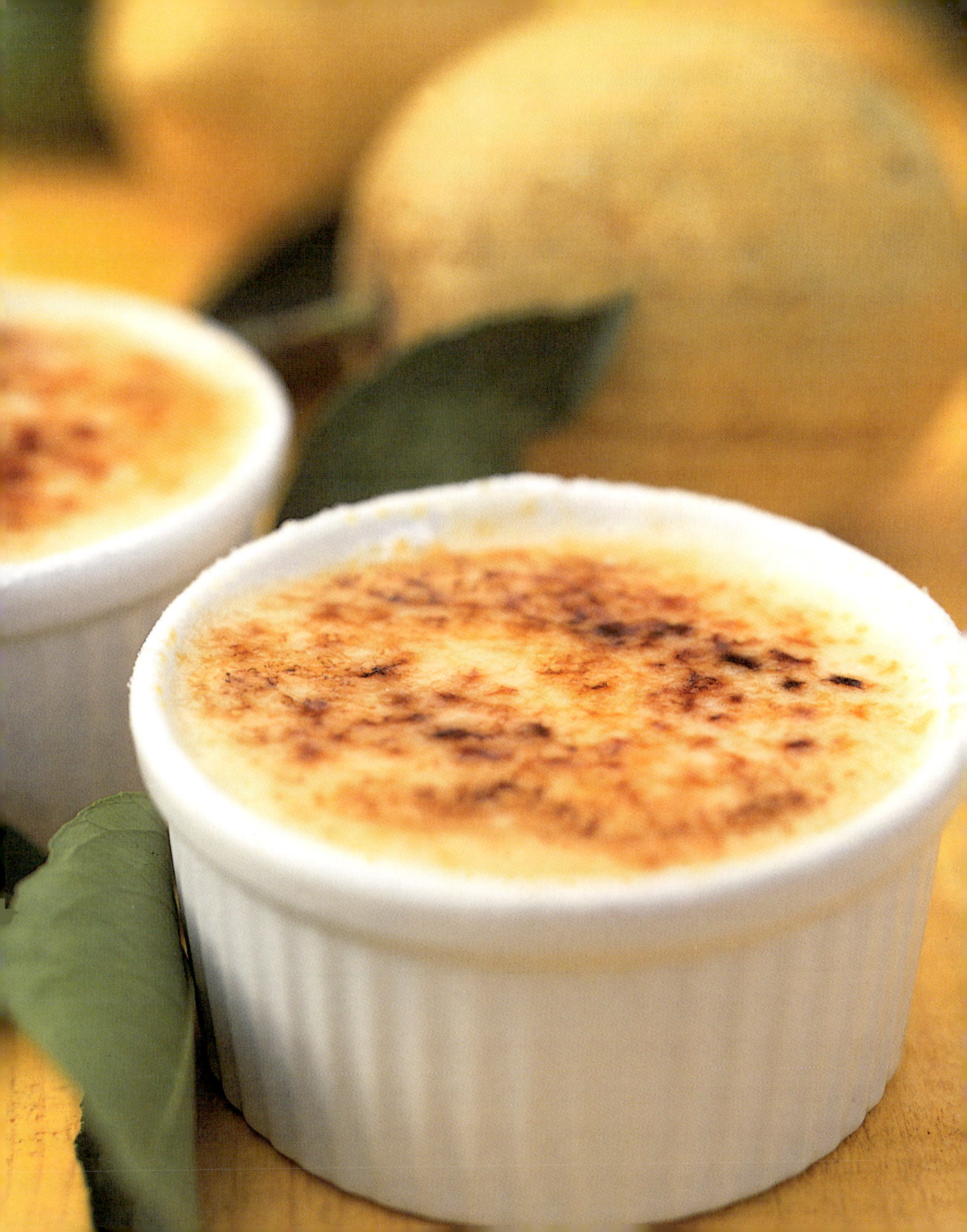

Voici un dessert crémeux d'une surprenante légèreté, à préparer quelques heures à l'avance et à réfrigérer pour l'apprécier bien frais.

Ricotta au café

Pour 4 personnes
Préparation : 25 min (+ 1 h de repos)

- 4 cuill. à soupe de raisins secs
- 3 cuill. à soupe de rhum ou de cognac
- 6 cuill. à soupe de café fort
- 50 g de sucre en poudre
- 250 g de ricotta
- 14 cl de crème fraîche épaisse
- 50 g de chocolat noir

POUR SERVIR
- Sucre glace

1 Mélangez les raisins secs, le rhum ou le cognac, le café et le sucre puis laissez reposer cette préparation pendant 1 heure.

2 Mettez la ricotta dans un saladier et battez-la légèrement pour la rendre onctueuse. Incorporez-y graduellement la préparation au café. Avec la crème fraîche, préparez de la crème fouettée bien ferme et incorporez-la. Ajoutez la moitié du chocolat râpé.

3 Répartissez cette préparation dans 4 verres et décorez du reste des copeaux de chocolat. Laissez au frais jusqu'à la dernière minute. Saupoudrez de sucre glace au moment de servir.

• Par portion : 447 Calories – Protéines : 8 g – Glucides : 39 g – Lipides : 28 g (dont 17 g de graisses saturées) – Fibres : 1 g – Sel : 0,23 g – Sucres ajoutés : 22 g.

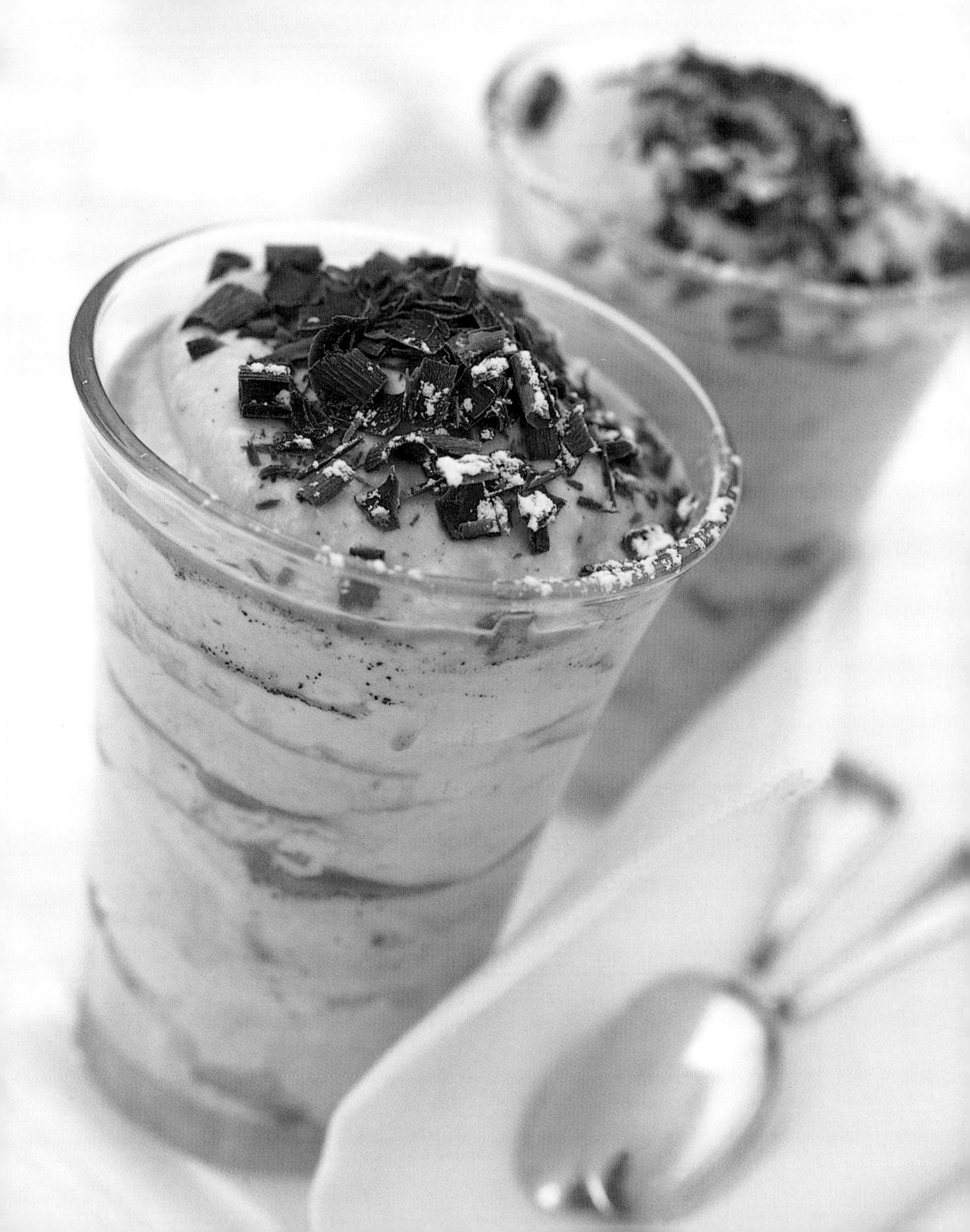

Un dessert glacé à la saveur inédite,
aussi original que raffiné !

Crème glacée au gingembre

Pour 6 personnes
Préparation : 20 min
(+ 4 h de congélation)

- 6 coques de meringue
- 4 morceaux de gingembre au sirop
- 42,5 cl de crème fraîche épaisse
- Le zeste de 1 citron
- 3 cuill. à soupe de kirsch
- 2 cuill. à soupe de sucre en poudre

1 Tapissez un moule à tarte de 18 cm de diamètre avec du film alimentaire. Émiettez les meringues et hachez finement le gingembre au sirop. Fouettez la crème fraîche jusqu'à ce qu'elle soit souple et incorporez-y le zeste de citron, le kirsch, le sucre, le gingembre et les morceaux de meringue.

2 Versez la préparation dans le moule à tarte, lissez le dessus et mettez au congélateur pendant au moins 4 heures.

3 Sortez la crème glacée du congélateur 10 minutes avant de la servir. Laissez reposer à température ambiante. Coupez des parts et décorez avec le sirop du bocal de gingembre.

• Par portion : 333 Calories – Protéines : 2 g – Glucides : 22 g – Lipides : 26 g (dont 16 g de graisses saturées) – Pas de fibres – Sel : 0,54 g – Sucres ajoutés : 19 g.

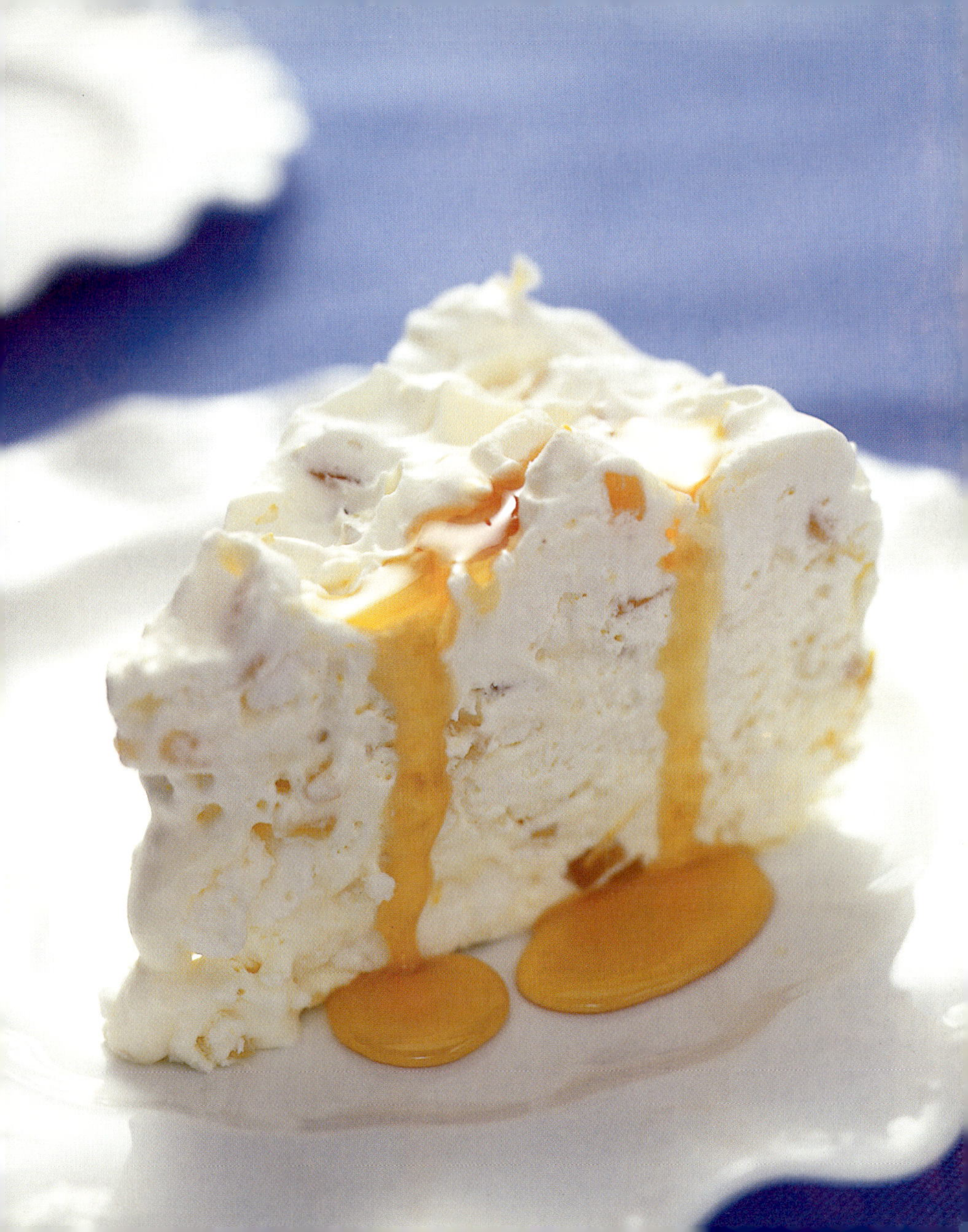

L'acidité des mûres caramélisées se marie parfaitement avec la crème glacée.

Pommes et mûres caramélisées

Pour 4 personnes
Préparation et cuisson : 20 min

- 85 g de beurre
- 85 g de sucre roux en poudre
- 4 pommes
- 100 g de mûres
- Le jus de 1 citron

POUR SERVIR
- Crème glacée à la vanille

1   Faites chauffer le beurre et le sucre dans une poêle à frire. Pendant ce temps, pelez, épépinez et coupez les pommes en quartiers. Dès que le beurre est fondu et que le sucre est dissous, ajoutez les morceaux de pomme.

2   Laissez sur le feu pendant 5 à 7 minutes, en remuant de temps en temps, jusqu'à ce que les pommes soient tendres et que le coulis commence à caraméliser. Ôtez la poêle du feu et ajoutez les mûres.

3   Incorporez le jus de citron. Versez la préparation sur des boules de glace à la vanille et servez.

• Par portion : 302 Calories – Protéines : 1 g – Glucides : 37 g – Lipides : 18 g (dont 11 g de graisses saturées) – Fibres : 3 g – Sel : 0,42 g – Sucres ajoutés : 22 g.

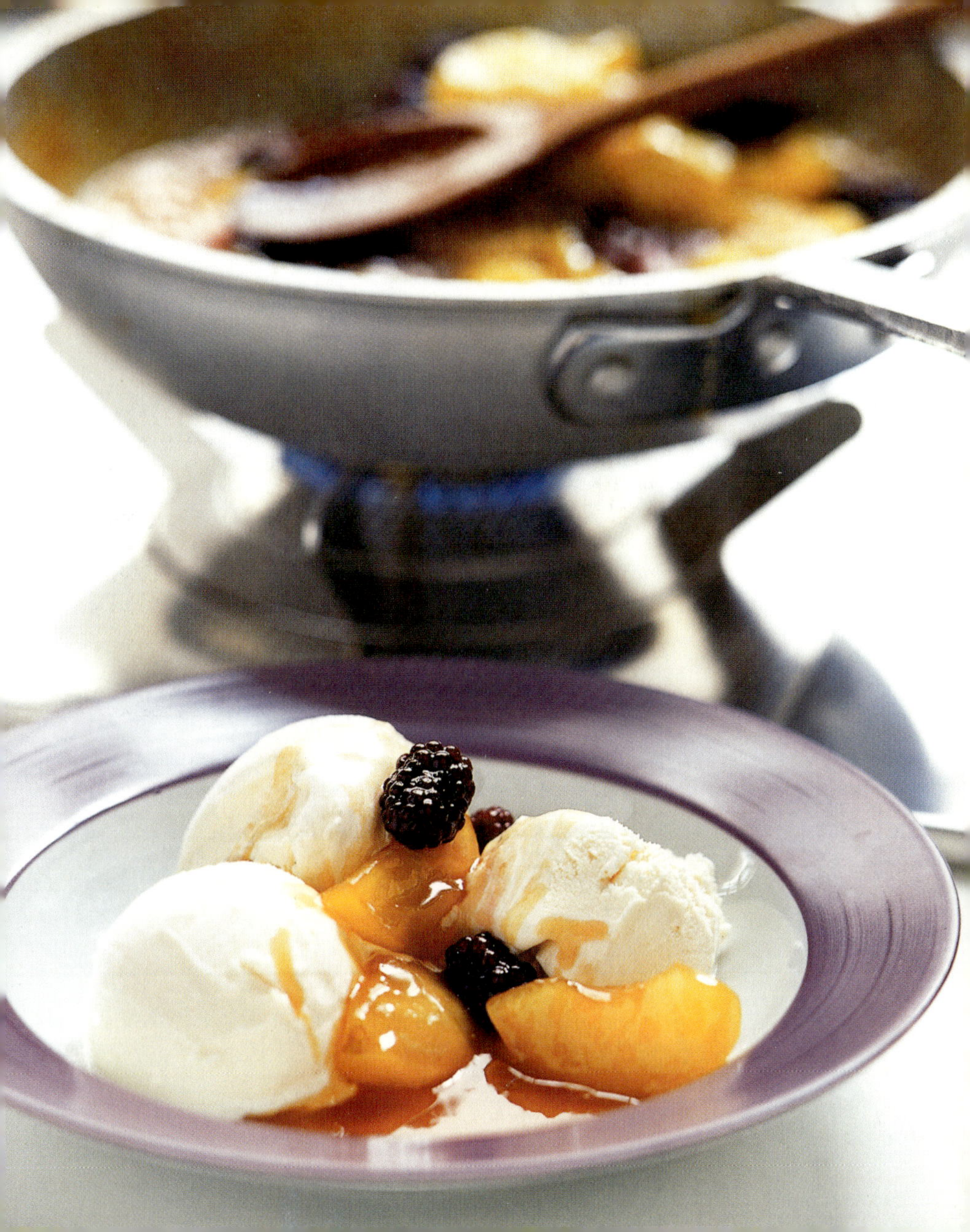

Un péché de gourmandise, à la fois croustillant
et fondant à cœur !

Beignets de banane

Pour 4 personnes
Préparation et cuisson : 30 min

- 100 g de farine avec levure incorporée
- 2 cuill. à soupe de graines de sésame grillées
- 1 cuill. à soupe de sucre en poudre + un peu pour servir
- 15 cl d'eau froide
- 4 bananes
- Huile végétale pour la friture

POUR SERVIR
- Sirop d'érable

1 Mélangez la farine, les graines de sésame grillées et le sucre dans un saladier. Ménagez un puits au centre et versez-y l'eau froide, puis fouettez le tout jusqu'à ce que la pâte à beignets soit bien fluide.

2 Épluchez et découpez diagonalement chaque banane en 4 tronçons. Remplissez au tiers une grande casserole ou un wok d'huile végétale. Faites-la chauffer. Plongez les morceaux de banane dans la pâte à beignets puis plongez-les lentement dans l'huile de friture à l'aide d'une écumoire.

3 Laissez les beignets frire pendant 3 minutes jusqu'à ce qu'ils soient croustillants. Puis sortez-les du bain de friture et épongez-les sur du papier absorbant. Servez chaud, saupoudré de sucre et arrosé de sirop d'érable.

- Par portion : 345 Calories – Protéines : 5 g – Glucides : 51 g – Lipides : 15 g (dont 2 g de graisses saturées) – Fibres : 3 g – Sel : 0,26 g – Sucres ajoutés : 7 g.

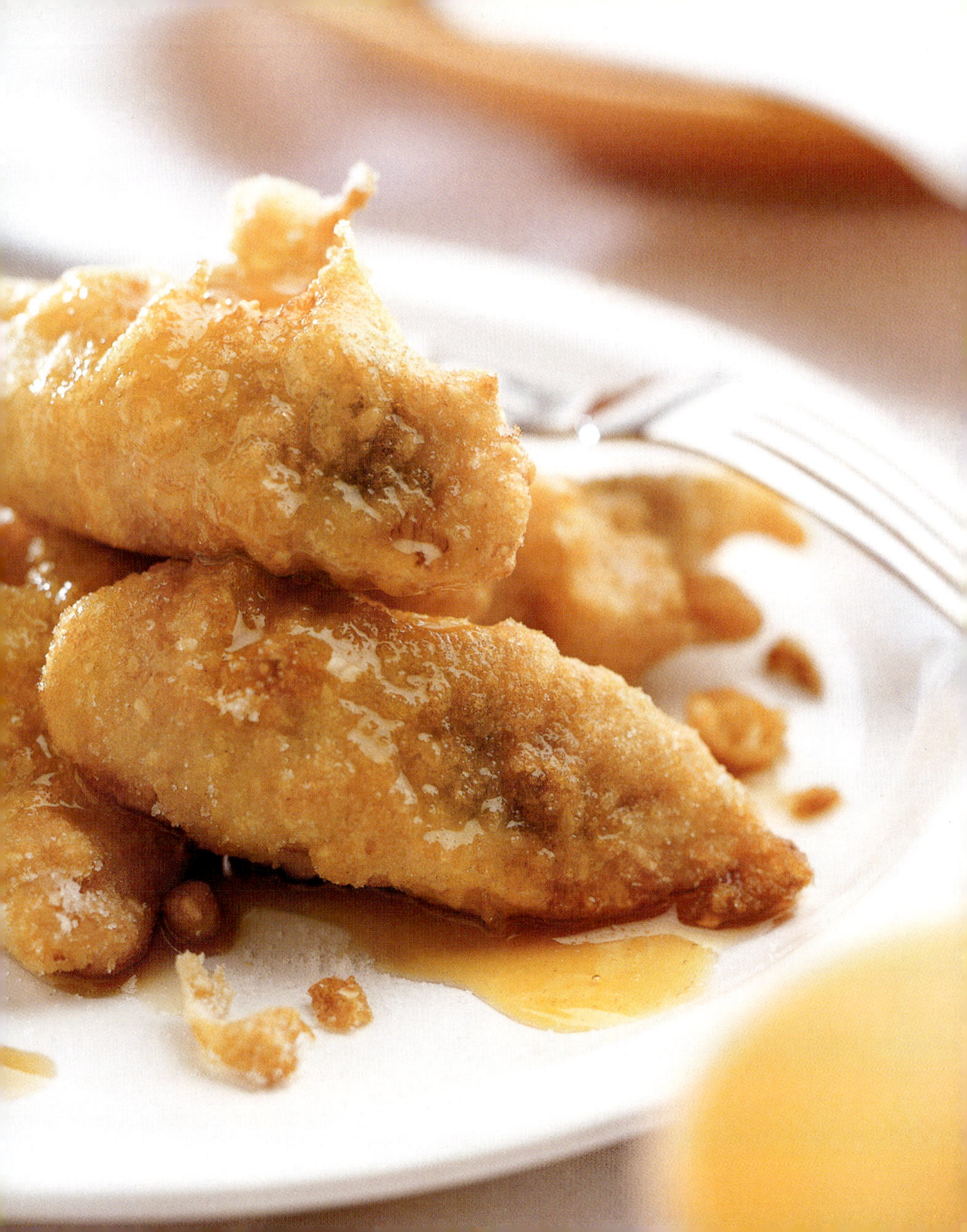

Facilitez-vous la vie en achetant des crêpes prêtes à l'emploi.

Crêpes fourrées aux pommes

Pour 6 personnes
Préparation et cuisson : 25 min

- 85 g de beurre
- 85 g de cassonade
- 6 pommes
- 85 g de noix de pécan
- 85 g de raisins secs
- Le jus de 1 citron
- 6 crêpes prêtes à l'emploi

POUR SERVIR
- Sucre glace

1 Faites chauffer le beurre et le sucre dans une casserole et remuez jusqu'à ce que le beurre soit fondu et le sucre dissous. Pelez les pommes et découpez-les en 12 quartiers. Ajoutez ces derniers dans la casserole et laissez-les cuire pendant 3 ou 4 minutes en les remuant de temps en temps jusqu'à ce qu'ils soient tendres. Hachez grossièrement les noix de pécan et incorporez-les ; laissez-les brunir un instant.

2 Ôtez la casserole du feu et ajoutez les raisins secs et le jus de citron. Fourrez chaque crêpe avec une bonne cuillerée de cette préparation.

3 Rabattez le bord des crêpes en formant un carré et retournez le tout rapidement. Coupez en deux, saupoudrez généreusement de sucre glace et servez.

- Par portion : 478 Calories – Protéines : 6 g – Glucides : 55 g – Lipides : 27 g (dont 9 g de graisses saturées) – Fibres : 4 g – Sel : 0,41 g – Sucres ajoutés : 16 g.

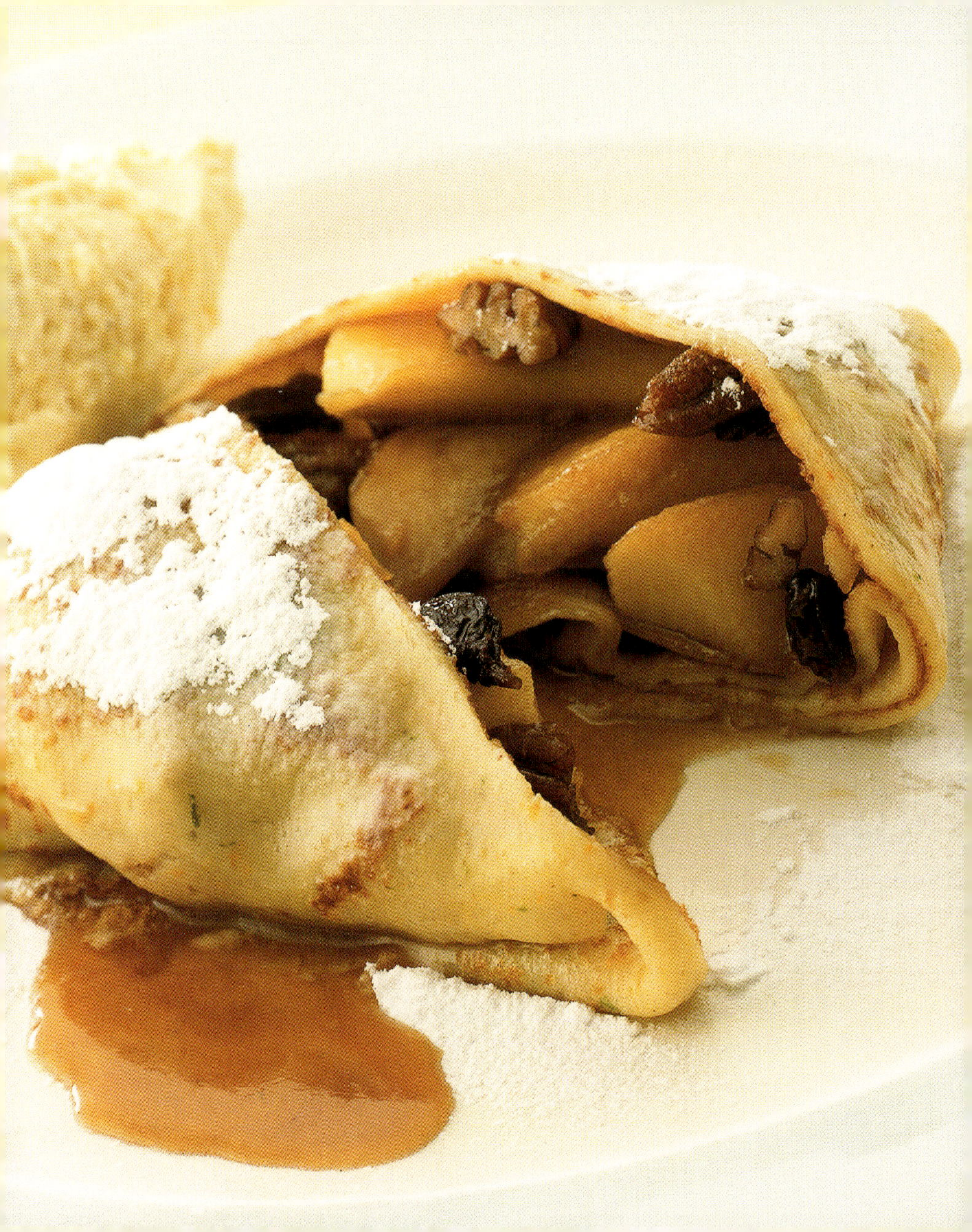

À défaut d'ananas frais, vous pouvez opter pour des rondelles d'ananas au jus en conserve. Évitez l'ananas au sirop, souvent trop sucré.

Ananas caramélisé et biscuit aux amandes

Pour 6 personnes
Préparation et cuisson : 1 h 20

- 1 gros ananas frais
- 85 g de cassonade
- 3 cuill. à soupe de farine
- Le zeste de 1 orange

POUR LE BISCUIT
- 140 g de farine
- 50 g d'amandes en poudre
- 85 g de sucre en poudre
- 2,5 cuill. à café de levure
- 1/4 de cuill. à café de sel
- 1 œuf battu
- 5 cuill. à soupe de yaourt nature
- 85 g de beurre fondu + un peu pour graisser le plat
- 1/2 cuill. à café d'extrait de vanille
- 2 cuill. à soupe d'amandes effilées

1 Préchauffez le four à 190 °C (therm. 6-7). Beurrez un grand plat allant au four. Pelez et coupez l'ananas en rondelles. Dans un saladier, mélangez l'ananas, la cassonade, la farine et le zeste d'orange. Étalez bien la préparation dans le plat.

2 Préparez le biscuit : mélangez la farine, les amandes en poudre, le sucre, la levure et le sel. Ajoutez l'œuf battu, le yaourt, le beurre fondu et l'extrait de vanille, et mélangez bien le tout. Versez la préparation sur les fruits en laissant une bordure de 2,5 cm tout autour.

3 Saupoudrez d'amandes effilées grillées. Faites cuire au four pendant 50 à 55 minutes. La cuisson est parfaite quand la pointe d'un couteau ou une brochette glissée au cœur de la préparation en ressort sans trace. Servez chaud.

- Par portion : 492 Calories – Protéines : 8 g – Glucides : 72 g – Lipides : 21 g (dont 8 g de graisses saturées) – Fibres : 4 g – Sel : 1,19 g – Sucres ajoutés : 29 g.

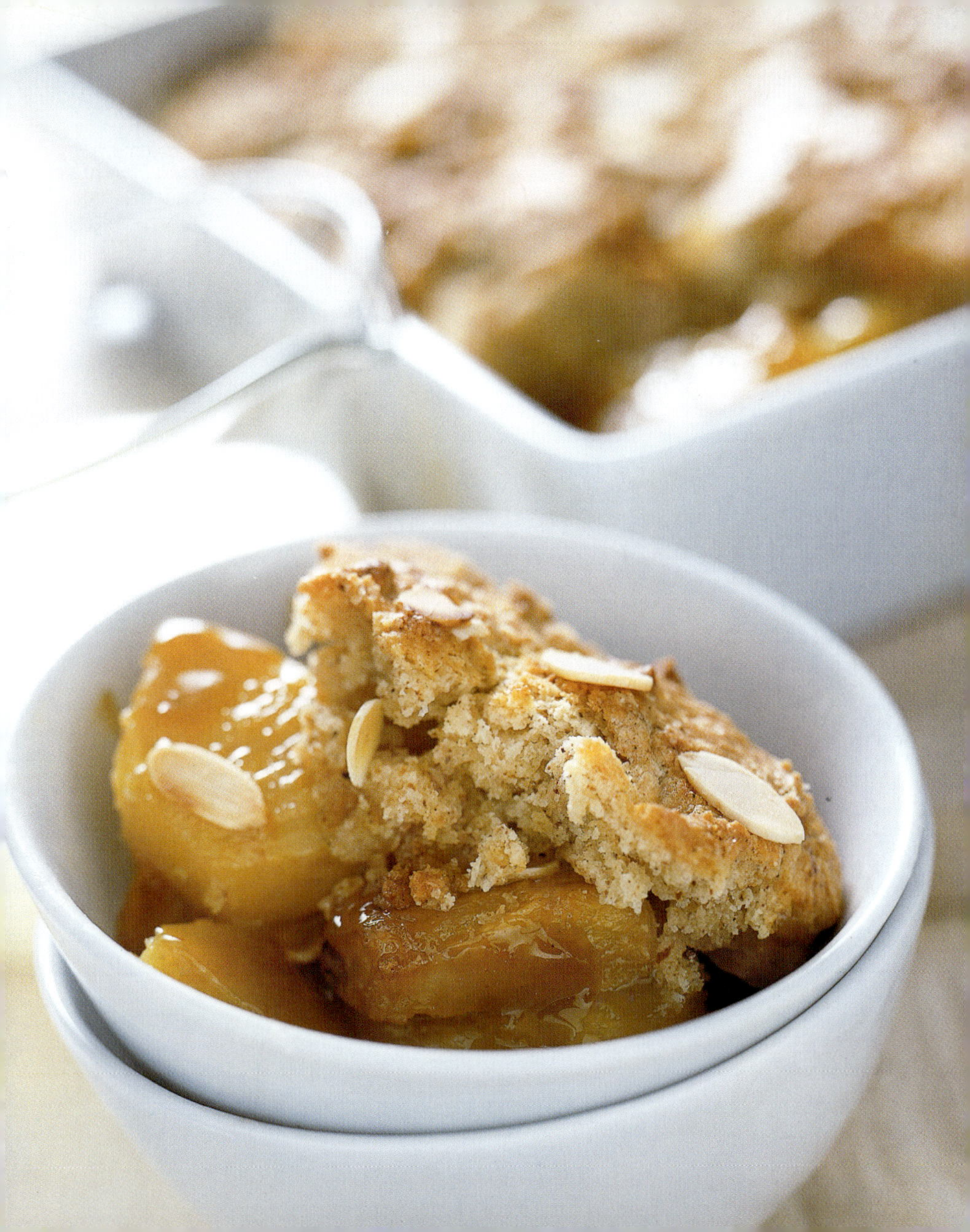

Une succulente variante briochée du plus traditionnel
des goûters d'enfance !

Pain perdu spécial

Pour 6 personnes
Préparation et cuisson : 50 min

- 50 g de beurre
- 6 petits pains au lait et aux raisins secs, frais ou légèrement rassis
- 30 cl de lait
- 30 cl de crème fraîche liquide
- 1 cuill. à café d'essence de vanille
- 1 cuill. à café de cannelle en poudre
- 100 g de cassonade
- 4 œufs
- 2 cuill. à soupe de sucre en poudre

1 Préchauffez le four à 180 °C (therm. 6). Beurrez un plat à gratin de 30 x 24 x 5 cm. Coupez les petits pains en deux. Beurrez-les d'un côté et posez-les dans le plat, côté beurré vers le haut, de façon à ce qu'ils se chevauchent. Versez le lait, la crème fraîche, l'essence de vanille et la moitié de la cannelle dans une casserole. Faites chauffer lentement et retirez du feu dès ébullition.

2 Mélangez la cassonade et les œufs au batteur électrique jusqu'à ce qu'ils soient mousseux. Incorporez-y progressivement le mélange à base de lait tout en continuant à fouetter. Arrosez les petits pains avec ce mélange. Laissez reposer pendant 5 minutes.

3 Saupoudrez le plat avec ce qui reste de cannelle et passez au four pendant 30 minutes. Décorez de sucre pendant que le plat est encore chaud.

• Par portion : 484 Calories – Protéines : 11 g – Glucides : 57 g – Lipides : 25 g (dont 14 g de graisses saturées) – Fibres : 1 g – Sel : 0,58 g – Sucres ajoutés : 30 g.

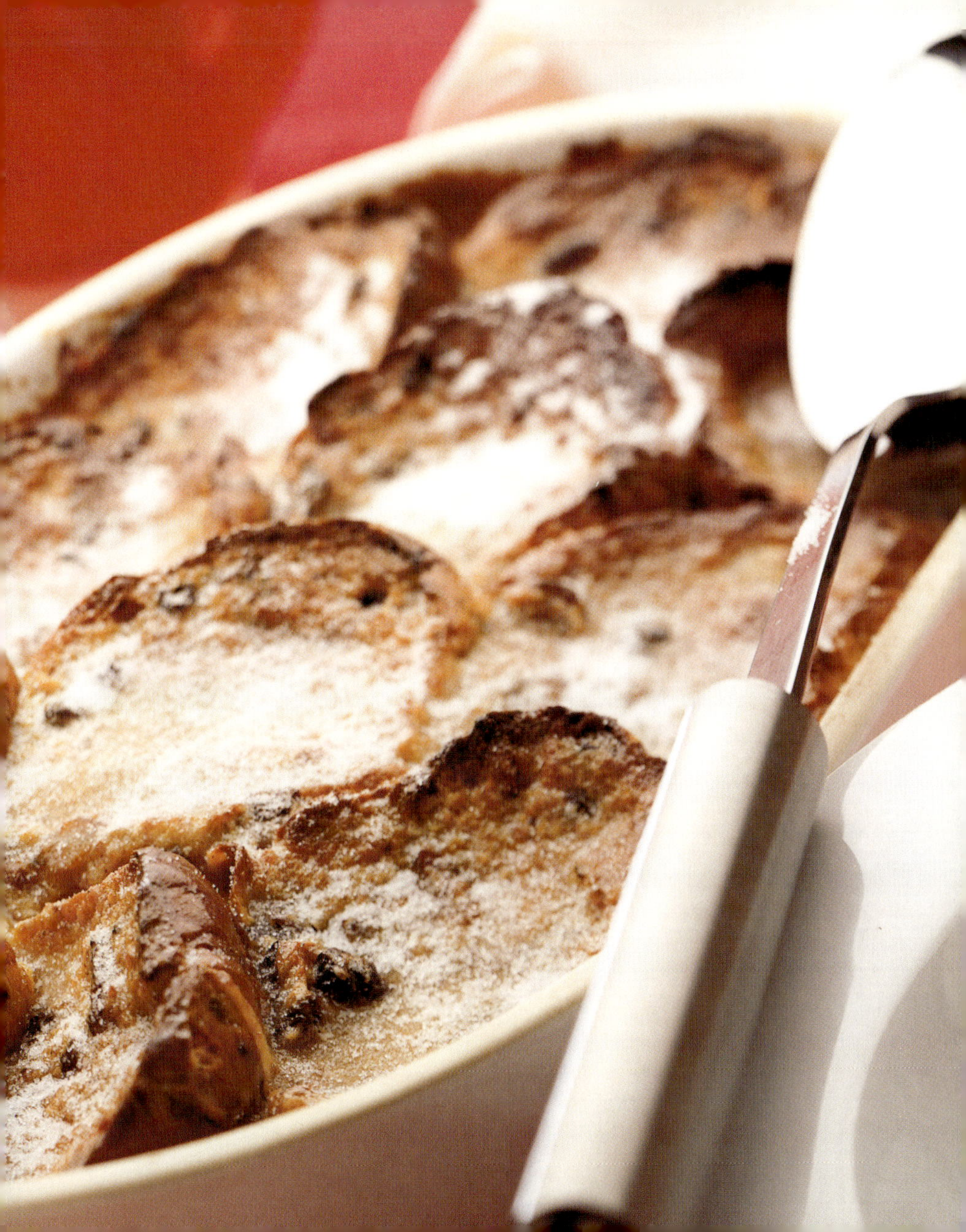

Qu'il contienne des myrtilles, des mûres ou des framboises, ce dessert fait toujours l'unanimité !

Myrtilles et biscuit au citron

Pour 6 personnes
Préparation et cuisson : 40 min

- 1 pomme à cuire d'environ 175 g
- 250 g de myrtilles surgelées
- 50 g de cassonade
- 250 g de mascarpone

POUR LE BISCUIT
- 85 g de beurre
- 225 g de farine, avec levure incorporée
- 50 g de cassonade
- Le zeste de 1 citron
- 150 g de yaourt nature

1 Pelez la pomme, ôtez-en le centre et découpez-la en fines lamelles. Répartissez celles-ci sur le fond d'un plat de 1,5 litre allant au four. Versez les myrtilles par-dessus, saupoudrez de cassonade et mélangez légèrement. Recouvrez le tout de mascarpone.

2 Préchauffez le four à 220 °C (therm. 7-8). Préparez le biscuit : coupez le beurre en petits morceaux puis mélangez à la main la farine et le beurre, ou passez-les au batteur électrique jusqu'à ce qu'ils forment de gros grumeaux. Rajoutez la cassonade et le zeste de citron. Ménagez un puits au centre de cette préparation et versez-y le yaourt. Mélangez ou passez au mixeur jusqu'à ce que le yaourt soit bien incorporé, sans que la pâte soit trop lisse.

3 Étalez cette préparation par-dessus la couche de mascarpone qui recouvre les fruits. Laissez cuire pendant 20 minutes, jusqu'à ce que la croûte biscuitée soit gonflée et bien dorée.

- Par portion : 323 Calories – Protéines : 5 g – Glucides : 49 g – Lipides : 13 g (dont 8 g de graisses saturées) – Fibres : 2 g – Sel : 0,66 g – Sucres ajoutés : 17 g.

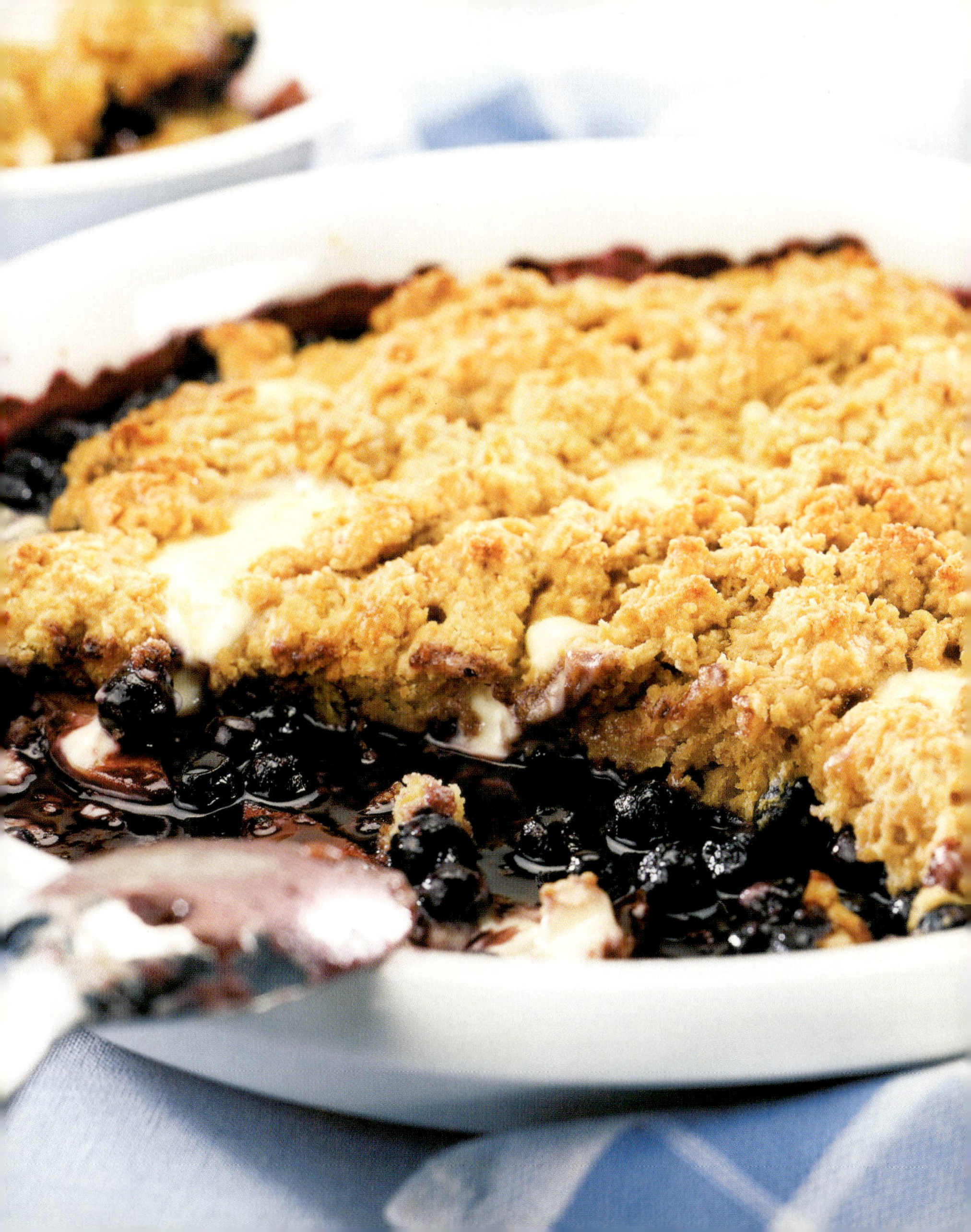

La cuisson de ce dessert raffiné est un peu longue mais facile à faire puisque vous n'aurez qu'à compléter régulièrement la réserve d'eau du bain-marie. C'est tout !

Gâteau à la rhubarbe

Pour 6 personnes
Préparation et cuisson : 1 h 50

- 350 g de rhubarbe
- 85 g de sucre cristallisé
- 1 cuill. à café de gingembre en poudre
- 125 g de beurre + un peu pour graisser le moule
- 125 g de sucre en poudre
- Quelques gouttes d'extrait de vanille
- 2 œufs battus
- 175 g de farine, avec levure incorporée

POUR SERVIR
- Crème fraîche ou crème anglaise (facultatif)

1 Coupez la rhubarbe en morceaux et faites cuire ceux-ci avec le sucre cristallisé et le gingembre à feu doux pendant 3 minutes. Graissez un moule à pudding de 85 cl et versez-y la compote de rhubarbe.

2 Mélangez le beurre et le sucre en poudre au batteur jusqu'à ce qu'ils soient mousseux. Ajoutez l'extrait de vanille. Incorporez progressivement les œufs battus, puis la farine. Versez la préparation délicatement sur la rhubarbe. Prenez une feuille de papier sulfurisé, enduisez-la de beurre et faites un pli en son centre. Placez-la sur le moule, côté beurré en dessous, recouvrez-la d'une feuille d'aluminium et fixez soigneusement le tout sur le moule avec une ficelle.

3 Placez le moule dans une grande casserole remplie à moitié d'eau. Portez à ébullition. Couvrez et laissez frémir pendant 1 h 30, en complétant le niveau de l'eau de temps en temps. Sortez le moule, ôtez les feuilles protectrices et démoulez le gâteau sur une assiette. Servez avec de la crème fraîche ou de la crème anglaise, si vous le souhaitez.

- Par portion : 416 Calories – Protéines : 6 g – Glucides : 58 g – Lipides : 20 g (dont 11 g de graisses saturées) – Fibres : 2 g – Sel : 0,34 g – Sucres ajoutés : 35 g.

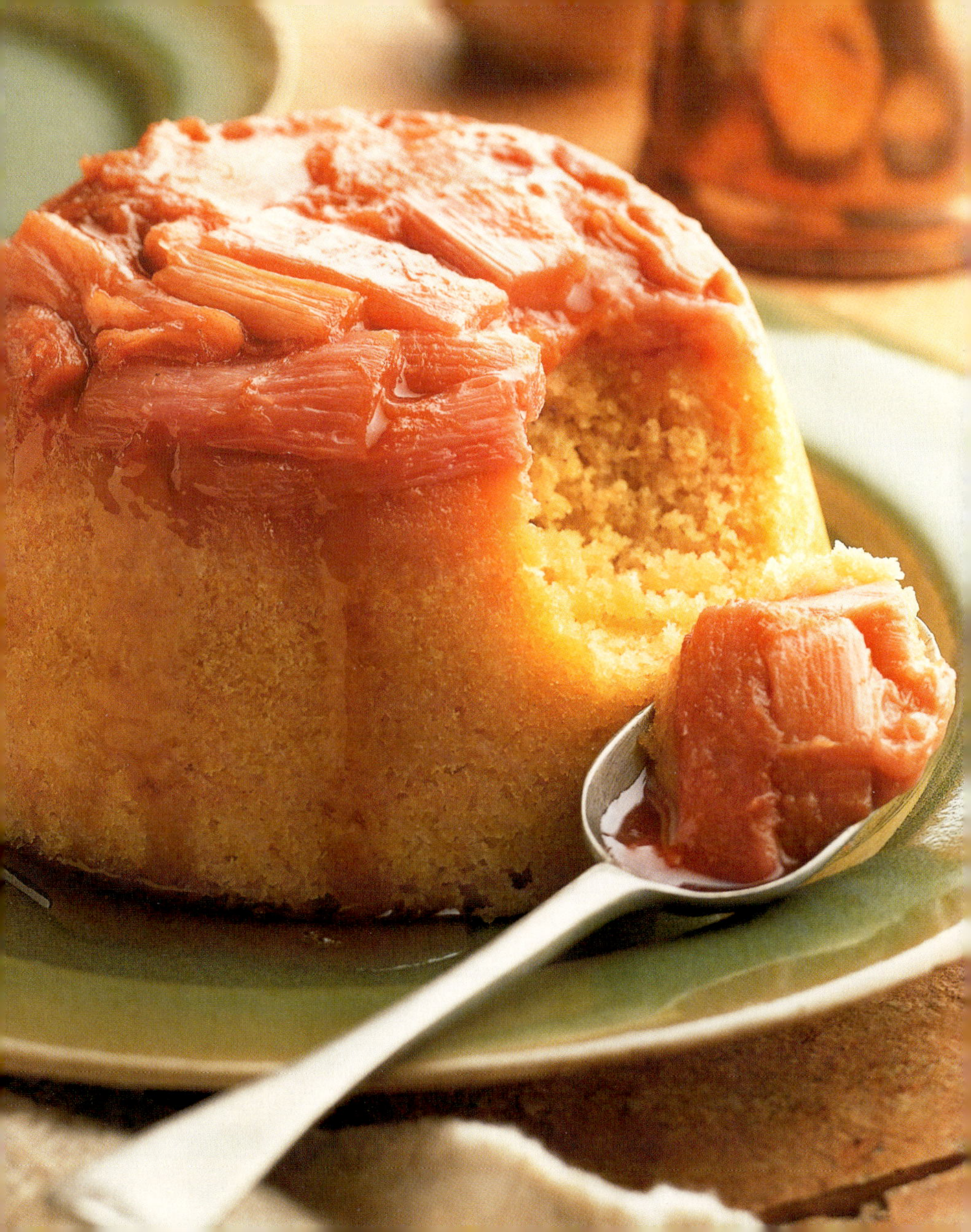

Voici une variante encore plus savoureuse
d'une recette anglo-saxonne traditionnelle.

Tarte aux noix de pécan

Pour 8 personnes
Préparation et cuisson : 1 h 10

- 85 g de beurre
- 25 g de farine, avec levure incorporée
- 140 g de farine
- 2 ou 3 cuill. à soupe d'eau froide

POUR LA GARNITURE
- 85 g de beurre mou, à température ambiante
- 140 g de cassonade
- 2 œufs bien battus
- 100 g de mélasse (ou de sirop d'érable)
- 2 cuill. à soupe de crème fraîche épaisse
- 100 g de noix de pécan

POUR SERVIR
- Crème fraîche

1 Préchauffez le four à 190 °C (therm. 6-7). Coupez le beurre en menus morceaux et mélangez-le avec les deux types de farine de façon à obtenir une pâte grumeleuse. Ajoutez l'eau et mélangez à l'aide d'une spatule jusqu'à ce que vous obteniez une boule de pâte bien souple.

2 Étalez la pâte avec un rouleau à pâtisserie et disposez-la sur le fond d'un moule à tarte métallique, peu profond, de 23 cm de diamètre. Couvrez-la d'une feuille de papier sulfurisé et de haricots secs et faites-la cuire à blanc pendant 17 minutes. Ôtez la protection et remettez au four pendant 5 minutes.

3 Préparez la garniture : fouettez le beurre et la cassonade jusqu'à ce qu'ils soient mousseux, puis incorporez-y graduellement les œufs battus, la mélasse et la crème fraîche. Ajoutez les noix de pécan que vous aurez grossièrement hachées. Versez la préparation dans le moule à tarte et faites cuire pendant 30 à 35 minutes. Laissez refroidir dans le moule et servez avec de la crème fraîche.

- Par portion : 456 Calories – Protéines : 5 g – Glucides : 45 g – Lipides : 30 g (dont 13 g de graisses saturées) – Fibres : 1 g – Sel : 0,58 g – Sucres ajoutés : 28 g.

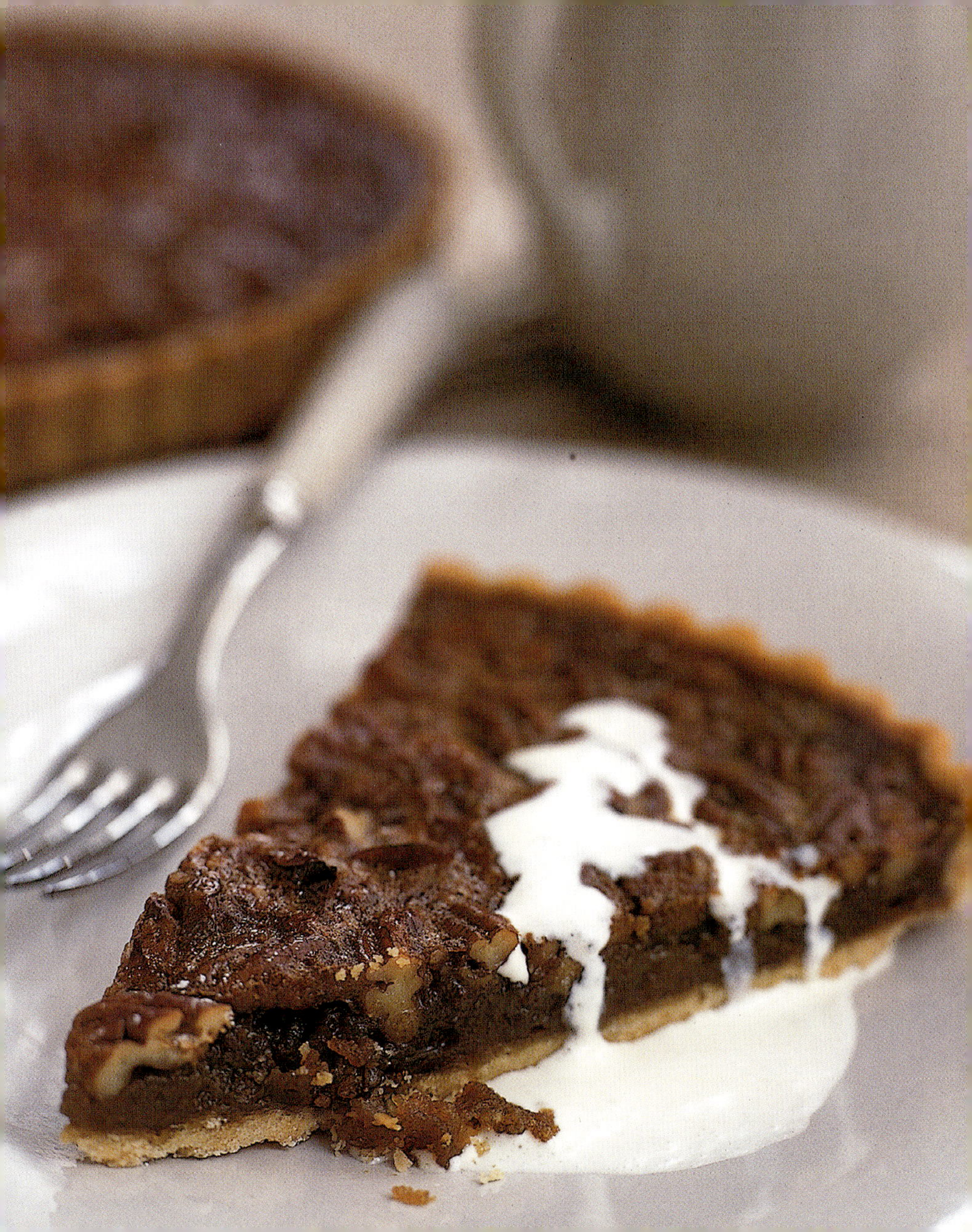

Pour émietter plus rapidement les biscuits, mettez-les dans un sac en plastique et écrasez-les avec un rouleau à pâtisserie.

Gâteau au chocolat et aux noisettes

Pour 8 personnes
Préparation et cuisson : 20 min
(+ 1 h de réfrigération)

- 100 g de beurre doux
- 185 g de chocolat noir
- 2 cuill. à soupe de mélasse (ou de sirop d'érable)
- 225 g de biscuits au gingembre
- 100 g de noisettes grillées

1 Graissez légèrement une tourtière de 18 cm de diamètre. Faites fondre le beurre, 100 g de chocolat et la mélasse au bain-marie, en remuant de temps en temps.

2 Réduisez les biscuits au gingembre en miettes et hachez grossièrement les noisettes. Retirez le mélange beurre-chocolat-mélasse du feu et incorporez les miettes de biscuits et les trois quarts des noisettes. Versez cette préparation dans la tourtière.

3 Faites fondre le reste du chocolat, versez-le par-dessus et saupoudrez du reste de noisettes. Laissez au frais pendant 1 heure avant de servir, découpé en parts.

• Par portion : 433 Calories – Protéines : 4 g – Glucides : 39 g – Lipides : 30 g (dont 13 g de graisses saturées) – Fibres : 2 g – Sel : 0,68 g – Sucres ajoutés : 20 g.

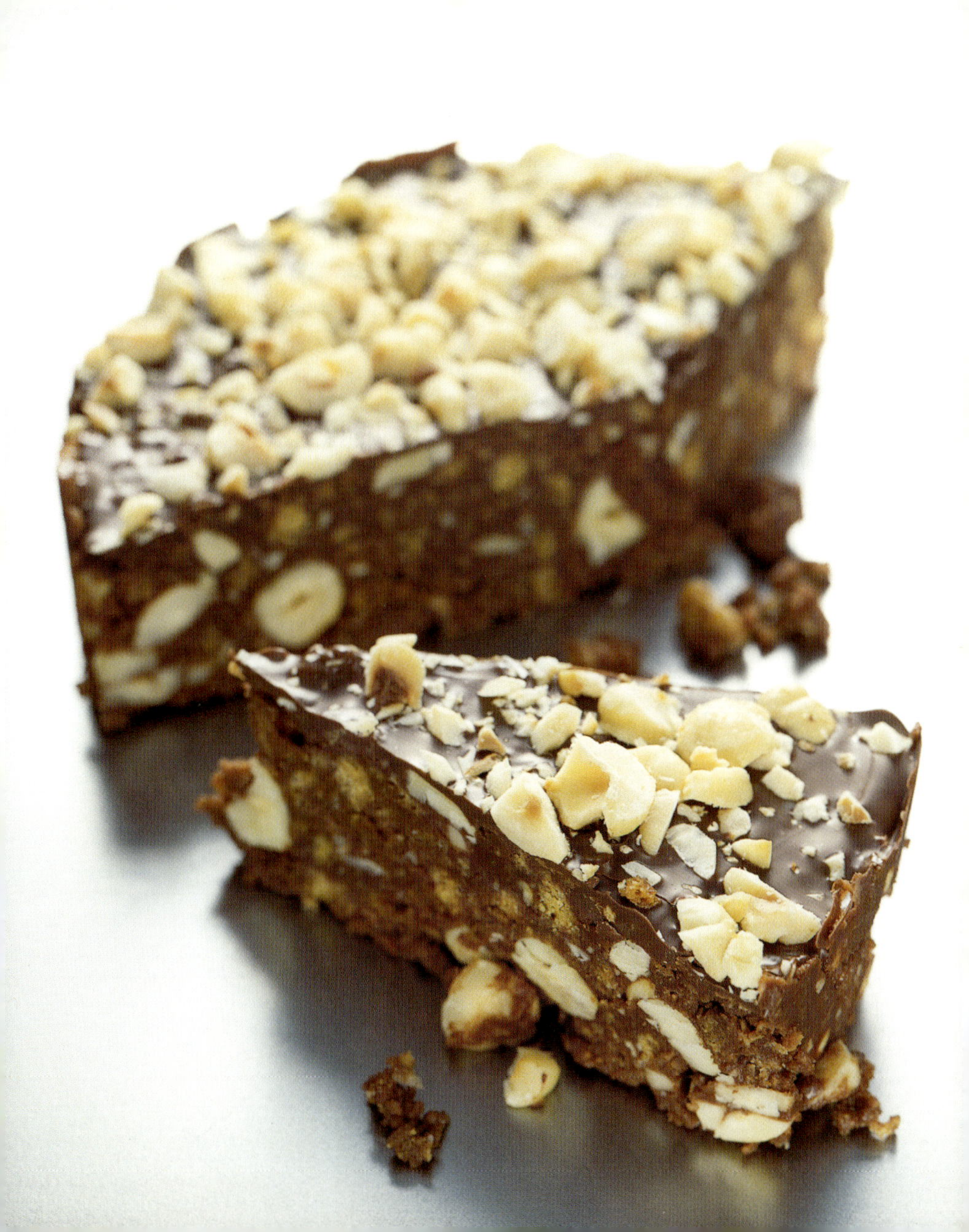

Les petits flocons d'avoine à porridge donnent des galettes tendres ;
pour obtenir des galettes plus croustillantes,
utilisez une variété de flocons de plus grande taille.

Galettes de flocons d'avoine

Pour 12 personnes
Préparation et cuisson : 35 min

- 175 g de beurre coupé en petits morceaux
- 140 g de mélasse (ou de sirop d'érable)
- 50 g de cassonade
- 250 g de flocons d'avoine

1 Préchauffez le four à 180 °C (therm. 6). Couvrez le fond d'un moule à tarte de 23 cm de diamètre d'une feuille de papier sulfurisé.

2 Faites chauffer le beurre, la mélasse et le sucre à feu doux dans une casserole de taille moyenne. Retirez du feu dès que le sucre et la mélasse sont dissous et que le beurre est fondu. Incorporez les flocons d'avoine.

3 Mettez la préparation dans le moule et tassez-la. Mettez au four pendant 20 à 25 minutes, jusqu'à ce que le dessus soit bien doré. Laissez refroidir complètement avant de démouler et de découper en parts – ce qui vous permettra d'éviter que les galettes ne s'effritent.

• Par portion : 242 Calories – Protéines : 3 g – Glucides : 29 g – Lipides : 14 g (dont 8 g de graisses saturées) – Fibres : 1 g – Sel : 0,38 g – Sucres ajoutés : 13 g.

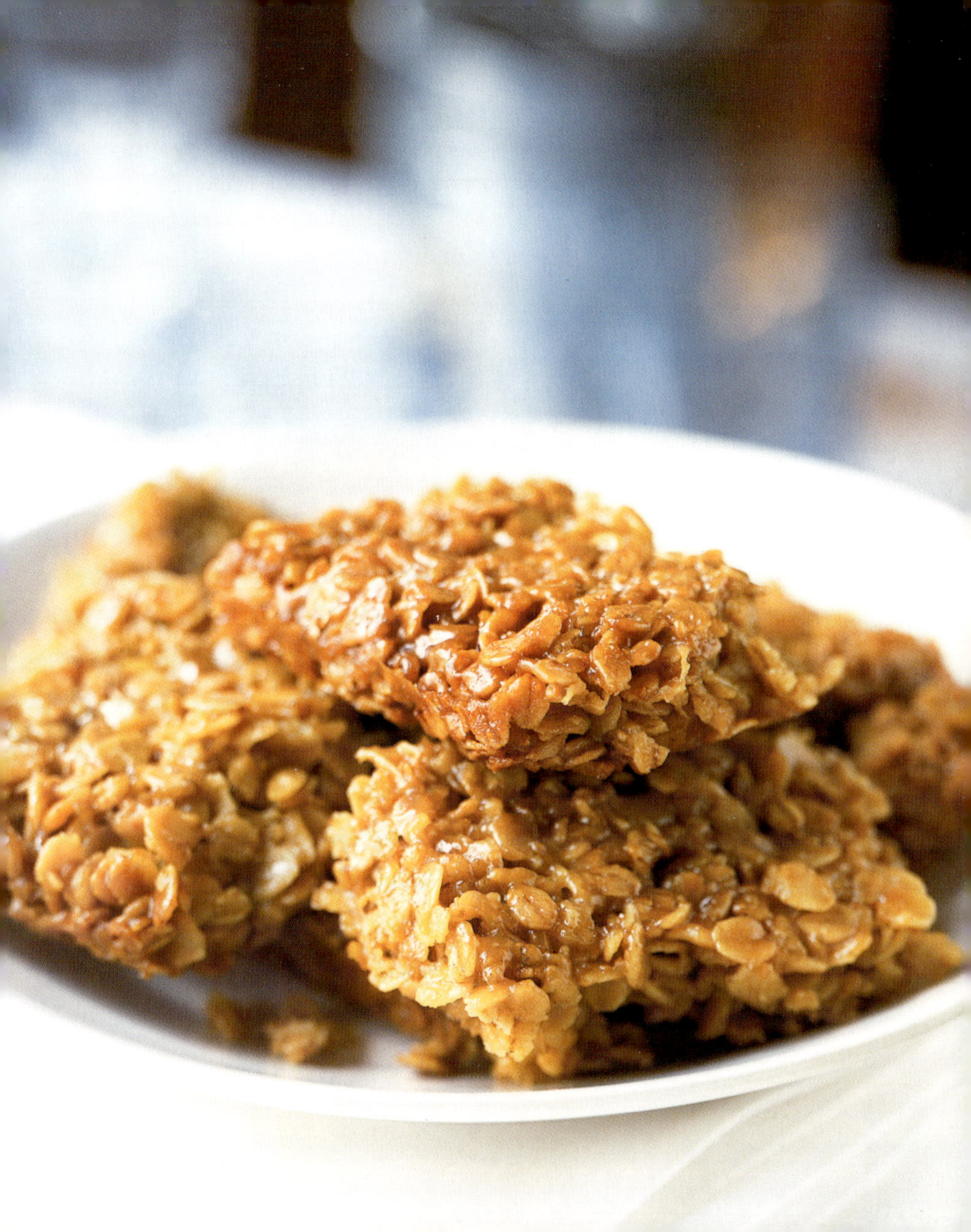

Index

Abricot
Brochettes de porc à l'abricot 118-119
Steaks hachés à l'abricot 28-29
Agneau
Agneau et pommes de terre frites
au four 162-163
Boulettes de viande à la passata 102-103
Curry d'agneau
aux pommes de terre nouvelles 104-105
Ragoût d'agneau aux dattes 166-167
Ragoût d'agneau
aux haricots blancs 168-169
Ragoût d'agneau au riz 164-165
**Ananas caramélisé
et biscuit aux amandes 198-199**
Avocat
Salade aux haricots blancs et à l'avocat 20-21
Bacon
Brochettes au bacon 30-31
Crumble de bacon 180-181
Frittata au bacon 34-35
Gratin de pommes de terre au bacon 106-107
Pâtes aux petits pois et au bacon 74-75
Quiche au bacon et au poireau 110-111
Banane
Beignets de banane 194-195
Biscuit
Ananas caramélisé et biscuit aux amandes 198-199
Myrtilles et biscuit au citron 202-203
Brocoli
Gratin de pâtes au thon
et aux brocolis 134-135
Salade aux pommes de terre
et aux brocolis 16-17
**Croquettes de cabillaud pané
au maïs doux 144-145**

Cacahuète
Escalopes de porc,
nouilles aux cacahuètes 84-85
Café
Ricotta au café 188-189
Champignons
Spaghettis aux champignons 62-63
Chili aux haricots verts 170-171
Chocolat
Gâteau au chocolat
et aux noisettes 208-209
Citron
Boulettes de porc au citron 122-123
Crème brûlée au citron 186-187
Myrtilles et biscuit au citron 202-203
Poulet au citron et au miel 154-155
Courgette
Spaghettis aux courgettes 58-59
Crêpes fourrées aux pommes 196-197
Cresson
Fettuccine au pistou de cresson 56-57
Crevette
Gratin de pâtes aux crevettes roses 148-149
Curry
Curry d'agneau
aux pommes de terre nouvelles 104-105
Datte
Ragoût d'agneau aux dattes 166-167
Dinde
Gratin à la viande 96-97
Épinard
Gratin de pâtes aux épinards 72-73
Gratin de pommes de terre au bacon 106-107
Salade de pommes de terre
et d'épinards 14-15
Tarte aux épinards 50-51

Flocon d'avoine
  Galettes de flocons d'avoine 210-211
Fromage
  Chouquettes au fromage 42-43
  Côtelettes de porc au gorgonzola 124-125
  Pâtes au thon et aux deux fromages 66-67
  Pommes de terre au four gratinées 38-39
  Salade de pommes de terre à la feta 18-19
  Tarte à la tomate et au chèvre 44-45
Gingembre
  Crème glacée au gingembre 190-191
  Nouilles au porc et au gingembre 86-87
Hamburgers 26-27
Haricot
  Cassoulet au four 116-117
  Chili aux haricots verts 170-171
  Poulet aux haricots blancs 92-93
  Ragoût d'agneau aux haricots blancs 168-169
  Rösti au thon 128-129
  Salade aux haricots blancs et à l'avocat 20-21
  Tortillas aux haricots rouges 100-101
Herbes aromatiques
  Chouquettes au fromage 42-43
  Pâté de porc aux fines herbes 120-121
  Croquettes de saumon pané à l'aneth 142-143
Jambon
  Omelette aux pommes de terre,
    au jambon et aux petits pois 32-33
  Pâtes aux petits pois et au jambon 76-77
  Poireaux au jambon et au maïs 108-109
  Quiche au jambon et aux petits pois 112-113
  Quiche au poivron et au jambon 114-115
  Tourte au jambon 182-183
Légumes
  Pâtes aux légumes frits 60-61
  Poulet aux légumes printaniers 156-157
Maïs
  Croquettes de cabillaud pané au maïs doux 144-145
  Hachis au thon et au maïs 24-25
  Poireaux au jambon et au maïs 108-109
  Pommes de terre
    et saucisses épicées 174-175
  Tomates farcies au maïs 40-41
Maquereau en papillote 146-147
Miel
  Poulet au citron et au miel 154-155
Moutarde
  Saucisses à la moutarde
    et aux pommes 176-177
Mûre
  Pommes et mûres caramélisées 192-193
Myrtilles et biscuit au citron 202-203
Noisette
  Gâteau au chocolat
    et aux noisettes 208-209
Noix de pécan
  Tarte aux noix de pécan 206-207
Nouilles asiatiques
  Escalopes de porc,
    nouilles aux cacahuètes 84-85
  Nouilles au porc et au gingembre 86-87
Œuf
  Frittata au bacon 34-35
  Omelette aux pommes de terre,
    au jambon et aux petits pois 32-33
  Pommes de terre au four et œuf miroir 36-37
Oignon
  Filet de porc rôti au confit d'oignons 126-127
  Poulet aux oignons caramélisés 98-99
Orange
  Saumon pané à l'orange 140-141
Pain perdu spécial 200-201
Pâtes alimentaires
  Fettuccine au pistou de cresson 56-57
  Gratin de pâtes
    aux crevettes roses 148-149
  Gratin de pâtes aux épinards 72-73

Gratin de pâtes au thon
   et aux brocolis 134-135
Pâtes aux légumes frits 60-61
Pâtes aux petits pois et au bacon 74-75
Pâtes aux petits pois et au jambon 76-77
Pâtes aux saucisses épicées 80-81
Pâtes au thon et aux deux fromages 66-67
Pâtes à la tomate et au saumon 68-69
Rigatoni au poulet 70-71
Spaghettis et boulettes de viande 82-83
Spaghettis aux champignons 62-63
Spaghettis aux courgettes 58-59
Spaghettis à la saucisse de Toulouse 78-79
Tagliatelles au saumon fumé 64-65

Pesto
   Galette de risotto au pesto 184-185
   Toasts à la tomate 22-23

Petits pois
   Omelette aux pommes de terre,
      au jambon et aux petits pois 32-33
   Pâtes aux petits pois et au bacon 74-75
   Pâtes aux petits pois et au jambon 76-77
   Quiche au jambon et aux petits pois 112-113

Piment
   Chili aux haricots verts 170-171
   Chili au poulet et aux pois chiches 160-161
   Poulet à la marocaine 152-153
   Poulet à la sauce pimentée 88-89

Poireau
   Poireaux au jambon et au maïs 108-109
   Pommes de terre au four aux poireaux 46-47
   Quiche au bacon et au poireau 110-111

Pois chiches
   Chili au poulet et aux pois chiches 160-161
   Poulet à la marocaine 152-153
   Salade chaude aux pois chiches 12-13

Poivron
   Croustade au poulet 158-159
   Pizza aux poivrons 52-53
   Poulet au poivron rouge 150-151
   Quiche au poivron et au jambon 114-115

Pomme
   Crêpes fourrées aux pommes 196-197
   Pommes et mûres caramélisées 192-193
   Saucisses à la moutarde
      et aux pommes 176-177

Pomme de terre
   Agneau et pommes de terre frites
      au four 162-163
   Croquettes surprise 54-55
   Curry d'agneau
      aux pommes de terre nouvelles 104-105
   Feuilleté au thon 130-131
   Gratin de pommes de terre au bacon 106-107
   Gratin de pommes de terre au saumon 136-137
   Gratin à la viande 96-97
   Hochepot 172-173
   Omelette aux pommes de terre,
      au jambon et aux petits pois 32-33
   Pommes de terre dauphinoises
      au poulet 94-95
   Pommes de terre au four gratinées 38-39
   Pommes de terre au four et œuf miroir 36-37
   Pommes de terre au four aux poireaux 46-47
   Pommes de terre
      et saucisses épicées 174-175
   Ragoût de saumon 138-139
   Salade gourmande à la tomate 10-11
   Salade aux pommes de terre
      et aux brocolis 16-17
   Salade de pommes de terre et d'épinards 14-15
   Salade de pommes de terre à la feta 18-19
   Salade aux pommes de terre
      et au thon 132-133

Porc
   Boulettes de porc au citron 122-123
   Brochettes de porc à l'abricot 118-119
   Côtelettes de porc au gorgonzola 214-125

Escalopes de porc,
 nouilles aux cacahuètes 84-85
Filet de porc rôti au confit d'oignons 126-127
Hochepot 172-173
Nouilles au porc et au gingembre 86-87
Pâté de porc aux fines herbes 120-121
Spaghettis et boulettes de viande 82-83
Steaks hachés à l'abricot 28-29

Poulet
Chili au poulet et aux pois chiches 160-161
Croustade au poulet 158-159
Pommes de terre dauphinoises
 au poulet 94-95
Poulet au citron et au miel 154-155
Poulet aux haricots blancs 92-93
Poulet aux légumes printaniers 156-157
Poulet à la marocaine 152-153
Poulet aux oignons caramélisés 98-99
Poulet au poivron rouge 150-151
Poulet à la sauce pimentée 88-89
Rigatoni au poulet 70-71
Salade au poulet grillé 90-91

Rhubarbe
Gâteau à la rhubarbe 204-205

Ricotta au café 188-189

Riz
Galette de risotto au pesto 184-185
Ragoût d'agneau au riz 164-165

Rösti au thon 128-129

Salade
Salade au poulet grillé 90-91

Saucisse
Cassoulet au four 116-117
Flan aux saucisses 178-179
Pâtes aux saucisses épicées 80-81
Pommes de terre et saucisses épicées 174-175
Saucisses à la moutarde
 et aux pommes 176-177
Spaghettis à la saucisse de Toulouse 78-79

Saumon
Gratin de pommes de terre
 au saumon 136-137
Pâtes à la tomate et au saumon 68-69
Ragoût de saumon 138-139
Croquettes de saumon pané à l'aneth 142-143
Saumon pané à l'orange 140-141
Tagliatelles au saumon fumé 64-65

Tarte salée
Quiche au bacon et au poireau 110-111
Quiche au jambon et aux petits pois 112-113
Quiche au poivron et au jambon 114-115
Tarte aux épinards 50-51
Tarte à la tomate et au chèvre 44-45

Tarte sucrée
Tarte aux noix de pécan 206-207

Thon
Feuilleté au thon 130-131
Gratin de pâtes au thon
 et aux brocolis 134-135
Hachis au thon et au maïs 24-25
Pâtes au thon et aux deux fromages 66-67
Pizza au thon 48-49
Rösti au thon 128-129
Salade aux pommes de terre
 et au thon 132-133

Tomate
Boulettes de viande à la Passata 102-103
Croquettes surprise 54-55
Crumble de bacon 180-181
Gratin de pâtes aux crevettes roses 148-149
Pâtes à la tomate et au saumon 68-69
Salade chaude aux pois chiches 12-13
Salade gourmande à la tomate 10-11
Tarte à la tomate et au chèvre 44-45
Toasts à la tomate 22-23
Tomates farcies au maïs 40-41

Tortillas aux haricots rouges 100-101
Tourte au jambon 182-183

Crédits photographiques

L'éditeur remercie les personnes suivantes
pour l'avoir autorisé à reproduire leurs photographies.
En dépit de tous ses efforts pour lister les copyrights, l'éditeur
présente par avance ses excuses pour d'éventuels oublis
ou erreurs, et s'engage à en faire la correction dès la première
réimpression du présent ouvrage.

Chris Alack p. 71, p. 79, p. 91, p. 93 ; Marie-Louise Avery p. 53,
p. 117 ; Jean Cazals p. 155, p. 187, p. 189 ; Ken Field p. 87,
p. 115, p. 125 ; Dave King p. 5 (au centre), p. 75, p. 173,
p. 183 ; William Lingwood p. 197 ; David Munns p. 5 (à droite),
p. 41, p. 45, p. 49, p. 69, p. 105, p. 129, p. 135, p. 145, p. 147,
p. 191, p. 199, p. 209 ; William Reavell p. 19, p. 157 ; Howard
Shooter p. 4 (au centre), p. 57 ; Simon Smith p. 37, p. 111 ;
Roger Stowell p. 5 (à gauche), p. 6, p. 15, p. 17, p. 21, p. 25,
p. 27, p. 31, p. 33, p. 35, p. 39, p. 43, p. 51, p. 59, p. 61, p. 63,
p. 65, p. 67, p. 77, p. 81, p. 85, p. 87, p. 95, p. 97, p. 101,
p. 103, p. 113, p. 119, p. 123, p. 127, p. 131, p. 133, p. 137,
p. 139, p. 149, p. 151, p. 159, p. 163, p. 165, p. 167, p. 169,
p. 175, p. 177, p. 179, p. 181, p. 193, p. 195, p. 201 ; Sam
Stowell p. 141, p. 143 ; Martin Thompson p. 4 (à gauche
et à droite), p. 11, p. 13, p. 23, p. 29, p. 47, p. 55, p. 83, p. 121,
p. 161, p. 171 ; Martin Thompson et Philip Webb p. 73, p. 99 ;
Ian Wallace p. 207 ; Philip Webb p. 211 ; Simon Wheeler p. 89,
p. 107 ; Jonathan Whitaker p. 203 ; BBC Worldwide p. 153,
p. 185, p. 205.

Toutes les recettes de ce livre ont été créées par l'équipe
de BBC Good Food Magazine :
Angela Boggiano, Lorna Brash, Sara Buenfeld, Mary Cadogan,
Gilly Cubitt, Barney Desmazery, Joanna Farrow, Rebecca Ford,
Silvana Franco, Catherine Hill, Jane Lawrie, Clare Lewis.
Et par l'équipe de BBC Vegetarian Good Food Magazine :
Sara Lewis, Liz Martin, Kate Moseley, Orlando Murrin,
Vicky Musselman, Angela Nilsen, Justine Pattison,
Jenny White et Jeni Wright.

Imprimé en Espagne par Graficas Estella, Estella
Dépôt légal : janvier 2009
301867/01-11006640 décembre 2008